Maik Hosang & Natascha Reith (Hrsg.)

Kreativität und Ko-Kreativität

Wie Menschen einander kreativ inspirieren
und dabei die Welt verändern können

KREATIVITÄT UND KO-KREATIVITÄT

Copyright © 2020 Pikok-Verlag Pommritz und Berlin

www.pikok.de

Alle Rechte vorbehalten.

ISBN: 978-1-0917-9107-7

WIDMUNG

Wir widmen das Buch allen Kindern und kreativen Menschen dieser Welt und ihrem oft noch schlummernden Potential und Mut, um all ihre Talente auf kokreative Weise für die Zukunft von Mensch und Erde zu entfalten.

Das Buch entstand im Rahmen von Forschungsseminaren
des Studiengangs Kultur und Management
der Hochschule Zittau/Görlitz

und wurde unterstützt durch Forschungsfördermittel
des Freistaates Sachsen

INHALT

	Vorwort	i
1	Kreativität und Ko-Kreativität	Seite 1
2	Aspasia und Perikles	Seite 16
3	Sokrates – Platos Symposium	Seite 31
4	Epikurs Garten der Freunde	Seite 44
5	Charles Fourier	Seite 58
6	Lou Andres-Salomé	Seite 68
7	Auroville	Seite 81
8	Die Findhorn Foundation	Seite 98
9	Eiland von Aldous Huxley	Seite 111
10	Simone de Beauvoir	Seite 129
11	Die Walt-Disney-Story	Seite 147
12	Monte Verità	Seite 160
13	Steve Jobs und die Apple Story	Seite 173
14	Google Life	Seite 184
15	Geniale Teams	Seite 199

VORWORT

In der Studie *The Future of Jobs* stellte das Weltwirtschaftsforum von Davos fest: Kreativität wird ein immer entscheidenderer Faktor im weltweiten Wettbewerb der Unternehmen. Bei der *IBM Global CEO Study* wurden 1.500 Geschäftsführer befragt. Diese sagten, dass sich ihr Unternehmen in einer derart komplexen wirtschaftlichen Phase befindet, dass sie selbst oft keine Strategien für die vor ihnen liegenden Herausforderungen hätten, sie glaubten aber diese schwierigen Zeiten besser meistern zu können, wenn sie das kreative Potential ihrer Mitarbeiter nutzen könnten. Kreativität wird somit zum wichtigsten Kapital der Zukunft nicht nur der Wirtschaft, sondern der Gesellschaft generell.

Daher ergibt es Sinn, die Grundlagen und Wirkungsweisen von Kreativität in vielfältiger, moderner, aber auch ganzheitlicher Weise zu erforschen.

Dieses Buch dazu verdankt sich mehreren Impulsen und Mitwirkenden. Ein großer Teil der Beiträge entstand im Rahmen eines Seminars mit Studierenden der Matrikel WKb17 des Studiengangs „Kultur und Management" an der Hochschule Zittau/Görlitz. Der erste Beitrag ist ein Ausschnitt eines Symposiums zu Grundfragen der Kreativität, welches in Zusammenarbeit mit der Zeitschrift *Tattva Viveka – Zeitschrift für Wissenschaft, Philosophie und Kultur* realisiert wurde.

In diesem Sinne danken wir als Herausgeber allen unmittelbar und mittelbar Beteiligten.

Maik Hosang

KREATIVITÄT UND KO-KREATIVITÄT

EIN MODERNES SYMPOSIUM ZWISCHEN PHILOSOPHEN UND KÜNSTLERN

NANA NAUWALD (NN)
RONALD ENGERT (RE)
LEO KÖNIGSBERG (LK)
ANDREA SCHMIDT (AS)
G. S. (GS)
MAIK HOSANG (MH)

GS: Beim heutigen Gespräch sind dabei: Kunja Andrea Schmidt, sie ist Architektin und Meditationslehrerin, setzt sich für einen Wandel der Unternehmen für mehr Menschlichkeit ein und ist Mitbegründerin der Gesellschaft *Sein*. Nana Nauwald, sie ist Schamanin und langjährige Tattva-Autorin, hat Kunsterziehung studiert, ist Gemälderestauratorin und Lehrerin für Rituelle Körperhaltungen. Leo Königsberg, freischaffender Maler, schöpft aus der spirituellen Welt und transformiert in seinen Bildern Industrielandschaften auf eine andere Ebene, in eine andere Bedeutung. Maik Hosang, der Impulsgeber für dieses Symposium, hat Philosophie, Anthropologie und Psychologie studiert, mit einem Buch über den integralen Menschen habilitiert und nun eine Vertretungsprofessur für Kultur-, Philosophie- und Transformationsforschung an der Hochschule Görlitz inne. Zuerst wird uns Maik einen kurzen inhaltlichen Input geben.

MH: Für das, was wir mangels anderer moderner Begriffe heute oft einfach „Spiritualität" nennen, gibt es in der Kulturgeschichte sehr vielfältige Begriffe. Die einen sprechen traditionell von Buddha, Brahma, Tao oder Akasha Chronik etc. In den modernen, wissenschaftsnahen

Szenen spricht man von Quanten- und Nullpunktfeldern, dunkler Energie, Evolution und so weiter. Philosophen wie Max Scheler, Teilhard de Chardin u.a. denken das alles noch ein Stück weit subjektiver. Davon ausgehend, dass die Evolution uns Menschen hervorgebracht hat, lässt sich auf einen gewissen Auftrag an uns schließen: dass das Ganze im Menschen zum Bewusstsein seiner selbst kommt und so durch den Menschen eine neue Qualität des schöpferischen Evolutionsprozesses möglich wird. Dann ist die spannende Frage, was in uns Menschen befähigt uns zu diesem Mitschöpfertum. Was befähigt uns ein Stück herauszutreten aus dem bloß Geschöpf-Sein und den täglichen Gefügen, in denen man vor allem damit beschäftigt ist, sein Überleben zwischen Nahrung und Sex und sozialen Anerkennungsgefügen zu organisieren? Wenn wir also davon ausgehen, dass es einen Gesamtzusammenhang gibt, den man Universum oder Evolution nennen kann und in dem wir Menschen eine bestimmte schöpferische Rolle spielen, dann lässt sich daraus folgern, dass es in uns Menschen bestimmte Qualitäten, Potentiale, Kompetenzen dafür gibt. Dafür gibt es verschiedene Namen: Ich habe in meinem Forschungsprozess drei Namen gefunden, die verschiedene Dimensionen davon ausdrücken. Den einen können wir Bewusstsein nennen, die Evolution kommt im Menschen zum Bewusstsein ihrer selbst. Ein anderer Name und Aspekt davon ist Liebe. Und ein dritter Begriff und Aspekt ist die Kreativität. Während Bewusstsein mehr das Sich-Gewahr-Werden der Welt in uns ausdrückt und die Liebe das aktive Gefühl der Verbundenheit mit Allem, so ist Kreativität im engeren Sinne der Impuls, etwas konkret und praktisch Neues zur weiteren Evolution beizutragen. Das heißt nicht nur unser Überleben zu organisieren und unsere Egoprojekte zu verfolgen, sondern in jedem einzelnen auf seine besondere Art und Weise Ideen, Produkte, Kunstwerke, Projekte usw. hervorzubringen, die der gesamten Evolution neue Möglichkeiten eröffnen.

Diese Einordnung von Kreativität in das spirituelle Feld generell war Punkt eins. Punkt zwei ist nun die Frage, warum das heute wichtiger denn je ist? Denn in gewisser Weise ist die Geschichte der Menschheit immer schon damit verbunden gewesen. Alle großen Fortschritte, ob die Erfindung des Faustkeils, menschlicher Gemeinschaften, des Gartenbaus, der Dampfmaschine etc., beruhen ja alle letzten Endes genau auf dieser Fähigkeit kreativ zu sein, Dinge in die Welt zu bringen, die vorher nicht da waren. Das war also schon immer so, dennoch lässt sich davon ausgehen, dass wir heute an einem Punkt der Menschheitsgeschichte sind, von dem Vordenker wie Aristoteles, Johann Gottlieb Fichte, Karl Marx u.a. schon träumten. An einem Punkt der Geschichte, wo Techniken und Wissenschaften so weit entwickelt sind, dass sich die Menschen nicht mehr einen Großteil ihrer Lebenszeit abmühen müssen, um ihr Überleben zu organisieren, sondern dies mit einem relativ geringen Teil ihrer Zeit bewältigen und alle andere Zeit der Entfaltung ihrer schöpferischen Kräfte und Potentiale widmen können. Wenn dies so ist, wovon ich ausgehe, braucht es dafür nicht nur tiefgreifende Änderungen von Wirtschaft, Gesellschaft und Bildung, sondern auch die bisher kaum entwickelte Erforschung unserer kreativen Potentiale. Da es dafür bisher nur in den USA Forschungsnetzwerke gibt, sie in Europa aber fast völlig fehlen, beschloss ich das mit ein paar Freunden zu ändern. Deshalb sind wir dabei, ein europäisches Forschungsnetzwerk für Kreativität zu entwickeln.

Doch was sind die wichtigsten Themen und Dimensionen einer solchen Kreativitätsforschung? Dies als letzten, dritten Punkt meiner Einführung nur erst einmal kurz umrissen: Eine Dimension, die unser generelles Thema stark berührt, ist die auf Abraham Maslow zurückgehende Unterscheidung von primärer und sekundärer Kreativität. Als sekundäre Kreativität beschreibt er, wenn wir beispielsweise statt dem Dieselauto ein Elektroauto bauen, oder ein Haus anders, ökologischer bauen. Wir verändern also etwas in seiner Form bzw. Gestalt, aber die Sache selbst ist nicht grundsätzlich neu. Primäre Kreativität nannte er es, wenn der Mensch durch eine günstige Bewusstseinserweiterung, egal wie er die organisiert, aus seinem Überlebensmodus herauskommt, in einen größeren Flow gelangt und dabei etwas wirklich Neues hervorbringt. Zum Beispiel eine neue Technik, eine völlig neue Art von Kunst, eine völlig neue Art von Philosophie usw. Während wir die sekundäre Kreativität durchaus an Schulen und Universitäten lernen, kommt dort die primäre Kreativität leider gar nicht vor. Daher wäre es ein wichtiges Thema zu erforschen, wie diese entsteht und später dann mit der sekundären zusammenwirkt.

AS: Wie organisiert sich Kreativität letztendlich? Ich glaube das fängt damit an, den Begriff neu zu hinterfragen. Denn viele entwickeln neue Techniken, neue Dinge. Aber neu heißt ja nicht verändern und nicht weiterentwickeln, sondern neu heißt irgendwas zu finden, das noch nie vorher da war. Wir haben da wenig Erfahrungen. Wir können nicht auf irgendwelche Dinge zurückgreifen, sondern es ist etwas völlig Neues. Nach meiner Erfahrung aus unseren integralen Visionen und Meditationen hat das viel mit dem Herzen und damit auch dem Thema Liebe und der Energie der Seele zu tun. Das ist eine Ebene, die etwas anders funktioniert als unsere Gedankenebene und unsere emotionale Ebene. Sie ist tiefer innen drinnen, man muss sich erst wieder daran gewöhnen, sich an diese Ebene zu erinnern und aus ihr die Komplexität der Welt zu spüren und zu bewegen.

NN: Ich stolpere etwas über diesen Punkt, dass etwas neu erwachen muss an Kreativität, weil für mich Kreativität immer diesen Schöpfungsprozess beinhaltet und das ist immer wieder neu! Und wenn ich dann lese, dass ein Google-Forschungsteam ein Programm gebaut hat, das aus vorhandenen Bildern neue schafft und dass das Kreativität genannt wird, dann hat mich das schon ein paar Tage lang zum Nachdenken gebracht. Ich für mich gehe gern in eine, ich nenne es mal Einigkeit, zurück. Was das berührt, was du eben gesagt hast, diese Einigkeit in mir, dass ich wirklich dieses Sein bin und dass ich in der Lage bin in einen anderen Bewusstseinsraum zu treten, aus meinem Egozustand rauskommet. Und dann, so ist es für mich, wenn ich male, malen ist meine Seele, dann bin ich ganz, dann geschieht etwas, dann wecke ich in mir dieses Samenkorn, das jeder Mensch an kreativem Potential hat, auf. Dann liegt es an mir in welcher Art und Weise ich das für andere erfahrbar mache, weil Kreativität nicht in mir bleiben kann. Das ist wie ein Samenkorn, das nie zur Entfaltung kommt. Also geht es ums Tun. Deshalb ist für mich das immer wieder Neue ein Schöpfungsprozess. Ich denke, keines der Bilder, weder bei Leo, noch bei mir oder egal wem, ist oder sollte eine Kopie oder eine Kopie einer Kopie von mir selber sein. Darum geht es mir beim Tun. Ich finde es ist egal, ob ich ein Buch schreibe, ein Bild male oder Menschen anstoße, das sie aufwachen in ihr eigenes Potential, in dieses Schöpfungspotential hinein. Das ist eigentlich alles.

LK: Ich habe mir schon viele Gedanken darüber gemacht, was Kunst eigentlich ist. Was den Unterschied ausmacht. Für mich ist echte Kunst das, was Maik mit der primären Kreativität gemeint hat, nämlich etwas völlig neu zu sehen oder etwas Neues zu erschaffen, was noch nie jemand so gesehen hat. Wo man also aus dem Bekannten rauskommt, in etwas Unbekanntes und dadurch ein Prozess geöffnet wird, dass Wachstum möglich ist, qualitativ und quantitativ. Dass der Horizont erweitert wird, den ich in meinem Bewusstsein habe. Das ist dann etwas Ekstatisches, dieses AHA-Erlebnis, dieser Geistesblitz, der mich erwischt. Das ist ja auch diese Handschrift des Künstlers, wenn er seine Bilder entwickelt und seine eigene Handschrift immer weiter entwickelt, seinen Stil, der dann irgendwann ein Unikat ist. Etwas Einzigartiges, wo dann noch nicht einmal die Frage ist, wie es genau aussieht, sondern diese Einzigartigkeit oder Originalität dann zum Ausdruck kommt. Also ein Origo, ein Ursprung, dass da etwas aus dem Ursprung hervorkommt, entspringt. Es ist also wie eine Geburt. Das ist dann Schöpfung und das ist kreativ. Das ist für mich immer schon Kunst gewesen, in dem ganzen Ensemble von Wissenschaft, Technik, Lebenspraxis, Kunsthandwerk, Spiritualität, Politik usw., da sehe ich für mich den Ort der Kunst.

RE: Wenn ich mich da kurz einschalten darf, wenn man jetzt das Wort Kreativität nimmt, was ein häufig gebrauchtes Wort ist, ist es für mich zunächst nur ein Wort. Also es hat jetzt nicht so eine Bedeutung. Wenn ich aber das Wort Kreativität nehme und sage das ist Lebendigkeit, dann hat es für mich schon einen ganz anderen Schwung. Dann kommen wir dahin, was ist eigentlich wenn es lebendig ist? Also war es ja schon immer da. Die Instanz Kreativität ist mehr ein Konstrukt für mich und Lebendigkeit ist dann mehr eine Wesenhaftigkeit, was Kreativität natürlich einschließt. Wenn ich lebendig bin, dann schaffe ich etwas, dann bin ich in dem Flow drin, dass ich etwas aufmachen kann, etwas berühren kann. Da kommen wir wieder hin zu dieser Art von Nana, was du gesagt hast, von diesem heraus aus dem Innen. Anscheinend geht es darum, dass eine Wesenhaftigkeit da ist, zu der Kreativität gehört. Und aus dieser Wesenhaftigkeit entstehen dann die Impulse, die jedes Individuum dann hinein gibt in diese Wesenhaftigkeit, was man dann auch Leben nennt.

NN: Ich würde gerne hinzufügen, was mich beschäftigt, auch vom Titel unseres Zusammentreffens her. Darüber habe ich auch lange nachgedacht und bei all den Definitionen wird mir manchmal ganz schwindelig und ich schaue dann gern auf die ganz alten Mythen. Das gefällt mir sehr gut und das verstehe ich, weil mein Gehirngarten permanent rattert und ich merke, wirklich verstehen tue ich nur etwas, wenn mein toller Gehirngarten aufhört zu rattern und wenn mich etwas berührt. Für mich geht es mittlerweile darum, über mein Wirken zu berühren. Menschen da, wo sie gerade sind zu berühren und zu inspirieren, eben dieses, was du eben auch nochmal sagtest ‚zu sein'. Ich würde gern zwei Sätze, die mich gut inspiriert haben aus so einer ganz alten Mythe, wo der Geist der allerersten Schöpfung, weil er so einsam war, gesungen hat und alles hat er durch das Echo seiner eigenen Stimme erschaffen und ganz zum Schluss gab es noch keine Menschen und da hat der Geist der ersten Schöpfung uns Menschen aus sich selbst herausgesogen und hat sich in uns gesogen. Da dachte ich: Ja, genau das ist es. Wir haben alle diesen Funken vom Geist, dessen was Schöpfung, was Leben in allen Formen ist. Das finde ich ganz wunderbar, wenn ich mir dessen bewusst bin, dass ich da so einen Funken von diesem Geist von Sein habe, egal ob ich es Bewusstsein nenne oder Schöpfung, dass ich das bin. Und das zu wecken, das ist alles.

GS: Ich würde gerne auch noch einen Aspekt anbringen. Das, was auch Kreativität und die Wissenschaft betrifft, oder die Verbundenheit von Kunst und Wissenschaft, wie sie auch im antiken Griechenland angedacht war. Also auch ein wissenschaftlicher Forschungsprozess hat ja dieses kreative Element, und kann in diese primäre Kreativität gelangen und etwas Neues einbringen. Das fehlt mir im oft in den modernen Wissenschaften. Oft habe ich nur einen inneren Impuls oder eine Intuition und kann dem nachgehen. Es ist sehr schwierig, das in Anträgen oder sonstiger Weise schon darzustellen, weil es ist ja das Neue. Da ist was. Was ist da? Was entsteht da? Was kommt da? Um diesen Raum irgendwie im Bildungssystem zu integrieren und diese Verbindung der Kreativität und Wissenschaft zu schaffen. Das beschäftigt mich. Aber Maik, mache mal eine Zusammenfassung dieses ersten Teils unseres Gesprächs.

MH: Gut, ich denke wir haben versucht zu umreißen, jeder aus seiner Perspektive, die ja für den Künstler eine etwas andere ist als für den

Geisteswissenschaftler oder den Architekten, wie sich diese primäre Kreativität anfühlt. Was sie ist und wie wir sie verstehen und wie sie wirkt. Trotz der verschiedenen Worte, die wir benutzt haben, waren wir uns relativ einig, oder? (Zustimmung).

Ob der Begriff Leben, der Begriff Liebe, Seele, Gefühl, das sind alles Begriffe mit derselben schöpferischen Energie, nur von verschiedenen Facetten aus betrachtet. Wir können das also festhalten: Es gibt so etwas wie eine primäre Kreativität, in der der Mensch sich ankoppelt an den größeren Prozess der Schöpfung, der Evolution, oder wie er es nun gerade nennen mag; und von der er in sich, in seinem Herzen, seiner Seele schon immer einen Funken hat. Dieser kann aber erwachen und sich über den kleinen Funken hinaus zu einer starken, selbstbewussten Kraft entwickeln. Nur das dies, wie Gabriele gerade gesagt hat, bisher nicht in unserem Bildungssystem stattfindet. Und es wäre wünschenswert, dass wir aus diversen Gründen, aus seelischen, spirituellen, ökologischen und anderen Gründen, jetzt eine Kultur entwickeln, in der dieser Funke des Menschen, kreativ zu sein, sich stärker entfaltet. Halten wir das mal so fest.

Nun würde ich den zweiten Forschungsbereich unseres geplanten Kreativitätsinstituts ins Gespräch einbringen. Das ist Ko-Kreativität. Ko-Kreativität, das ist auch ein Wort das jeder vielleicht schon einmal gehört hat, es taucht auch öfter mal auf in letzter Zeit. Auch dieser Begriff drückt verschiedene spannende Momente aus. Einerseits kann ich ihn auch für die primäre Kreativität benutzen, indem mein tieferes Wesen mit der Schöpfung ko-kreativ ist. Aber das meine ich jetzt hier nicht, sondern ich meine Ko-Kreativität so, dass zwischen zwei Menschen ein kreativer Flow entsteht, d.h., dass zwei Menschen in einen Prozess kommen, in dem sie ihre tiefere Kreativität zusammenschließen. Indem sie sich nicht gegenseitig benutzen, um z.B. Geld zu machen oder ein Haus zu bauen, sondern sich beide im tieferen Sinne verbinden, um so miteinander aus innerem Sinngefühl und innerer Freude, die damit oft verbunden ist, diese Evolution ein Stück schöner werden lassen.

Es gibt nicht viele, aber ein paar spannende Bücher dazu. Die Amerikanerin Vera John-Steiner hat ein wunderbares Buch mit dem Titel *Creative Collaboration* geschrieben. Darin analysiert und zeigt sie, dass viele der wichtigsten Innovationen der Menschheit, ob in Wissenschaften, Künsten, oder auch der Gesellschaft nicht nur alleine, sondern durch einige wirklich zusammenwirkende Menschen entstanden. Wir sind ja alle in unseren mentalen und privaten Schachteln oder Käfigen gefangen, die einst Platon mit seinem Höhlengleichnis beschrieb. Wir haben alle unsere Schatten, die uns beschränken, wo wir manches nicht sehen oder fühlen können. Wenn wir Glück haben und dafür offen sind, finden wir aber ein, zwei oder drei Personen, mit denen wir in der Tiefe so ein Vertrauensverhältnis haben, dass wir unsere mentalen Schutzpanzer ablegen und einen ko-kreativen Flow unseres tieferen Wesens zulassen können. Hinein in einen ko-kreativen Prozess, der Positives wie auch Negatives (nicht ethisch gesehen Verwerfliches oder „Böses" meine ich damit, sondern Grenzen überwindendes) angstfrei zulassen kann, sodass die Beteiligten über ihre Beschränkungen hinauswachsen und so Neues erspüren, erfinden oder entfalten können.

Auch das Wissen des Einzelnen ist ja beschränkt, seine Zeit ist beschränkt. Wenn wir da ko-kreativ sein können, wirkliche Schöpferkollektive zulassen können, dann ist das auch viel schöner, viel freudvoller, berührt unsere eigene Seele mehr und lässt auch viel mehr nach außen entstehen. Ich erfahre das auch oft in meinem Leben so, dass viele der spannendsten Projekte, die mir gelungen sind, nur so denkbar waren. Ob die Gründung des Lebensguts Pommritz und des Waldgartens oder der Philosophie-Erlebniswelt dort, oder die Bücher, die ich gemacht habe. Wie seht ihr die Ko-Kreativität?

RE: Also ich finde es super, dass du das mit einbringst, das ist ein wichtiger Aspekt. Ich denke mal es geht beides, das ist meine Erfahrung. Man kann sicherlich alleine kreativ sein, aber was ich vorhin ja schon gemeint habe mit etwas völlig neu sehen oder etwas Neues finden wird natürlich extrem dadurch, dass man ein Gegenüber hat. Das ja immer schon jemand Unbekanntes ist oder etwas Anderes mit einbringt. Da ist ja auch Heterogenität total kreativ, wenn zwei verschiedene Menschen die Sache aus ihrer jeweiligen Perspektive anschauen. Sich dann von einem eigenen Standpunkt aus überkreuzen, oder überschneiden und irgendwie vernetzen und vermischen – so entsteht starkes kreatives Potential. Ich merke es auch mit meiner Kollegin Gabriele. Wir sind ein ko-kreatives Team, so entstehen Dinge, auf die ich vorher so nie selbst gekommen wäre.

GS: Ja, da möchte ich auch gern kurz etwas sagen, weil ich hatte eigentlich genau den Impuls, Ron mal zu danken für den kreativen Raum, den ich durch die Tatva bekomme. Ich habe erst durch Ron z.B. meinen Zugang zum Schreiben gefunden. Ich dachte eigentlich nie, dass ich schreiben kann. Ich habe auch noch nie geschrieben, weil Leute die schreiben, haben immer schon geschrieben. Ich war nie so gut im Schreiben. Mathe war eher mein Lieblingsfach. Durch die Arbeit, durch das Einlassen mit der Tatva habe ich diesen Flow gefunden. Diese Möglichkeit hat mir in der Schule niemand gegeben und auch nicht an der Universität, in einen eigenen Schreib-Flow zu kommen. Und das finde ich sehr spannend.

AS: Die Frage zur Ko-Kreativität ist letztendlich z.B. im Architekturbüro, da entstehen gute Entwürfe durch die Zusammenarbeit von vielen Menschen, oder auch wenn man einen Entwurf hat und den Mut hat den Entwurf abzugeben. Das passiert auch bei Texten, wenn die zum Lektor gehen. Die Frage bei der Ko-Kreativität ist aber auch, wie weit wir sie ausdehnen wollen. Sie ist nicht unbedingt nur beschränkt auf das Miteinander von Menschen. Wenn z.B. ein Grundstück bebaut werden soll, kann man auch mit diesem ko-kreativ sein. Wir hatten vorhin den Begriff der Wesenhaftigkeit. Diese verbindet uns auch mit der Erde und der Natur. Ko-Kreativität ist es für mich daher auch, wenn ich ein Grundstück bebauen soll. Da ist es mir wichtig, mit dem Grundstück in Kontakt zu gehen und das Wesen des Grundstückes zu erspüren. Dadurch kommen oft gute Impulse, ganz tolle, andere Ideen an Raum und den nachher gebauten Raum. Aber man muss sich dem hingeben und auch dem vertrauen, was dann an inneren Informationen auf einen zukommt. Das passiert meiner Meinung nach mit allem Wesenhaften. Mit dem Menschen an sich, da gibt es ja verschiedene Dimensionen des Austauschs. Es gibt die Möglichkeit des verbalen Austauschs, aber auch die eher spirituellen Formen innerer Vertrautheit miteinander. Die letzteren sind oft die Voraussetzung dafür, auch die Kritiken oder meine Ideen und weiterführende Ideen von anderen gut verstehen und den höheren gemeinsamen Sinn darin erkennen zu können – statt sich dadurch angegriffen und schlecht zu fühlen.

GS: Ich finde es ganz wichtig, dass du die Erde erwähnt hast, dass wir mit der Erde zusammenwirken und sie auch bewusst kreativ mit einbeziehen können. Mit Kritik habe ich aber unterschiedliche Erfahrungen. Es gibt diese positive, konstruktive Kritik, die einen weiterführt, aber ich finde auch gerade in dem System, in dem wir leben, gibt es auch destruktive Kritik, die finde ich problematisch.

AS: Ja, Kritik kann auch niederschmetternd sein. Aber meine Erfahrung ist: Je mehr du dir selber bewusst bist über deine Wesenhaftigkeit, desto mehr arbeitest du ja mit der Kreativität, der inneren Kreativität deiner Schöpfungskraft, deiner Intuition und zwar nicht nur als Impulsgeber, sondern auch als Daseins-Ebene. Da kann die Kritik sehr destruktiv sein, trotzdem kannst du für dich diese Betroffenheit herausfiltern und schauen, was ist da an dieser Kritik lehrreich und was nicht. Du kannst filtern und du musst nicht alles annehmen. Das ist oft eine Entscheidung auf tieferer Herzensebene, da wo die Quelle ist. Wir reden wahrscheinlich alle mit anderen Worten von dem Gleichen. Da wo die Liebe zum Fluss kommt, da wo wir die Liebe, Verbundenheit spüren. Liebe macht Verbundenheit sichtbar. Das ist gleichzeitig ein Feld, das uns schützt. Alles geht durch die Liebe hindurch. Das hört sich jetzt plakativ an, aber da wird es gefiltert und du bist letztendlich frei, das ganze anzunehmen oder nicht anzunehmen. Die Aufgabenstellung, finde ich, liegt darin, das Vertrauen zu erzeugen, dass Menschen sich dieser Ebene hingeben, hinwenden. Das ist die Krux. Ich arbeite viel mit Unternehmen und da gibt es immer diese Aufgabenstellung, wie kriege ich es hin, eine ganz einfache Ebene, die uns zugänglich ist, jeder hat sie, es ist manchmal nur so ein Klick und dann habe ich sie wieder. D.h. wir müssen nicht unbedingt viele Bücher wälzen bis wir das können. Wir können es einfach so, indem wir uns darauf einlassen. Natürlich geht das nicht immer und mit jedem, aber für die Aufgabe, die Menschheit ein wenig weiter zu tragen in diesem tieferen Vertrauen, da müssen wir nicht jeden einzelnen erreichen, aber wir brauchen eine kritische Masse von Menschen, die sich trauen sich selbst zu vertrauen.

RE: Also die Ebene von der du sprichst ist das Vertrauen. Vertrauen in sich selbst und in andere.

AS: Ja, das ist eine der Grundlagen.

NN: Ich würde gern eine kleine Erfahrung weitergeben, die ich in Gemeinschaften mache. Ich rege immer an, den Begriff „Kritik" überhaupt nicht zu benutzen, sondern „jemand wirft einen anderen Blick auf etwas", weil in unserer Gesellschaft der Begriff „Kritik" schon so einen Hauch von verborgenem Messer in sich führt. Und einen anderen Blick auf etwas zu werfen, hat für mich auch schon wieder einen Aspekt von Liebe und von Achtung. Es hat einen größeren Aspekt von Achtung und Liebe als der Begriff „Kritik". Ich will aber nochmal auf das zurückkommen, was Andrea und Gabriele gesagt haben, woraus Kreativität, aber auch Ko-Kreativität wächst. Das ist in Kontakt zu gehen, zu lauschen. Das hat ganz viel mit Naturerfahrungen zu tun. Das durfte ich in den letzten 30 Jahren in vielen indigenen Ethnien lernen. Raus zu kommen aus diesem „Ich will" und wichtig zu sein. Einfach zu sitzen und zu lauschen. Ich kann es auch mit Kindern, mit Jugendlichen und mit ganz alten Menschen erfahren. Dieses wirklich wen durch sich hindurch lassen bis ich in Kontakt bin mit dem, was unser tieferes gemeinsames Sein ist. Daraus wächst die Möglichkeit, zusammen etwas zu kreieren. Das geht aber nur, wenn ich auch in mir selbst verwurzelt bin, wenn ich auch in Verbindung bin mit meiner Kreativität, sonst kann ich das weder mitteilen, noch teilen, noch in Gemeinschaft zum Wachsen bringen. Das finde ich eine durchaus schwierige Arbeit, immer wieder wirklich so mit meiner kreativen Essenz in Verbindung zu sein, bevor ich sie in Gemeinschaft gebe, ich mich mit anderen verwebe. Dass es wirklich eine inspirierende Art von Austausch wird, der zu etwas Neuem führt.

Da ist für mich die größte aller Lehrerin wirklich das, was wir die äußere Natur nennen. Ich bin auch Natur. Ich bin Wasser. Ich bin Luft. Alles mögliche bin ich.

LK: Da sind wir vielleicht dann bei der Feinstofflichkeit der Materie. In der Kunst ist es ja beispielsweise so: Der Künstler ist ja ein Kreator und was er macht, ist sein Werk. Das möchte er natürlich geschützt und nicht angegriffen sehen, möchte von Kritik am besten gar nichts sehen. Und doch ist es aber doch so, dass man vielen Einflüssen ausgesetzt ist, von anderen Menschen, aber auch in der Feinstofflichkeit der Materie ist es verankert oder in der konkreten Materie, die schon sehr geformt ist. Also ich denke an eine Statue oder ähnliches. Und je feinstofflicher das wird, desto mehr entdeckt man Zusammenhänge, ist ja klar. Da merkt man dann plötzlich: „Oh, die Verbindung ist ja weltweit." Also bin ich ja gar nicht allein. Und diese Wahrnehmung, die dann auch mich in die Natur führen kann, da finde ich ja wunderbare Beispiele: die Klarheit von Wasser oder das Rauschen des Waldes.

Allein kann der Mensch gar nichts, das geht gar nicht, weil er ja ein Teil vom Ganzen ist. Was du sagtest, das fand ich ganz schön, das sieht man ja auch in der mikroskopischen Ebene, wo es immer kleiner wird, auch auf der zellularen Ebene ist es so, dass die Zellen sich verbinden und so verstärken. Genauso gibt es das auch im negativen Bereich, das fand ich sehr großartig. Und in der Kunst ist es glaube ich auch so, dass man die Verbindungen entdeckt, die Verbindungen, die wir zueinander haben. Ich finde es immer großartig, einen Architekten zu kennen, weil der baut ja das Haus, in dem ich arbeiten kann. Also muss er mich verstanden haben. Und diese Zusammengefüge finde ich wunderbar und das macht es so reichhaltig. Ich danke sehr für diesen Impuls.

MH: Ich sehe es auch so, dass natürlich nicht nur mit Menschen, sondern auch mit der Natur, mit der Erde, den Bäumen so ein ko-kreativer Flow möglich ist. Mir geht es auch oft so. Bei uns im LebensGut habe ich einen riesen Waldgarten mitgepflanzt mit hunderten Bäumen, die jetzt schon zwanzig Jahre alt sind. Wenn ich da hineingehe, mit den Pflanzen unbewusst kommuniziere, kommen mir manchmal wunderbare Ideen. Insofern sehe ich es auch so: Wir sollten als einen dritten Bereich festhalten, dass es diese ko-kreative Verbindung mit der Natur und dem Grund des Seins gibt. Aber es gibt auch diese besondere Form der Ko-Kreativität zwischen Menschen. Wenn wir sagen, dass im Menschen das Sein zum Bewusstsein seiner selbst kommt, so kann eine bewusste Ko-Kreativität auch ganz neue Möglichkeiten des Seins und Lebens hervorbringen.

In diesem Sinne noch ein Gedanke zur Kritik und deren Kreativität: Zur bewussten Ko-Kreativität gehört, dass man einander seine Schatten spiegelt, sich Entwicklung ermöglicht, auch wenn das nicht immer unmittelbar in diesem positiven kritischen Sinne gemeint ist. Wir leben ja in einer Welt, in der viele Menschen noch nicht die Chance hatten, über ihr Ego hinaus zu wachsen und daher voller Angst sind und ihre eigenen Schatten permanent auf andere projizieren.

Daher braucht es meines Erachtens eine Art doppelten Umgang damit: Einerseits in jeder Situation zu versuchen, die in mir oder anderen spürbaren Ego-Verhaftungen wahrzunehmen und kreativ zu integrieren und für meine eigene freie Entwicklung fruchtbar zu machen. Andererseits geht dabei jedoch oft eine Menge potentieller kreativer Flow mit Schattenarbeit verloren. Daher finde ich es genauso wichtig, bewusst Situationen, Menschen, Kommunikationen zu suchen und zu organisieren, die auf einer davon schon etwas freieren Bewusstseinsebene agieren. Zur

Ko-Kreativität gehört daher in gewisser Weise auch die Entscheidung, sich mit Menschen zu verbünden, die eher Freude daran als Angst davor haben.

RE: Da möchte ich auch noch etwas ergänzen: dass es natürlich Menschen gibt, deren Kritik konstruktiv ist, und andere, deren Kritik ist eher destruktiv, weil da ein Ego dahinter steht. Und es gibt zweifellos auch Menschen, mit denen man eine spezielle Chemie oder Alchemie hat, die eine besondere Ko-Kreativität ermöglicht. Ich glaube, das braucht viel Unterscheidungsvermögen und ein wenig höhere Intelligenz.

Da fällt mir jetzt gerade auch noch etwas zum integralen Entwicklungsmodell ein. Es gibt diese Unterscheidung von Bewusstseinsformen und -ebenen, die nicht nur eine primitive Wertung ist, sondern die in der Natur der Sache liegt. Daher ist es ganz gut, sich ein bisschen selektiver mit Menschen zu umgeben und nicht jeden Menschen gleich in mein System rein zu lassen.

MH: Ja, das war es, was ich erst auch meinte. Wobei das natürlich immer eine Gratwanderung ist und auch Gefahren der Überheblichkeit birgt. Wenn wir die Welt sogenannter heutiger oder historischer Kultur, Kreativität und Spiritualität anschauen, entstand daraus immer wieder auch die Überheblichkeit derjenigen, die sich selbst zum Guru stilisieren wollen und meinen, nur sie haben die Weisheit gefunden und alle anderen sind ziemlich weit weg. Daher macht es Sinn, immer wieder genau zu erspüren, auf welcher Bewusstseinsebene man selbst und auch der andere schwingt. Und ist es sinnvoller im Sinne des Ganzen, des Guten und Schönen, sich im Sinne stärkerer Wirksamkeit von anderen mit anderen Intentionen fern zu halten, oder ist es besser, sich mit Mitgefühl zu verbinden. Im Sinne des schönen Satzes von Meister Eckardt: „Immer ist der wichtigste Moment der gegenwärtige. Immer ist der wichtigste Mensch der, der mir gerade gegenübersteht. Und immer ist das wichtigste die Liebe."

Denn Ko-Kreativität ist für mich letztlich eine besondere, produktive Form von Liebe. Und in diesem Sinne wirklich immer konkret aus Herz und Geist zu entscheiden, welche Art von Kommunikation mit wem die sinnvollste ist, das ist eine der schwierigsten Aufgaben.

NN: Ich würde gerne nochmal den Bogen schlagen zu Kunst, zu Spiritualität und zu dem was Du, Maik, Ko-Kreativität nennst, denn dahinter steckt ein ganz altes Menschheitsprinzip. Unsere Menschheitsgeschichte ist geprägt davon, dass in Gemeinschaften so etwas, das wir heute Kunst nennen geschaffen wurde. Ursprünglich geschah das hauptsächlich in einem rituellen, spirituellen Kontext. Ich habe mir gerade den Löwenmenschen im Ulmer Museum ansehen können, das hat mich zutiefst berührt und da dachte ich, diese Figur, die 40.000 Jahre alt ist, hätte man auch heute nicht besser darstellen können. Dieses Wesen weist ganz extreme Spuren von Handberührungen auf, d.h. diese Figur ist durch ganz viele Hände gegangen; das heißt wiederum, dass diese Art Kunst in einem geistigen Zusammenhang von Gemeinschaft angesetzt wurde. Das ist für mich etwas, was ich selber heute oft vermisse: Gestaltung in Gemeinschaft, um einem bestimmten Geist in die Welt zu bringen. Ich habe jahrelang alte Gemälde restauriert. Das Spannende daran ist, dass man bei den meisten der wirklich alten Meister den Geist des Schaffenden spürt. Daher schaue ich mir heute viel an und denke: „Mamma Mia, ist da ein Geist? Was berührt mich?". Das ist für mich der Bogen, wo ich es wirklich mit dem alten Herrn Picasso halte: Kunst muss berühren, egal ob ein Privatobjekt oder ob es in der Gemeinschaft geschieht. Dieser Aspekt, dass es andere Menschen berührt, hat für mich nicht nur mit Spiritualität, sondern auch mit Wissenschaft zu tun, die heute allmählich wieder weit geworden ist in ihren Betrachtungspunkten.

AS: Ich stimme dem zu und möchte es noch ergänzen. Wenn ich ein gutes Kunstwerk betrachte, dann stimme ich mich in es ein und kann spüren, was daran geistiges Wesen und was Egoanteil ist. Wenn ich ein wissenschaftliches Buch lese und mich auf dessen Wesen einlasse, kann ich auch spüren, ob da eine helle geistige Kraft wirkt oder ob Manipulationen drin sind. Also egal, ob es ein wissenschaftliches oder ein künstlerisches Werk ist, ich denke es ist sinnvoll zu unterscheiden, welcher Geist bzw. Ungeist darin gegenwärtig ist.

RE: Ich wollte noch etwas anderes ergänzen: Die Bedeutung der Kunst oder die Funktion der Kunst war früher vom Ursprung her eine sakrale oder spirituelle. Kunstwerke wurden gemacht in einem Kontext der Natur- oder Götterverehrung oder in einem entsprechenden zeremoniellen Zusammenhang. Erst im 19. Jahrhundert hat sich Kunst von diesem Kultwert abgelöst, ist so zum Ausstellungswert geworden, welcher eine Art von individualisierter Performance oder einen Herstellungswert darstellt, den man ausstellt und verkauft und sich daheim ins Wohnzimmer hängt. Der Ursprung der Kunst ist aber sakral.

MH: Auch das Sakrale und Religiöse hat aber verschiedene Phasen durchlaufen. Ich fand immer wunderbar was Heide Göttner-Abendroth in ihrem Buch *Die sieben Musen* schrieb: Die früheste Form der Spiritualität ist der gemeinsame Tanz. Dies entspricht einer historisch frühen Gemeinschaft von Menschen, die sich als Ganzes mit dem Wesen des Seins verbindet. Erst später wurde die sakrale Funktion an besondere Priester ausgelagert und dafür dann auch besondere Reliquien erzeugt. Anfangs aber war es eher eine lebendige, eine aus den Menschen unmittelbar und miteinander selbst fließende Kultur und Kunst. Und vielleicht wird die Kunst und Kultur der Zukunft da wieder eine neue Synthese hervorbringen. Moderne Formate wie Lucid Dance oder auch viele der neuen Festivals, in denen Musik, Tanz und Gemeinschaft vielfältig und frei fließen, gehen ja durchaus in diese Richtung.

RE: Bei dem was ich vorher sagte, dachte ich auch eher an diesen

Löwenmenschen mit den vielen Händen, den Nana beschrieben hat. Diese Kunst war durch all diese Hände auch ein kollektives Gemeinschaftserlebnis. Diese meinte ich mit sakral, und nicht die spätere Stellvertreter-Religiosität.

NN: Ich kann mit Begriffen wie „sakral" heute nicht mehr viel anfangen. Wenn ich mir zeitgenössische Bilder anschaue, dann suche ich andere bedeutungsvolle und schöne Worte wie Schwingung oder so. Ich versuche den Geist des Menschen, der es geschaffen hat und den Geist, den dieser Mensch vielleicht übermitteln will, zu erspüren. Ich habe mal Erfahrungs- und Untersuchungsgeschichten mit Studenten an der Kunsthochschule gemacht. Wenn ich sage, dieses Bild berührt mich, dann ist meine Frage: Wenn das Bild einen Eindruck in mir hinterlässt, hinterlasse auch ich im Bild einen Eindruck? Was geschieht da? Ist es mehr als nur eine Geschichte, die auf der Leinwand ist oder dekorativ oder nur individuell? Was steckt dahinter? Und für mich ist das Spannendste auch heute der Versuch, diesen Dingen nachzuspüren an künstlerischen Objekten. Ist da ein Geist? Spüre ich etwas von dem was hinter der Form ist? Das beschäftigt mich.

RE: Kannst du auch bei der modernen, abstrakten Kunst etwas wahrnehmen in der Hinsicht?

NN: Ja, bei einigen schon. Und dann gehe ich auch meist deren Lebensläufen nach, so bin ich. Je vielfältiger ein Lebenslauf ist, desto authentischer berührt mich das, was dieser Mensch geschaffen hat; wenn es nicht nur einfach studiert und gemacht ist, sondern dieser Mensch vieles in sich ausprobiert, erfahren hat, das in sein oder ihr Werk einfließt. Doch, natürlich gibt es das noch.

GS: Leo, magst du noch etwas dazu sagen?

LK: Ja, also ich finde diese verschiedenen Aspekte sehr spannend. Was die Kunst betrifft, das finde ich auch, dass das natürlich auch einen Geist hat. Jedem wohnt ein Geist inne, den man spüren kann und dem man nachspüren kann. Wenn ich an die alten Höhenmalereien denke, wo sie Tiere gemalt haben oder auch außerirdische Wesen, wie großartig. Sie waren begeistert von irgendetwas, das lässt sich immer nachspüren. Ich habe auch mal Antiquitäten restauriert und die Kunst dabei war eigentlich, dass der andere gar nicht mehr merkt, dass da etwas restauriert wurde. Wenn es um Möbel geht, dann ist es das Nachempfinden der Struktur, der Linie des Holzes und das ist sehr aufwendig, das zu finden.

Wir sind energetische Wesen, eigentlich sind wir nur Energie, und dazu gehört auch der Geist. Für mich ist das hier ein ganz wunderbares Gespräch und ich horche sehr gerne zu.

RE: Ich glaube das auch, und es ist auch ein wichtiger Teil der Kreativität, dass man Bewusstsein und Entscheidung anerkennt. Auch um zu entscheiden und zu unterscheiden, wann man eher dem Fluss der Dinge zuhören und sich einordnen, und wann man auch mal eine Führung übernehmen muss.

NN: Und ich würde gerne noch einen Punkt hinzusetzen. Ich sehe das auch so, das Entscheidende ist, ich entscheide meine Wirklichkeit. Dennoch betrachte ich die Menschen, denen ich begegne. Und wenn man viel mit Menschen in Seminaren umgeht, das sind auch Menschen, die mir nicht so leicht fallen. Dann halte ich es damit, ich lerne es selbst über die Menschen, die mir schwer fallen und dann nehme ich das als ein Lernen, indem ich herausgefordert bin. Denn ich lerne ja auch etwas von mir, wenn mir jemand Fremdes begegnet, und wenn ich auch nichts mit ihm oder ihr zu tun haben möchte, dann entscheide ich mich. Ich lerne so auch durch diesen Menschen.

RE: Das ist natürlich der andere Aspekt. Gerade diese schwierigen Leute, die sind oft die besten Lehrer. Denn es zeigt mir, wo ich auch noch ein Defizit habe. Ich glaube aber, je weiter man da gereift ist in der eigenen Persönlichkeit und diese Schattenanteile integriert und aufgelöst hat, dann kommen diese Lehrer nicht mehr so stark in mein Leben.

NN: Es gab in der Geschichte Mystiker, die sind immer rummarschiert, haben getanzt, gesungen, viel gegessen und dann sind sie wieder verschwunden. D.h. ich gebe und zwar bedingungslos. Für mich ist es wichtig, Impulse zu geben, wirklich da zu sein und das mit allen Sinnen und nicht nur mit dem Denken. Gemeinsame Erfahrungen sind wichtig, auch zu tanzen. Und manchmal auch ein wenig Chaos zu veranstalten und Stolperstein zu sein, damit die Menschen aufwachen. Anstöße zu geben, zu inspirieren, meine Kraft und mein Wissen reinzugeben, aber dann auch wieder zu verschwinden, um es nicht an mir festzumachen.

AS: Ich glaube, wir brauchen tatsächlich lebendige Experimentierräume. Lebendige Experimentierräume, wo wir Lebendigkeit leben und lernen können. Wenn ich an die Arbeitsweltstrukturen denke, braucht es z.B. Experimentierräume, wo eine Vertrauensbasis geschaffen wird, wo die Menschen befähigt werden, sich selbst zu führen, um dann in ihre eigene, innere Ko-Kreativität zu gelangen. Denn dann lernt jeder auch eine Achtsamkeit, eine Achtsamkeit für sich und für die Umgebung, für alles was so im Leben passiert. Wenn ich lerne mich selbst zu führen, dann weiß ich besser mit mir, mit der Umgebung und mit meinem Potential umzugehen und komme in die Situation, die Nana gerade beschrieben hat: Geben, bedingungsloses Geben. Nicht fragen, was kann ich von dir haben, sondern fragen, was kann ich für dich tun. Und ich glaube, für diese Umkehrung, dafür braucht man Bewusstsein und dafür sind Experimentierräume wunderbar.

RE: Die drei wichtigsten Begriffe sind Bewusstsein, Liebe und Kreativität, das hat Maik am Anfang schon ganz gut auf den Punkt gebracht. Dann hatten wir noch dieses Thema mit der Kritik, das war ziemlich stark und die Frage der Ko-Kreativität. Also ich glaube, dass Kreativität sich manifestiert in dem Moment wo ich heile, innerlich, wo ich langsam bei mir ankomme, wo also Liebe und Bewusstsein da sind. Also Selbstbewusstsein, Selbsterkenntnis, aber auch im gefühlten, heilenden Zustand von den Verletzungen, die ich bekommen habe durch ungünstige Lebensumstände oder die Fehler, die ich vielleicht auch noch in meinem Charakter habe. Wir sind an einem historischen Zeitpunkt, wo die materiellen Lebensumstände so gut sind, dass wir uns wieder mehr mit den inneren Dingen beschäftigen können. So wird immer mehr das Bedürfnis nach diesem Einklang mit sich selbst entstehen. Und so werden sich auch diese größeren Dinge wie Bewusstsein, Liebe und Kreativität manifestieren. Und dann wird auch ein riesiges Bedürfnis nach entsprechend äußeren lebendigen Strukturen entstehen, die auf jeden Fall dann auch notwendig sind, um Kinder und auch erwachsene Menschen auf ihren Weg zu bringen. Und endlich auch ein wenig mehr das Paradies hier auf Erden zu kreieren.

MH: Das ist ja andererseits aber immer schon da, wenn wir es so wie heute zwischen uns lebendig und bewusst werden lassen. Aber natürlich bleibt abschließend heute noch die Frage offen, wie wir aus solchen ko-kreativen Atmosphären wie zwischen uns hier heraus dazu beitragen, dass mehr kreative Wachstums-, Entwicklungs-, und Entfaltungsräume entstehen. Denn ich denke, dass dieser Fokus bisher noch nicht wirklich da ist, weder im Mainstream noch in der Alternativbewegung. Da stehen wir erst ganz am Beginn einer evolutionären Aufgabe und haben vielleicht heute ein wenig dazu beigetragen.

Danke Euch allen für dieses schöne Gespräch.

Das hier in Auszügen abgedruckte Symposium fand im Herbst 2017 online statt und wurde als Ganzes veröffentlicht in der Zeitschrift *Tattva Viveka – Zeitschrift für Wissenschaft, Philosophie und spirituelle Kultur* im März 2018. Die Transkription des Gesprächs erfolgte durch Saskia Brosius, Studentin im Studiengang „Kultur und Management" der Hochschule Zittau/Görlitz.

ASPASIA UND PERIKLES

NATASCHA REITH

Einleitung

Ein erster Weg, den man einschlagen kann, wenn man sich mit Aspasia und Perikles beschäftigen will, ist der Weg zur Bibliothek. Man hofft, dort eine Vielzahl von Werken zu finden, die einem das Leben der beiden Charaktere aufschlüsseln, ohne dabei die Eigenheiten eines jeden unberücksichtigt zu lassen. Auf diesem Weg wird man allerdings schnell enttäuscht. Perikles ist sicher eine herausragende Persönlichkeit in der Geschichts- oder Politikwissenschaft. Sein Wirken in der Blütezeit der griechischen Antike und damit der Geburtsstunde der Demokratie ist Grundlage vieler Untersuchungen, die sich mit seinem politischen Leben beschäftigen. Die Quellenlage zu Aspasia sieht schon weniger gut aus. Aufgrund ihres sozialen und gesellschaftlichen Engagements kann sie zwar als eine frühe Vertreterin emanzipatorischer Ansätze gelten, dennoch ist sie aus heutiger Sicht keine Ikone der Emanzipation. Dafür war sie zu sehr von den gesellschaftlichen Umständen der damaligen Zeit geprägt. Heute identifiziert man sich doch eher mit „modernen" Frauen und bleibt in einem aktuellen Zeitbezug, als sich so viele Jahre zurück in die Antike zu besinnen. Aspasia und Perikles als gemeinsame Betrachtung wäre möglicherweise ein Thema der Soziologie, so wie wir es hiermit zu einem machen. Dafür scheinen jedoch die tatsächlichen Überlieferungen zur Beziehung der beiden zueinander zu schlecht. Außerdem sind die Unterschiede zur damaligen Gesellschaft so groß, dass es schwerfällt, deren Handeln in einen heutigen Kontext zu übertragen und man so kaum Schlüsse für ein heutiges Verhalten ziehen kann. Somit scheidet das Thema fast auch für den Fachbereich der Soziologie aus. In Bezug auf Perikles könnte diese Untersuchung also eine weitere Stellungnahme zu seinem politischen Schaffen sein, das ist aber nicht gefragt und genauso wenig möglich, ist dies doch eine bessere Aufgabe für einen Historiker oder Politikwissenschaftler. Somit wird sie zum Versuch einer Interpretation des Paares Aspasia und Perikles vor dem Hintergrund der Idee eines gemeinsamen, ko-kreativen Wirkens. Dabei muss versucht werden, aus den vielen politisch und historisch geprägten Gedanken zu Perikles, das herauszufiltern, was seine Beziehung zu Aspasia betrifft und genauso aus dem, was zu Aspasia bekannt ist, das sich jedoch stark auf ihre Beziehung zu Perikles reduziert, Schlüsse zu ihrem gesellschaftlichen Wirken zu ziehen.

Athen im 5. Jahrhundert v. Chr.

Aspasia und Perikles sind Personen der griechischen Antike, daher erscheint es logisch, dem Leser zuallererst einen kurzen Einblick in die Lebensrealität der beiden zu geben. Auch hier zeigt sich wieder das Problem der Differenzierung: Die Untersuchung soll keine historische sein, genug fähige Historiker haben bereits ausführlich über die griechische Antike geschrieben, doch sehe ich es für das Verständnis beider Charaktere als unerlässlich an, ihren Alltag grundsätzlich aufzuschlüsseln.

Aspasia und Perikles lebten im antiken Athen. Griechenland war im 5. Jahrhundert jedoch kein geeinigtes Land. Es bestand aus vielen einzelnen Stadtstaaten, die jeder für sich Republik, Demokratie oder Monarchie und vor allem souverän von anderen Stadtstaaten waren. Auch Athen war ein solcher Stadtstaat, auf einer Fläche von etwa 2.500 Quadratkilometern lebten circa 30.000 Bürger. Als Bürger wurde allerdings nur die gebürtige männliche Athener Bevölkerung gezählt, Frauen, Fremde und Sklaven galten nicht als Bürger. Wie hoch die Bevölkerungszahl Athens zu dieser Zeit also wirklich war, bleibt unklar. Der Stadtstaat Athen war organisatorisch eingeteilt in Kommunen. Er war ein demokratischer Stadtstaat, der erste seiner Art, denn Solon hatte im Jahre 594 v. Chr. für politische Reformen gesorgt, die die Macht des Adels brachen und Platz für Bürgerbeteiligung schafften. So wurde Athen im 5. Jahrhundert v. Chr. zu einer direkten Demokratie durch Volksherrschaft, es gab eine absolute Bürgerbeteiligung. Diese Demokratie herrschte vom 5. bis ins 2. Jahrhundert v. Chr. – genauer beherrschten die Bürger sich selbst – und bescherte Athen den Titel der „Wiege der Demokratie".

Das politische System bestand aus mehreren wichtigen Organen, durch die die Bürgerbeteiligung umgesetzt werden konnte. Alle Bürger Athens, also wie vorhergehend beschrieben ein bestimmter Teil der männlichen

Bevölkerung, waren Mitglieder der Volksversammlung, der sogenannten *Ekklesia*. Zu Perikles Zeiten waren das 30.000 Athener. Sie bestimmte die Gesetze, wählte oder loste Ämter, loste die Vertreter des Volksgerichts aus und traf Entscheidungen durch Mehrheitsentscheid. Neben der *Ekklesia* als Versammlung aller Bürger gab es den *Aeropag*, der aus neun Archonten bestand. Diese obersten Politiker überwachten die Gesetze sowie die ausführenden Beamten und führten die höchsten Gerichtsverfahren. Übrige Verfahren wurden durch das Volksgericht entschieden, dessen Richter mit einer speziellen Losmaschine ausgelost wurden. Der *Rat der 500* war das administrativ vorbereitende Gremium für die Volksversammlungen. Er bestand, wie der Name schon sagt, aus 500 Bürgern. Eine hochbeachtete und wichtige Stellung in der attischen Demokratie nahmen die Strategen ein. Sie waren die militärischen Befehlshaber Athens, das oft in Konflikte mit anderen Stadtstaaten oder anderen Mächten wie beispielsweise den Persern verwickelt war. Eine Besonderheit des politischen System Athens war das *Ostrakismos*, das Scherbengericht. Dieses konnte ein Mal pro Jahr in der Volksversammlung stattfinden. Hierbei war es möglich, einen Politiker, dessen Politik dem Staat nach Meinung der Mitglieder der *Ekklesia* zu schaden drohte, zu verbannen. Dazu ritzte ein jeder dessen Namen in eine Tonscherbe. Der Politiker, der auf diese Weise die meisten Stimmen erhielt, musste Athen verlassen.

Mit der Mitgliedschaft in der Volksversammlung konnte jeder Bürger politisch aktiv werden, er war sogar dazu verpflichtet. In der *Ekklesia* wurde durch Mehrheitsentscheid abgestimmt, sodass jede einzelne Stimme und Meinung in der Entscheidung Gewicht hatten. Die Äußerung einer jeden Meinung wurde dadurch unterstützt, dass jedes Mitglied der *Ekklesia* Rederecht hatte. Freie Ämter wurden zugelost, eine politisch gewichtige Stelle war also unabhängig von Klasse oder Vermögen, der Zufall entschied unparteiisch. Gleichheit herrschte trotzdem nicht überall. Gleich war man in der patriarchalischen Vier-Klassen-Gesellschaft der Antike – Frauen bildeten mit Fremden und Sklaven die unterste Klasse – wenn überhaupt vor dem Gericht. Selbst wenn man ein Amt zugelost bekommen hatte, musste man es sich leisten können, der Ausübung desselben ganz folgen zu können, meist war ein Betrieb in Landwirtschaft oder Handwerk am Laufen zu halten, der die Familie ernähren musste. Ein Gehalt gab es für die Bürgerpflicht der politischen Teilhabe lange Zeit nicht.

Perikles

In dieses Athen wurde im Jahr 490 v. Chr. Perikles hineingeboren. Er stammte aus einer wohlhabenden und gebildeten Familie, auch sein Vater war schon Politiker. Bis zu seinem Tod im Jahre 429 v. Chr. war er circa 30

Jahre lang führender Staatsmann Athens, auch „erster Mann im Staat" genannt, er hatte die Stelle des Strategen, des militärischen Befehlshabers, inne. Diese politische Position war in der attischen Demokratie eine gehobene, sie wurde im Gegensatz zu vielen anderen gewählt und nicht gelost. Man wollte die wichtige militärische Führung nicht irgendeinem der 30.000 Athener überlassen, sondern sie in guten Händen wissen. Mit dieser Stelle war Perikles wie sein Vater etwas, das man heute als Berufspolitiker bezeichnen würde. Perikles war besonders auf das Wohl Athens und sein Bestehen gegenüber Feinden in Konflikten bedacht. Er war ein großer Verfechter der Demokratie Solons. Verantwortlich für den Bau der Athener Akropolis mit ihren Tempeln und der (ehemals vorhandenen) riesigen, goldenen Statue der Athene, wollte er Athen groß machen. Politisch setzte er sich für die Mittelklasse, also Handwerker und einfach  Bürger, ein. Er stand für eine gerechte Politik, Frieden mit Sparta und anderen Stadtstaaten. Sein höchstes Ziel war ein funktionierendes, demokratisches System nach der Idee Solons, in dem die Regierung unabhängig von ihrem Vermögen und dem daraus resultierenden Einfluss zustande kommt.

In Athen war Perikles als Politiker zeitlebens sehr umstritten. Seine Freunde, philosophische Kreise und die meisten Mitglieder der Mittelklasse feierten ihn als Helden – so wie er auch heute als Verfechter der Demokratie erinnert wird –, seine Feinde waren Aristokraten, die Angst um Macht, Einfluss und Geld hatten und die direkte Politik Perikles fürchteten und seinen Lebenswandel verachteten. Heute spricht man, wenn man vom goldenen Zeitalter Athens spricht, meist auch vom größten Staatsmann der griechischen Antike, von Perikles.

Vor seiner Beziehung mit Aspasia war er bereits verheiratet. Die Ehe, aus der zwei Söhne hervorgingen, wurde jedoch geschieden. Die Beziehung mit Aspasia war öffentlich bekannt aber nie umfassend gebilligt. Aufgrund eines von ihm selbst erlassenen Gesetzes konnte er sie nie heiraten, da Aspasia keine gebürtige Athenerin war. Sowohl aus politischen wie auch aus privaten Gründen wurde Perikles so Opfer einiger Verschwörungen und Intrigen, die ihn teils nicht selbst trafen, sich aber indirekt gegen seine Person zu richten schienen.

Aspasia

Wie schon erwähnt, war Aspasia keine geborene Athenerin. Sie wurde um 470 v. Chr. in Milet in der heutigen Türkei geboren. Ihr Name bedeutet ironischerweise nicht nur „die Liebliche", sondern auch „die Willkommene" – und willkommen war sie bei vielen Athenern auch bis zu ihrem Tod in Athen um 420 v. Chr. nicht.

Aufgewachsen ist Aspasia in einer Schule für Hetären. Dort wurde sie erzogen und bekam Unterricht in verschiedenen Künsten wie Gesang, Bildhauerei, Malen, Tanz und Spiel, in Verführung, Auftreten und Unterhaltung. Dazu gehörten Konversation, Literatur, Lyrik, Liebeskunst, Politik, Philosophie, Sprachen, Rhetorik und Musik. Außerdem wurden ihr Wissenschaften wie Geschichte, Mathematik, Buchhaltung und Naturwissenschaften nähergebracht. Nachdem sie nach ihrer Ausbildung einige Jahre als Hetäre in Persien gelebt hatte, ging sie um 450 v. Chr. mit etwa 20 Jahren nach Athen, um dort eine Schule für junge Mädchen zu gründen. Die Mädchen kamen meist auch reichen Familien und wurden von Aspasia persönlich nach Intelligenz ausgewählt. In ihrer Schule erzog sie sie, wie sie es selbst erfahren hatte, zu umfassend gebildeten Frauen. Das Ziel ihrer Schule sollte allerdings nicht mehr (nur) das sein, die Mädchen mit etwa 14 Jahren gut an jemanden verheiraten zu können, der dann ein paar Jahre Vergnügen an ihnen hätte, sie wollte die Mädchen nachhaltig bilden und emanzipieren.

In Athen hatte Aspasia aber auch die Möglichkeit, sich selbst immer weiter zu entwickeln und zu formen. Sie schrieb dank ihrer rhetorischen Fähigkeiten viele politische Reden für Perikles und beeinflusste so womöglich auch seine Politik. Aspasia hatte Verbindungen zu den großen Philosophen der Zeit, wie Sokrates oder Anaxagoras, diese waren auch Gäste in dem von ihr gegründeten philosophischen Salon, wo – nicht nur unter Männern sondern auch mit Ehefrauen – über Philosophie, Kunst und Politik diskutiert wurde. Aspasia und Perikles hatten einen gemeinsamen Sohn, der aber lange Jahre in Athen kein Bürgerrecht hatte, da er als uneheliches Kind geboren wurde. Als Rhetoriklehrerin von Sokrates und durch eigene Interessen gehörte sie zwar einem gebildeten, intellektuellen und gehobenen Kreis von Athen an, trotzdem wurde sie oft als Hure diffamiert, das auch in der Komödiendichtung. Sie sei schuld an einigen Kriegen, habe schlechten Einfluss auf Perikles Politik, gottlos und verderbe in ihrer Schule die Jugend. Dazu verunglimpfe sie mit ihren politischen

Ansichten und Äußerungen den Staat und seine Regierung und lebe dies offen aus in Gesprächen und Verbindungen zu gottlosen Philosophen. Als „Ausländerin von prekärem Ruf" (Kytzler 2000, S.34) müsse sie zum Wohle Athens verbannt werden. Tatsächlich wurde sie, so wie auch Perikles Opfer von Intrigen wurde, wegen Häresie, Verführung der Jugend und Kuppelei öffentlich angeklagt.

Einen bleibenden Eindruck hat sie trotzdem hinterlassen und das nicht nur bei ihrem Schüler und Freund Sokrates, der über sie schrieb: „Sie war nicht nur die schönste der Frauen, sondern sie besaß auch Geist und Charakter, Anmut und Liebreiz und die Frauen von Athen haben ihr viel zu verdanken." (Caldwell 1980).

Lebensphilosophie

Anhand dieser kurzen Biografien von Aspasia und Perikles kann man erkennen, dass beide eine bestimmte Lebensphilosophie verfolgten, die ihrem Wirken eine bleibende Essenz gab. Perikles stand für eine politische Ausrichtung nach der Idee der Demokratie Solons. Er unterstützte und lebte die direkte Demokratie durch Mitbestimmung der Bürger, durch Volksherrschaft. Aus heutiger Sicht mag es sehr fortschrittlich erscheinen, dass im antiken Athen viele politische Ämter gelost wurden. Unabhängig von Vermögen und Stand, von Alter und Hintergrund konnte man seiner Pflicht, politisch aktiv zu werden, nachkommen und sich nach bestem Wissen und Gewissen durch Entscheidungen, die auch den eigenen Alltag prägen konnten, einbringen. Doch muss man auch beachten, dass die Ausübung eines politischen Amtes Zeit in Anspruch nimmt. Das ist damals wie heute eine Tatsache. Will man sein Amt in gebührender Weise ausüben um tatsächlich Veränderungen zu schaffen, so reicht es nicht, nur seine guten Ideen zu investieren. Nicht von irgendwoher kommen die regelmäßigen Diskussionen um höhere Diäten für Abgeordnete, beispielsweise im Bundestag. Auch zu Perikles Zeiten forderte ein politisches Amt seine Zeit. Doch wo sollte ein Bauer, Handwerker oder anders Geschäftstätiger diese Zeit hernehmen, musste er sich doch genauso um seinen Beruf und damit um sein Auskommen und das seiner Familie kümmern? Oftmals endete hier schon das aktive politische Zutun des Einzelnen. Wenn wir diese leichte Art der Mitbestimmung im Rückblick als Privileg ansehen, so hieß das nicht, dass man dieses Privileg ohne weiteres nutzen konnte. Diejenigen, die es sich finanziell leisten konnten, hatten es deutlich leichter, die Politik zu bestimmen. Als Erbe aus reicher Familie, mit gutem Auskommen und häufig einem Hausstand, der geführt von einem Haushälter oder der Ehefrau keines zusätzlichen, erarbeiteten Gehalts bedurfte, konnte man sich voll und ganz der Politik und besonders der eigenen politischen Karriere widmen. Und diese Karriere war oft genug nicht ausgerichtet nach dem Wohl und gesellschaftlichen wie wirtschaftlichen Wachstum einer Gesellschaft, sondern eher nach dem eigenen Wohl, der eigenen Bereicherung. Wie wir wissen, war auch Perikles einer dieser durchaus Privilegierten, dessen erste Sorge, aus wohlhabendem Hause stammend, nicht seiner Existenz gelten musste, genauso wenig wie dem Stillen verschiedener Grundbedürfnisse, sondern der sein Wirken auf etwas Weiterführendes ausrichten konnte. Und das war nicht das Befriedigen seiner Luxusbedürfnisse, sondern – wohl zum Glück Athens – das Wohl des Stadtstaates. Wie schon geschildert war diese, für politische Zwecke hervorragende, Startaufstellung nicht jedem vergönnt. Perikles wollte jedoch keineswegs nur mit solchen, die es sich leisten konnte, Politik machen. Er sah das große Ganze, sein Ziel war die Beteiligung aller. Deshalb führte er innerhalb seiner Amtszeit eine Diät für politische Ämter ein, die auch den nicht von Haus aus wohlhabenden Bürgern die Möglichkeit gab, ihr Amt mit größerer Hingabe auszuüben ohne dabei zu verarmen. Durch die Diät war es sicher nicht immer möglich, ganz zum Berufspolitiker zu avancieren und seinen ursprünglichen Beruf aufzugeben, doch konnte man zumindest zu wichtigen politischen Zeiten Aushilfen einstellen, die den Stillstand verhinderten und die Last minderten.

Auch wenn für Perikles politisch Athen an erster Stelle stand, so war es vermutlich Aspasia, die diese Position privat für ihn einnahm. Ihre Rezeption wird durch viele literarische Beschreibungen vertreten und verbreitet, die schon in der Antike in der Komödiendichtung (zum Beispiel bei Aristophanes) und bei Philosophen wie Sokrates und Platon (*Symposium*) oder Plutarch (*Griechische Heldenleben: Perikles*) zu finden sind. Die Schilderung ihrer Wahrnehmung setzt sich fort bis in neuzeitliche Werke der Belletristik, in der die Rolle Aspasias als Perikles Gefährtin und Mitstreiterin (Taylor Caldwell: *Aspasia*, 1974), als antike Verfechterin der Emanzipation der Frau (Judy Chicago: *The Dinner Party*, 1974-79) oder als „Amante di Pericle" – Geliebte des Perikles (Daniela Mazzon: *Aspasia. Maestra e amante di Pericle*, 2011) und „Amante de Atenas" – Geliebte Athens oder der Athener (Julio Médem: *Aspasia. Amante de Atenas*, 2012) beschrieben wird.

Während Perikles Engagement besonders als ein politisches in Erinnerung bleibt, richtet sich Aspasias auf die Bildung von Frauen in Künsten und Wissenschaften aus. Das Dasein der Frau soll nicht allein der Bespaßung des Mannes dienen. Sie soll sich selbst formen können und freie Entscheidungen treffen, ihre Meinung äußern und Ideen entwickeln und vertreten. In einer patriarchalischen Gesellschaft stellt sich Aspasia bewusst, also wissentlich und willentlich, und öffentlich gegen die Bevormundung der Frau durch ihren Mann. Freie Entscheidungen betreffen demnach auch die Wahl eines Mannes, eine Frau solle sich für oder gegen einen Mann entscheiden können und diese Entscheidung müsse gelten. Ideen entwickeln kann sie, wenn sich ihr Horizont über ihre eigenen vier Wände und ihre familiären Pflichten hinaus entwickeln kann. Dazu helfe die Ausbildung in Künsten und Wissenschaften. Die eigene Meinung sollte nicht nur, wie es oft der Fall war, mit anderen Frauen ausgetauscht werden, sondern auch im gemischten Kreis mit Männern. Diese Grundsätze lebte Aspasia überzeugt vor. Ihr philosophischer Salon in Athen war ein Ort, an dem gemeinsam diskutiert und erörtert wurde, an dem Meinungen gebildet und geäußert wurden. In ihrer Schule unterrichtete sie junge Mädchen zwar immer noch, wie sie es auch einst gelernt hatte, in Künsten, die den eigenen Körper und Ausdruck formen sollten, aber genauso auch in bildenden Künsten und Wissenschaften zur Entwicklung des Geistes. So kann sie durchaus als frühe Vertreterin der Emanzipation gelten, denn sie setzte sich für die körperliche aber eben auch die geistige Emanzipation junger Frauen ein. Genau genommen war sie finanziell abhängig von ihrem Gefährten Perikles und auch sie wählte die Mädchen in ihrer Schule nach der Herkunft der Familie aus. Es ging also vielleicht weniger um die Gleichheit oder Chancengleichheit aller Menschen, sondern vorerst um die Gleichstellung oder eine Annäherung an die Position des Mannes im Rahmen ihrer damaligen Möglichkeiten und Vorstellungskraft. Trotz allem Emanzipationsgeist war Aspasia verankert in einer patriarchalischen, männerdominierten Welt, der sie sich innerhalb gewisser Grenzen fügte. Mit ihrer Lebensphilosophie stand Aspasia für die Vermittlung zwischen geistigem und sinnlichem Erleben. Ihr Begehren nach Weisheit als höchste Stufe des Eros und ihre (teilweise) körperlich-sinnliche Erziehung, ihr sinnliches Wesen beschreiben in ihr eine Symbiose aus Geistigem und Sinnlichem.

Ko-Kreativität

Wo liegt in beiden, mit beiden, durch beide eine ko-kreative Kraft? Zuerst einmal war jeder der beiden für sich selbst gesehen ein kreativer Geist. Aspasia und Perikles waren wohl Menschen, die ihre eigene, innerste Essenz gesucht und gefunden hatten. Perikles war schon durch seinen Vater in politische Bahnen gelenkt worden, doch hätte er sich wie viele andere seines Standes mit politischen Mitteln nur um sein eigenes Wohl kümmern können. Doch er selbst war ein interessierter Mensch, der über seinen eigenen Tellerrand hinausschauen wollte und nicht nur bedauerte was er sah, sondern es verarbeitete und daran Änderungen, Verbesserungen sehen wollte. Dieses Interesse zeigte sich auch in seinem privaten Leben. Er hinterfragte eigene Entscheidungen, er beachtete auch die Meinung seiner Gefährtin, was in der damaligen Gesellschaft keine Selbstverständlichkeit war, denn welcher Mann brauchte schon die Bestätigung einer Frau, wenn es um persönliche oder in seinem Fall auch politische Fragen ging. Perikles lebte sein Privatleben jedoch gemeinsam mit Aspasia, die denselben Einfluss darauf hatte wie er selbst. Hier verbindet sich also die eigenständige Person Perikles als politischer Kämpfer für Gerechtigkeit, Wahrheit und die mittlere Bevölkerungsschicht mit der eigenständigen Person Aspasia. Und diese hatte eine eher sozial und gesellschaftlich ausgerichtete Idee zu ihrer Essenz gemacht. Wie schon beschrieben setzte sie sich ein für allgemeine Bildung und Gleichheit oder Gleichstellung. Wie weit diese Emanzipation und die Möglichkeiten wirklich gingen, bleibt jedem Einzelnen zu bewerten. Als Kind wurde sie zur Hetäre erzogen. Ein genau passendes Pendant zu dieser Tätigkeit gibt es heutzutage wohl nicht mehr. Taylor Caldwell beschreibt unter anderem in ihrem Roman, dass Aspasia aber schon als Kind nicht ganz in diese Schublade passen wollte. Sie wollte sich nicht gänzlich unterordnen, hatte ihren eigenen Kopf, ihre eigenen Vorstellungen von falsch und richtig und besonders ihre eigenen Ziele. Weiterhin wird in dem Roman beschrieben, wie sie genau diese Vorstellung auch mit sich nimmt, als sie an einen reichen Perser verkauft wird, denn nichts anderes war Usus zu dieser Zeit. Als ausgebildete Hetäre wurde Aspasia von ihm gekauft, um Teil seines Harems zu werden. Sicher kam es ihr zugute, dass sie als Hetäre und besonders als seine Hetäre einen höheren Stellenwert hatte, als eine Ehefrau. So konnte sie ihrem Wesen weiter nachkommen, sich nicht nur räumlich, sondern auch geistig freier bewegen. Die Beziehung zwischen Aspasia und diesem persischen Kaufmann – heute würden wir ihn wohl als Zuhälter bezeichnen – war so geprägt von Aspasias eigenem Geist. Caldwell beschreibt sie als eine Freidenkerin, die sich zwar seinem Wunsch nach Befriedigung so wie sie es gelernt hat unterwirft, ihn gleichzeitig aber auch in Diskussionen führt und ihm gegenüber ihre Meinung äußert und vertritt. Er lässt sie nicht nur gewähren, sondern geht darauf ein und schenkt ihr manche Freiheit, die sie, hätte sie sich ganz in ihre Rolle als Hetäre in seinem Harem gefügt, sonst wohl hätte missen müssen. Sie lernte, ihre Interessen soweit durchzusetzen, dass sie nach einigen Jahren von ihm die Freiheit bekam, ihn zu verlassen, was sie auch tat. So gelangte sie nach Athen und konnte, was ihren Geist bewegt hatte nach außen tragen, indem sie ihre Schule gründete und dort ihre Ansichten und Ziele über ihren Horizont hinaus an andere junge Mädchen tragen konnte. (Caldwell 1980)

Man kann feststellen, dass Aspasia und Perikles jeder für sich unglaublich starke Charaktere gewesen sein müssen, die genau wussten, was sie vom Leben und ihren Mitmenschen erwarteten. Dieses Selbstbewusstsein kam zuerst aus ihnen selbst, beide hatten sie ihre Essenz freigelegt und waren sich ihrer selbst sehr bewusst und damit auch ihren Bedürfnissen. Durch diese Selbsterkenntnis konnten sie sicher auch offener aufeinander zugehen. Dieser Prozess ist heute wohl kein anderer. Wenn man sich seiner selbst sicher ist, ist das eine gute Voraussetzung, wenn nicht sogar die wichtigste, um auf einen anderen Menschen zuzugehen und auf der Grundlage seiner selbst eine Beziehung aufzubauen, in welcher Hinsicht auch immer. Und solch eine Beziehung entwickelte sich zwischen Aspasia und Perikles. Eine selbstbewusste, selbstgeführte Beziehung. Losgemacht von Erwartungen anderer, von Freunden oder einer Gesellschaft, denn in diese Erwartungen ließen sie sich von vornherein nicht einordnen, da sie gegen Grundsätze davon verstießen. In dieser Beziehung entwickelte sich ein großes Potenzial, das sich im kleinen Kreis auf die beiden und ihr nächstes Umfeld auswirkte, das aber auch Einfluss hatte auf die Gesellschaft, in der sie sich auslebten. Sie waren zwei selbstbewusste Charaktere, die sich gegenseitig in ihrer Meinung stärkten, sich auf einer konstruktiven Ebene kritisch betrachten konnten und so die Kraft entwickelten, mit ihrer Essenz über sich selbst hinauszutreten und selbstlos für die Gesellschaft zu wirken. Sie glichen und ergänzten sich in ihren Ideen und Wünschen nach einer Veränderung der Gesellschaft und der gesellschaftlichen Teilhabe zum Besseren und verkehrten in denselben philosophischen Kreisen. Während sie dort die Philosophie als die Suche nach dem Sinn des Alltags begriffen, war ihre politische und gesellschaftliche Arbeit eine Art, diesem Alltag selbst einen Sinn, eine Essenz zu geben. Diese gemeinsame Vertretung ihrer Meinung nach außen machte sie, in Verbindung mit ihrer Standfestigkeit im eigenen Charakter, zu so etwas wie einem Dreamteam der Antike. Beide hätten auch eigenständig, ohne Bezug zu ihrem Partner, als große Personen ihrer Zeit in Erinnerung bleiben können. Perikles wäre auch ohne Aspasias Mitwirken ein großer Politiker gewesen und auch heute geht es in vielen Werken zu Perikles primär um seine Politik und nur am Rande wird Aspasia als Einflussgröße darauf erwähnt oder untersucht. Sie selbst hatte ihren Charakter schon weitestgehend geformt, bevor sie ihn kannte. Sie kam nach Athen und gründete ihre Schule, da hatten beide sich noch nicht kennengelernt. So hätten vielleicht auch Schilderungen von ihr und ihrer Arbeit die Zeit überdauert, ohne dass dabei eine Beziehung zu Perikles Einfluss gehabt hätte. Doch dadurch, dass die Beziehung jeweils das Ansehen der beiden änderte, steigerte sich die Brisanz ihrer Meinungen und Ideen. Miteinander verbunden konnte sie so weiter kommen, da sie sich gegenseitig neue Kreise und neue Weisen erschlossen. Perikles hätte, weiterhin verheiratet mit seiner ersten Frau mit der er zwei Söhne hatte, ein Leben als kontroverser Politiker seiner Zeit in damaligen gesellschaftlichen Bahnen führen können. Aspasia hätte sich mit ihrer Schule in ihrem Milieu halten können, denn es war für diese jungen Mädchen wohl auch ein Privileg, dort in verschiedenen Künsten ausgebildet zu werden. So änderte sich Aspasias Ansehen in der Hinsicht, dass sie nicht mehr „nur" Hetäre war, sondern zu einer Einflussgröße in Athener Intellektuellenkreisen wurde, wo sie aufgrund ihres allgemeinen Wissens und ihrer direkten, doch durchdachten Art geschätzt wurde. Perikles wurde von einem umstrittenen Politiker zu einer geradezu brisanten Person, er hatte schließlich so etwas wie eine ernsthafte Beziehung zu einer Hetäre. Auch heute würde so ein „Lebenswandel" zumindest in den Boulevardzeitungen weite Kreise ziehen und damit die Brisanz und Reichweite auch seiner Ideen steigern. Genau diese Entwicklung vollzog sich auch durch die Verbindung der beiden. Jeder bekam in seinem und in gemeinsamen Kreisen mehr Aufmerksamkeit für sein eigenes Thema, diese Verbreiterung des Einflussgebiets ist vielleicht zu vergleichen mit dem US-amerikanischen Präsidenten und der First Lady, die auch Themen der Politik und durch die First Lady meist der sozialen Gesellschaft durch ein breites Spektrum streuen.

Wir sehen also, dass Aspasia und Perikles ihre eigene Kreativität für sich finden und ausleben und sie durch und in der Verbindung mit dem anderen zu einer Ko-Kreativität steigern konnten. Betrachtet man die beiden im Sinne der Maslow'schen Bedürfnispyramide, so schöpfen beide die Gesamtheit derselben aus. Jeder für sich hatte die Möglichkeit, seine Grundbedürfnisse der Physis, des Sexus und der Macht zu stillen. Perikles konnte dies, weil er aus wohlhabendem Hause stammte, eine Familie gegründet hatte und einen festen Stand in der Politik und durch seine Position als erster Mann im Staat eine bestimmte Macht hatte. Auch Aspasia war zuerst in Persien, später auch in Athen grundsätzlich gut versorgt und leitete eine eigene Schule. In ihrer Liebe zueinander fanden sie ein weiteres Bedürfnis gestillt, das nach Nähe und Geborgenheit, nach gegenseitigem Verständnis und Vertrauen. Das gegenseitige Verständnis wurde sicher noch gefördert durch eine bewusste Sprache, mit der sie ihr Innerstes ausdrücken konnten. Wie schon erwähnt, war Aspasia wohl die Rhetoriklehrerin des Sokrates und schrieb Reden für Perikles. In ihrem gemeinsamen Freundeskreis wurde viel diskutiert und auch in der Politik ist die Meinungsäußerung eine Säule des Diskurses. Wer also, wenn nicht Aspasia und Perikles, hätte dieses Bedürfnis auch als ausgelebt bezeichnen können. Die nächste Stufe, die der Erkenntnis, entspringt sicher zum Teil auch aus der Sprache. Indem man Dinge formuliert, wird man sich ihrer bewusst und kann sie und sich gänzlich erkennen. Das starke Selbstbewusstsein der beiden ist auch Teil dieser Erkenntnisstufe, genauso wie die Erkenntnis um die Bedürfnisse in ihrer Gesellschaft. Die beiden hatten also das Privileg, dass sie ihr eigenes Potenzial ausschöpfen konnten und so die Möglichkeit, sich und dieses Potenzial nicht nur für sich, sondern nachhaltig für die Gesellschaft einzusetzen. Das findet Ausdruck in den Transzendenzbedürfnissen, also in dem moralischen Sinn, den die beiden für sich entwickelt und auf ihr Umfeld übertragen haben, in der Essenz, die sie aus sich selbst für die Gesellschaft nutzbar machten. Und wir sehen auch heute noch, dass Aspasia und Perikles damit erfolgreich waren, dass ihre Essenz und ihre Moral die Jahrtausende überdauern konnte und wir ihre Ideen heute in Kunst und Wissenschaft als unterstützens- und bemerkenswert ansehen. Barbara Sichtermann schließt ihre Untersuchung mit folgenden Worten ab: „[Aspasia und Perikles geben ein] frühes Beispiel für eine (nahezu) gleichberechtigte Beziehung zwischen sowohl geistig und politisch als auch erotisch äußerst regsamen und einander gewachsenen Partnern." (Sichtermann ²2000)

Diskussion

In der Einleitung kam der Gedanke auf, dass die Betrachtung von Aspasia und Perikles aus verschiedenen Sichtweisen geschehen kann und jeweils eine andere Richtung einschlägt. Wenn wir festgestellt haben, dass die beiden Gefährten waren, die sich gegenseitig in der Ausschöpfung ihres Potenzials auf sich und ihre Gesellschaft bezogen unterstützten, so stellt sich trotzdem noch die Frage, inwiefern wir diese Kraft aus der Antike in unseren heutigen Alltag und in unsere heutigen westlichen Gesellschaftsstrukturen eingliedern können und ob wir für unser eigenes Handeln eine Essenz, ein Vorbild daraus ziehen können. Hierbei möchte ich weniger auf die Frage nach den politischen Möglichkeiten eingehen und mich mehr auf die gesellschaftlichen Eigenschaften konzentrieren.

Wir sind im 21. Jahrhundert – zumindest in der westlichen Welt – in einer Zeit angekommen, in der die politische Mitbestimmung eine Selbstverständlichkeit geworden ist. Regelmäßig wird gewählt, man kann sich ohne weiteres in Parteien engagieren, die Politik kommt regelmäßig ohne die größten Korruptionsskandale aus und als Abgeordneter oder politisch Aktiver ist ein eigenes gesichertes Einkommen sicher nicht die erste Sorge, der man sich zuwenden muss.

Wo stehen wir allerdings gesellschaftlich? Was will man in der modernen Welt? Was erhofft man sich von einer Beziehung? Meist ist das wohl eine ausgewogene Mischung aus Intellekt, Kommunikation und Körperlichem. Das berühmte „auf einer Wellenlänge sein" bezieht sich sowohl auf gemeinsame Interessen und ein vergleichbares Bildungsniveau, als auch auf die Fähigkeit, sich miteinander über diese Themen austauschen zu können, miteinander kommunizieren zu können und so ein Gefühl von Nähe und Verbundenheit zu erleben, das nicht nur geistig sondern auch körperlich ausgelebt und erfahrbar gemacht wird. In einer digitalisierten Welt suchen viele Menschen im Internet nach ihrer „besseren Hälfte", nach dem Menschen, der die gleichen Werte und Ansprüche teilt. In Online-Dating-Portalen werden mithilfe von Persönlichkeitstests alle Bedürfnisebenen abgefragt, daraus wird ein Profil erstellt und passend dazu der, im

Endeffekt, ko-kreative Partner gesucht. Das Zeitmagazin schrieb im Jahr 2016 dazu: „Das Netz hat die Liebe befreit." (Wegner 2016) Doch wie befreit ist diese Liebe heutzutage eigentlich wirklich? Nicht nur im Internet, auch im „realen Leben" sucht man in den meisten Fällen nach geistigem und sinnlichem Erleben, wenn es um einen „Partner fürs Leben" geht. Aspasia war in Person diese Symbiose zwischen Geistigem und Sinnlichem. Heute wird dem Menschen schon von Kindesbeinen an allerlei geistiges Wissen vermittelt. Spätestens in der Pubertät meldet sich jedoch dann auch das Bedürfnis nach Sinnlichem. Der Sexualkundeunterricht deckt das sicher nicht ab. Und doch ist das Sinnliche und damit auch Sexuelle nichts Vorübergehendes, nichts, das man in einem Schulhalbjahr abfertigen könnte.

Sicher war die Ausbildung zur Hetäre auch in der Antike nichts Alltägliches. Doch warum beschränkt sich das Bildungssystem im Allgemeinen seit mehreren tausend Jahren nur auf eine Seite der Bedürfnisse und vernachlässigt die andere, wo sich doch beide Seiten im gesellschaftlichen Alltag eher die Waage halten? In ihrer Schule verschob Aspasia das Gleichgewicht von Sinnlichkeit und Sexuellem, wie sie es als junges Mädchen gelernt hatte, schon etwas mehr auf die Seite von Wissen und Bildung. Heute ist das Gleichgewicht im Bildungssystem noch immer kein Gleichgewicht, es hat sich vollständig verschoben auf die Seite von Wissen und Bildung, obwohl der Mensch, wenn man ihn denn so verallgemeinern kann, eher nach einem dynamischen Gleichgewicht zwischen Sinnlichkeit und Sexuellem und Wissen und Bildung strebt. Das Bedürfnis ist da, es wird aber durch Institutionalisierung weitestgehend verdrängt. Dadurch ist es aber eben nur verdrängt und nicht gestillt. Sind die Grenzen heute aber wirklich so felsenfest? Oder kommt demnächst eine Zeit, in der sie sich verschieben lassen oder möglicherweise von selbst verschieben? Vor einigen Jahrzehnten wurde noch deutlich konservativer mit Sinnlichkeit und Sexuellem umgegangen. Heute leben wir schon in einer Zeit, in der mit Meinungen und dadurch auch mit Sexualität deutlich offener umgegangen wird. Die eigene Sexualität wird so auch offener und oft auch öffentlicher geformt. Der Stellenwert des Sinnlichen nimmt sichtbar zu. Das „Höchste der Gefühle" ist ein Partner, der nicht nur intelligent, sondern dazu noch sexy ist. Wo ist also heute die Grenze der offen geformten Sexualität? Sicher ist sie weiter gefasst als noch vor 30 Jahren, doch ganz geöffnet ist sie nicht. Manche offen gelebten Formen von Liebe und Sexualität entsprechen noch nicht dem modernen Zeitgeist. Während Homosexualität gerade in den jüngeren Generationen mittlerweile kein Unverständnis mehr hervorruft, haben Konzepte wie Polyamorie oder offene Beziehungen und Gemeinschaften noch einen umstrittenen Stand. Wenn also die Verbindung von Geistigem und Sinnlichem heute das hehre Ziel ist, wäre dann eine Schule nach Aspasias Idee heute denkbar? In reicheren osteuropäischen Metropolen gibt es verschiedene Angebote, bei denen Frauen geschult werden, um sich dann einen wohlhabenden Mann „erobern" zu können. Hier wird allerdings kein Hehl daraus gemacht, dass sich diese Angebote eher auf die sinnliche Ebene, auf das Körperliche beschränken. Trotzdem darf man natürlich nicht aus den Augen verlieren, dass das beschriebene Gleichgewicht von Sinnlichkeit und Sexuellem und Wissen und Bildung eher das Ergebnis einer Partnersuche darstellt, als den Weg dorthin. Wo der Mann auch evolutionär bedingt noch auf der Suche nach einer Frau sein kann, die (körperlich) attraktiv auf ihn wirkt, weil dadurch die Erhaltung der eigenen Spezies gesichert wird und Frauen in einem, früher ausgeprägteren, patriarchalischen System einen körperlich gut gebauten Mann wählten, weil dieser Sicherheit und Überleben versprach, so liegt heute der Fokus dabei auch auf der Bildung. Zum einen deshalb, weil dann die schon angesprochenen Punkte von Kommunikation und Intellekt bedient werden, zum anderen aber auch, weil in der heutigen Welt eben ein gewisses Bildungsniveau „Status und Erfolg und damit ein besseres Leben verspricht" (Wegner 2016).

Schaut man in die heutige Gesellschaft, auf die großen Bühnen der Welt und in die Medien, so begegnet man oft Frauen, denen eine hohe Attraktivität zugesprochen wird. Meist kommen diese Frauen aus künstlerischen Berufen, sind oft auch sehr gebildet oder haben zumindest eine Laufbahn im (westlichen) Bildungssystem absolviert, setzen sich aber nebenbei stark für gesellschaftliche oder soziale Aspekte ein. Man denke hier zum Beispiel an Emma Watson oder das jahrelange Paar Angelina Jolie und Brad Pitt – so miteinander eins, dass sie zu dem Spitznamen Brangelina kamen – aber dem Leser fallen sicher auf Anhieb noch weitere Beispiele ein. Hier findet sich wieder die Verbindung aus Geistigem und Sinnlichem, die diese hohe Attraktivität ausmacht. Und auch diese Charaktere konnten, alleine oder als Paar, die Bedürfnisstufen nach Maslow durchwandern und in der Spitze der Transzendenzbedürfnisse angelangen, dem Punkt, in dem sie ihr eigenes und gemeinsames Potenzial ausschöpfen, ihre intrinsischen Motivationen bündeln und daraus Kraft für ein Wirken nehmen konnten, das über sie selbst und ihr nächstes Umfeld hinausgeht, das eine Essenz oder einen moralischen Sinn weiterträgt und so eine universelle Energie auf die Gesellschaft entlädt, mit dem Wunsch und Ziel, sie zu einer besseren Version ihrer selbst zu machen.

Literatur

- Caldwell, T. (1980): Aspasia, Wien.
- Fränzle, S.; Hosang, M.; Markert, B. (2005): Vorzeichenwechsel. Wie Gesellschaft sich verändern kann, Frankfurt am Main.
- Kytzler, B. (2000): Frauen der Antike. Von Aspasia bis Zenobia, Düsseldorf und Zürich, S. 34.
- Sichtermann, B. (²2000): Paare. Die berühmtesten Liebespaare. In: 50 Klassiker, Hildesheim, S. 40ff.
- Wegner, J.: „Die Ressource ‚gebildeter Mann' wird knapp". [http://www.zeit.de/zeit-magazin/2016-04/partnerboerse-parship-elite-online-digitales-kennenlernen-liebe; 23.02.2018].
- Vorländer, H.: Grundzüge der athenischen Demokratie. [http://www.bpb.de/175892/grundzuege-der-athenischen-demokratie?p=all; 23.02.2018].

Abbildungen

- Abbildung 1: Büste des Perikles. [https://commons.wikimedia.org/wiki/File:Pericles_Pio-Clementino_Inv269_n4.jpg; 23.02.2018].
- Abbildung 2: Büste der Aspasia. [https://commons.wikimedia.org/wiki/File:Bust_of_Aspasia,_Vatican_Museum.jpg; 23.02.2018].

SOKRATES – PLATOS SYMPOSIUM

HEDWIG PREISER

Einleitung

Das Gastmahl ist für eine Form der Mythen die reinste Erfüllung: In ihm ist die augenblickliche Wirklichkeit emporgehoben. (Hildebrandt 1941, S. 8) Ein Symposium (griechisch: Trinkgelage, Zusammenkunft, Kollegium) ist eine Dialogform, ein göttliches Gespräch unter Philosophen in froher Runde. In dem Meisterwerk Platons nimmt Sokrates einen zentralen Platz ein. Der Dialog verbindet die Schilderung eines ausgelassenen Festes mit der Behandlung philosophischer Fragestellungen.

Sokrates

Sokrates ist eine wichtige, mythenumwobene Gestalt der abendländischen Philosophiegeschichte. Geboren im Jahr 469 vor Christus in Athen, als Sohn des Bildhauers oder Steinmetz Sophroniskos und der Hebamme Phänarete, erlernte er wohl den Beruf des Vaters. (Kaufmann 2000, S. 32)[1] Auch ist anzunehmen, dass er die in Athen für Knaben gesetzlich vorgeschriebene Ausbildung „in den Geistesübungen und Leibeskünsten" erhielt. Mit Xanthippe, seiner Frau, hatte er drei Söhne. Sokrates selbst hinterließ nichts Schriftliches. Die Berichte über sein äußeres Leben sind knapp. Was wir über Sokrates wissen, stammt überwiegend aus Schriften des Komödiendichters Aristophanes, des Geschichtsschreibers Xenophon und seines Schülers Platon. Im Jahre 399 vor Christus wurde Sokrates zum Tode durch den Schierlingsbecher verurteilt.

Platon

Platon, geboren 427 vor Christus, entstammt anders als Sokrates einer Familie der athenischen Aristokratie. Sein Vater Ariston gehörte zur Familie des letzten attischen Königs, seine Mutter Periktione zählte den großen Gesetzgeber Solon zu ihren Ahnen. Platon schreibt über sich selbst, er habe geplant in die Politik zu gehen. Er sei jedoch durch die herrschenden Missstände und speziell durch das Unrecht, welches man Sokrates zugefügt habe, davon abgehalten worden. Eine Legende besagt, er habe wohl ursprünglich Tragödiendichter werden wollen. Auf Anraten Sokrates habe er jedoch sein Werk verbrannt, um sich ganz der Philosophie zu widmen. (Fink 2001, S. 11)

Soziokultureller Hintergrund

Das 5. Jahrhundert vor Christus, in welchem Sokrates lebte, ist eine einflussreiche Epoche der Weltgeschichte. Im Mittelpunkt steht Athen, Heimat beider Philosophen, die Stadt, welche zu Beginn dieses Jahrhunderts zur politischen Weltmacht und zu höchster geistiger Blüte aufsteigt; am Ende schließlich ihren Niedergang in innenpolitischen Auseinandersetzungen und im selbstzerstörerischen Kampf mit den Spartanern erfährt.

Die griechische Kultur verdankt der Stadt Athen sehr viel. Im 4. Jahrhundert vor Christus erreicht die Philosophie ihren Höhepunkt, allerdings nicht selbstverständlich: Im letzten Jahr des Peloponnesischen Krieges 404 hatte die athenische Demokratie mit der Entscheidungsschlacht gegen den äußeren Feind Sparta zugleich den Kampf gegen den inneren Feind, die athenische Aristokratie verloren. Diese erzwang die Beseitigung vieler demokratischer Einrichtungen und den Sturz

---

[1] Vgl. Kaufmann, 2000, S. 32.: Über das Ausüben dieser Tätigkeit wird nur bei Diogenes Laertius (II,19) berichtet.

der herrschenden Regierungsform. Athen gelang bereits ein Jahr später, im Jahre 403, die weitgehende Wiederherstellung der Demokratie. Die Stadt ging jedoch wirtschaftlich und politisch geschwächt in das neue Jahrhundert. Denn die Glanzzeit Athens, welche durch den Namen des bedeutenden demokratischen Politikers Perikles[2] bezeichnet wird, war vorüber. (Schmidt 1981, S. 67)

Die für Athen charakteristische Kunstgattung der „Tragödie" war mit dem Aufstieg Athens seit Ende des 6. Jahrhunderts vor Christus entstanden. Das 5. Jahrhundert war damit auch eine gedeihende, faszinierende Epoche. Zu dieser Zeit konkurrierten bei den großen Götterfesten in Griechenland nicht nur Sportler bei den olympischen Spielen, sondern auch Sänger, Musiker und Poeten. Die Philosophie entfaltete sich besonders in diesem Jahrhundert des Niedergangs. Neben Tragödien- gab es auch Komödiendichter. Aristophanes wird als solcher in diesem Werk beschrieben. Auch berühmte Geschichtsschreiber und Künstler gehen aus dieser Zeit hervor. Sogenannte Sophisten, eine Gruppe von Philosophie- und Rhetoriklehrern, bildeten sich heraus. Sie gewannen Einfluss auf demokratische, wie auf oligarchische Kreise. Nicht die Götter regierten nach ihren Anschauungen die Welt, sondern der Mensch sei das Maß aller Dinge. Platon gründete im Jahr 387 vor Christus, nach der Rückkehr von einer Reise nach Italien, seine eigene Schule. Nicht zuletzt sollte das Werk vor dem Hintergrund der in der griechischen Antike geläufigen homosexuellen Beziehungen gesehen werden. Die Knabenliebe (Pädesterie), also die gleichgeschlechtliche Beziehung von älteren zu jüngeren Männern oder Knaben, war im alten Griechenland weit verbreitet. Sie fand sogar öffentliche Duldung und Förderung, gar Heilung. Am meisten ausgeprägt war sie wohl bei den Dorern, einer altgriechischen Bevölkerung im nordwestlichen Raum. Dort war sie mit dem Soldatentum und der Organisation der Gesellschaft eng verbunden.

Grundideen des Werks – zum Gastmahl

Der Dialog behandelt die ewigen Themen der Menschheit: die Liebe, das erotische Begehren und schließlich auch die Wahrheit. Es entsteht ein Ideal: die platonische Liebe. Doch ist Liebe ein philosophisches Thema? (Kaufmann 2000, S. 72ff)

In der griechischen Antike existieren drei Begriffe für die Liebe: Philia, die freundschaftliche Liebe, Agape, welche die innige Verschmelzung zwischen zwei Menschen meint und Eros, die körperliche Liebe. Im Mittelpunkt des Werkes steht die Frage nach der Kraft, die zu Ideen führt.

---

[2] Perikles: Athener Staatsmann, 485- 429 v. Chr.

Es wird mit einem Wort geantwortet, welches im Griechischen auch zugleich die Bezeichnung für die Gottheit der Liebe und für die Liebe selbst ist: Diese Kraft ist Eros; laut Hesiod[3] eine gewaltige, schöne, uralte Gottheit. Bevor Platons Lehre über den Eros näher betrachtet wird, ist es wichtig, einen Hinweis zur platonischen Philosophie zu geben. Platon selbst war Idealist. Dies zeigen die drei Grundbegriffe: Ideen, Wiedererinnerung und Unsterblichkeit der Seele. Diese Sicht auf die Welt scheint aristokratischem Denken zu entstammen: Schau eines besseren Jenseits, das sich nicht jedem erschließt. Platons Idealismus ist zu einem guten Teil Antwort auf dringliche Fragen: Was „das Gute" sei, nicht das einzelne Gute, sondern die Gesamtheit alles Guten, das Wesentliche daran, der Begriff. Oder auch warum mathematische Wahrheiten eigentümlich begreiflich sind, dass es der Wirklichkeit scheinbar weder zu ihrer Gewinnung noch zu ihrer Bestätigung bedarf.

Das Gastmahl spielt im Hause des jungen und reichen Agathon. In der Darstellung Platons hat der Lebensstil dieser Kreise seinen eigentümlichen Reiz. Schulung des Geistes und des Körpers haben dort in gleicher Weise ihren Platz. In einem früheren Dialog, dem „Charmides", hatte Platon seine Leser auf einen der Sportplätze geführt, auf denen die vornehme Jugend Athens trainierte. Im Gastmahl knüpft Platon an die staatlichen Tragödienwettbewerbe an, dem bedeutendsten Ereignis im öffentlichen, geistigen Leben Athens, welches alljährlich veranstaltet wurde.

Platon führt uns ins Jahr 416 vor Christus. Eben hat Agathon seinen ersten Tragödiensieg errungen. Im Kreise der Freunde wird ausgiebig gefeiert. Erst sieben Jahre später wird berichtet, was sich zugetragen haben soll. Die Schilderung des Gastmahls setzt nicht abrupt ein. Gewollt verwickelt ist bereits die Einleitung gestaltet. Zu Beginn tritt ein gewisser Apollodoros auf, welcher von Bekannten gebeten wird, über das Gastmahl des Agathon zu berichten, obwohl er selbst gar nicht Teilnehmer des Festes war. Von Aristodemos, dem „Besessenen" (wegen seiner Bewunderung für Sokrates), hat er von dem weit zurückliegenden Trinkgelage erfahren. Dem Ereignis selbst, dem Symposium, kommen wir erst langsam näher. Im Altertum gehörten Bewirtungen, Mahlzeit und anschließendes Trinkgelage zum Höhepunkt des geselligen Lebens. Bei Platon ist das Trinken, sowie die heitere Stimmung zwar mit einbezogen, es rückt jedoch eine Folge glänzender Reden aller Teilnehmer über den Eros in den Vordergrund. Platon bindet seine Ideen in diese Vorträge mit ein.

Die erste Rede hält der junge Phaidros und preist Eros als uralte Gottheit, Urheber der größten Güter. Er sei Stifter der Tugend und Glückseligkeit, bewirke Scham vor dem Schändlichen und Streben nach dem Schönen. Zur Konvention, wie sie in Athen gerade in Kreisen der

---

[3] Griechischer Dichter um 700 v. Chr.

Aristokratie Beachtung hatte, gehört es alsdann, dass Eros vor allem die gleichgeschlechtliche Liebe zwischen Jünglingen ist. (Kaufmann 2000, S. 74) Der Sophist Pausanius behandelt anschließend wortreich verschiedene Betrachtungsweisen der Knabenliebe. Er entwickelt einen Gedanken, die Unterscheidung von zwei Arten der Liebe: der himmlischen und der irdischen. Womit er Phaidros auch kritisiert. Die irdische Liebe richtet sich auf den Körper und auf das weibliche Geschlecht. Die himmlische auf das männliche. Diese Stufenordnung zwischen Seele und Körper deutet schon auf die spätere Rede des Sokrates hin. Eine scheinbare Nebensächlichkeit verweist ebenfalls auf einen wichtigen Punkt in dem Werk. Aristophanes bekommt einen fürchterlichen Schluckauf, der Arzt Eryximachos gibt ihm ein paar gute Ratschläge. (Fink 2001, S. 111) Die entscheidende Botschaft jedoch ist: In der Mäßigung liegt der Schlüssel zum Genuss. Wer zu hastig den Wein in sich hineinkippt, hat nicht viel von ihm. So verhält es sich auch mit allen anderen Lastern.

Eryximachos spricht anstelle des Aristophanes als nächster. Er erkennt die Lehre der doppelten Natur des Eros an. Er sei das Verlangen des gesunden, beziehungsweise des kranken Körpers. Der Gesunde folgt einem gesunden Trieb, der Kranke weiß nicht, was gut für ihn ist. (Kaufmann 2000, S. 74) Platon beschreibt hier Gedanken im Stil der vorsokratischen Naturphilosophie, wie zum Beispiel der zeitgenössischen, griechischen Medizin mit ihrem ersten großen Vertreter Hippokrates, sowie die Annahme des Empedokles: Hass und Liebe seien beherrschende Weltmächte. Ein Komödiendichter genoss im Altertum unter allen Dichtern am meisten das Vorrecht, seiner Phantasie freien Lauf zu lassen. So erfindet in Platons Werk Aristophanes den Mythos vom Urmenschen, der geteilt wurde und dessen Hälften sich nach Wiedervereinigung sehnen. Es habe früher nicht nur zwei, sondern drei Geschlechter gegeben. Ein männliches, ein weibliches und ein mannweibliches. Außerdem hatte jeder Mensch eine runde Gestalt, mit vier Händen, vier Beinen, zwei einander ganz ähnlichen Gesichtern, zwei Genitalien und allem Übrigen. Sie hätten sich Rad schlagend fortbewegt, aufgrund ihrer Vollkommenheit jedoch die Macht der Götter gefährdet. Denn dank ihrer Kraft und Schnelligkeit hätten sie sich mit der Absicht getragen, den Himmel zu stürmen. Zur Strafe seien sie deshalb von Zeus und den anderen Göttern in zwei Teile zerschnitten worden. Die Liebe sei nun das Bestreben, durch Auffinden der ursprünglich zugehörigen Hälfte, die anfängliche, nahezu göttliche Form wiederherzustellen.

Agathon wiederum preist den Eros als den schönsten Gott durch ewige Jugend und als den Besten, weil er alle Tugenden in sich vereinigt. Er verfüge über alle Güter und herrsche über alle anderen Götter. Der Dichter bejubelt das vielfältige Wirken des Eros in geradezu hymnischen Worten. Durch seine Äußerung: Eros sei schön und liebe zugleich das Schöne, gibt er dem nach ihm sprechenden Sokrates das Stichwort. Somit ist also die Reihe an ihm. Man will von ihm jedoch keine seiner gewohnten philosophischen Untersuchungen zu hören bekommen, sondern eine Lobpreisung.

Ein Sokrates kann jedoch nicht einfach anfügen und ergänzen. Er benutzt viele Gedanken der anderen als Stoff, um sie ganz neu zusammenzufügen. Er darf es, weil er es kann, Sokrates Größe als Philosoph wird dadurch sichtbar. Er widerlegt diesen letzten Satz des Agathon durch das Argument, man strebe nicht nach dem, was man bereits besitzt, sondern nach dem, was einem fehlt. Die Liebe sei, da sie immer etwas begehre, da sie immer Liebe zu etwas sei, notwendigerweise auch selbst bedürftig, könne also nicht schön und vollkommen sein, sondern bedürfe vielmehr noch des Schönen und Guten. Womit die Beschreibungen des Eros von allen Vorrednern in Frage gestellt sind. Seine Aufgabe besteht nun darin, dem Wesen der Liebe eine eigene Sinnesrichtung zu geben. Der Begriff des Eros wird zum Gegenstand seiner Argumentation. Die gängige Vorstellung der Antike war, dass Eros ein Gott ist, von überirdischer Schönheit, vollkommen und ohne Fehler. Für Sokrates ist dies eine zu bequeme Sichtweise und unlogisch. (Hildebrandt 1941, S. 24f) Auch wenn er in jener Zeit seines Lebens die Debatte der zusammenhängenden Rede vorzog, war es ein richtungsgebender literarischer Einfall Platons, Sokrates keine eigene Rede halten zu lassen, sondern lediglich den Inhalt eines Gesprächs wiederzugeben, das er als junger Mensch mit Diotima, von welcher er sich selber belehren ließ, geführt haben will. Eine erneute Erzählung in der Erzählung. Sokrates wird dieses Gespräch mit Diotima wiedergeben. Weiterhin wird über das Gastmahl von Apollodoros berichtet.

Diotima war eine Priesterin aus Mantinea, einer peloponnesischen Stadt, die man einst zur Abwehr einer Seuche nach Athen gerufen hatte. Platon lässt sie als Belehrende über die Natur des Eros auftreten. Ihre Worte sind der Höhepunkt des Gastmahls. Sie gibt dem Gespräch die entscheidende Wendung. Bezeichnend, fast unbegreiflich, dass hier nun eine Frau am Gastmahl beteiligt wird, dass von ihr sogar die oberste Verkündung ausgeht. Die vorherigen Reden sind ganz aus der Welt der Männer gesprochen und somit aus einseitiger Sichtweise der Männer geführt.

In Diotima wird nun die weibliche Hälfte der Menschheit zugefügt, die Welt wieder vollkommen und rund. Gerade die Frau spricht von einem sehr männlichen, strengen Eros, denn sie darf von Frucht und Zeugung reden. Das unbedingte Verlangen nach Unsterblichkeit in ihm bringt den Menschen zur Fortpflanzung. Nach ihr sei Eros weder schön noch gut, aber auch nicht reizlos und schlecht. Er stehe in der Mitte zwischen Gott und dem Sterblichen. Die Eltern des Eros seien Poros, sein Vater, nach welchem er tapfer und ein gewaltiger Jäger sei, und Penia, die unverständige, unbegabte Mutter. Eros vereinigt somit zwei Extreme in sich: Armut (nach der Mutter) und Reichtum (des Vaters) als Mittelwesen zwischen Gott und Mensch. Gemeint ist damit, ein Mensch ist bedürftig nach Liebe, er hat also ein „zu wenig" an Liebe, das ist seine Armut, deswegen seine Bedürftigkeit. Kommt die Liebe über ihn, wird er des Reichtums teilhaftig sein. Eros ist reich und bereichert Menschen.

Dieser Gedanke lässt bei Platon die Gegensätze nicht nur zwischen Frau und Mann erkennen. Hervorgehoben wird das männliche Wesen. Eros sei auch die Liebe zur Schönheit und Weisheit. Der Begriff der Liebe erschöpfe ganz die Arten des Strebens nach dem Schönen und Guten, durch dessen Begriff man glückselig werde. Sie unterstellt ganz allgemein: Der Mensch will glücklich werden. Das, durch dessen Besitz wir glücklich werden, nennen wir das Gut – das Gute, in diesem Sinne können wir nichts Anderes als das Gute lieben. Da wir es lieben, begehren wir es zu besitzen – für die Ewigkeit zu besitzen ist unser Begehren. Aus diesem Gedanken der Ewigkeit, der Unsterblichkeit springt nun die Erklärung des eigentlichen Eros, der Liebe zum Schönen hervor, denn Unsterblichkeit besitzen die irdischen Wesen nur in der Fortpflanzung und zeugen kann die Liebe nur im Schönen. (Hildebrandt 1941, S. 31f)

Es gibt aber auch eine geistige Zeugungslust und das Geistige ist wertvoller als das Körperliche. Nach Platon ist ein Zeugen aber nur im „Schönen" möglich. Der Mann wird in der Jugend also zunächst einem schönen Körper nachgehen. Dann erkennt er, dass gleiche Schönheit auch in anderen Körpern zu finden ist. Platon fordert, dass er seine Liebe von dem einen Körper ab- und der äußeren Schönheit selbst zuwendet. Er soll später erkennen, dass körperliche Schönheit von der Schönheit der Liebe übertroffen wird. Er lernt die Schönheit der Erkenntnis zu schätzen. So wird er augenblicklich „ein von Natur wunderbar Schönes erblicken", das „immer ist und weder entsteht noch vergeht, weder wächst noch abnimmt", „ein mit sich selbst und für sich selbst ewig und eingestallt Seiendes", das „Schöne selbst". (Schmidt 1981, S. 80f)

Hier wird von der Idee des Schönen gesprochen. Die Wirkung des Gastmahls ist, dass zur Wahrheit nicht alleiniges Nachdenken führt, sondern eine Vervollkommnung und Veredelung der Liebesfähigkeit.

Dimensionen der Ko-Kreativität
Kreativ

Die Erzählung besagt, eines nachts habe Sokrates geträumt, auf seinem

Schoß das Junge eines Schwans zu halten, „das alsbald gefiedert und flugkräftig geworden in die Lüfte emporgestiegen sei mit schallenden Jubeltönen; und tags darauf sei ihm Platon vorgeführt worden; da habe er gesagt, dies sei der Vogel."[4]

Sokrates und Platon lernten sich wahrscheinlich im Jahr 408 vor Christus kennen und pflegten den Umgang bis zu Sokrates Tod. Das Verhältnis zwischen den beiden vermag in der Philosophiegeschichte einmalig sein. Die Dialogform des Sokrates hinterließ bei Platon einen bezeichnenden Eindruck. Entscheidend für dessen Ergriffenheit war auch der Umstand, dass Sokrates dem Widerspruch zwischen Individuum und Gesellschaft begrifflichen Ausdruck verlieh: Das einzelne Individuum strebt von Natur aus nur nach dem, was ihm als gut erscheint. Diese Bestrebungen sind aber kein unbedingtes Gut für die Allgemeinheit. Das erstrebte persönliche Gut kann somit kein wahres Gut sein, da das Individuum von der Gesellschaft abhängig ist und sich dieser zu fügen hat. Nach Platon weiß jedoch niemand, was das allgemeine Gute ist. Das Wissen vom Nichtwissen führt somit zum Suchen. So wird Sokrates zum Weg, welcher zum Ausweg führen soll. Die ersten Dialoge bewegen sich im Blickfeld der Sokratik. Mit diesen „sokratischen Dialogen" beginnt Platon sein schriftstellerisches Schaffen. Für Platon liegt mit Sokrates bereits die Vollendung des Philosophierens und damit zugleich die Richtung für seine eigene philosophische Tätigkeit vor. Während andere Philosophen ihre Vorgänger oftmals kritisierten und versuchten sie zu überragen, hielt Platon in seinen Schriften die Erinnerung an einen meisterhaften Menschen für die Nachwelt fest. Seine Methode der historischen Darstellung des Sokrates ist bedeutungsvoll. Er zeichnete die tatsächlich geführten Gespräche des Sokrates nicht einfach nach, sondern schildert das Wesentliche der sokratischen Philosophie durch eine ausführende Nachdichtung mit eingefügten historischen Fakten.

Für Platon als Schüler des Sokrates war das Einfangen der Atmosphäre der Gespräche mit Sokrates genauso wichtig wie die Wiedergabe des Gesprächsinhaltes. Sokrates nimmt in seinen Schriften fast immer eine führende Rolle ein. Dabei legt er Wert auf die Ausgestaltung von Szenen, welche Sokrates Überlegenheit zeigen. Diese Überlegenheit ging nicht nur von dessen Gesprächsführung aus, sondern auch von seinen Verhaltensweisen. Ob diese Atmosphäre jedoch tatsächlich für Sokrates sprach, sei fraglich. Durch den Vergleich mit sokratischen Schriften Xenophons, sowie Andeutungen aus seinen eigenen, ergibt sich eine einseitige Darstellung seines Lehrers. Wir erfahren, dass Sokrates sich gern mit einfachen Menschen unterhalten habe. Platon vermeidet, derartige Gespräche darzustellen. Er bezieht ihn stärker in den Kreis der

---

[4] Kaufmann, Eva Maria, zitiert aus: Diogenes Laertius, III, 5, S. 30.

Aristokraten, der Vornehmen und Reichen ein, wie im Gastmahl, im Hause des Agathon. (Schmidt 1981, S. 73f)

Zum Ich-Selbst

Sokrates soll die Tätigkeit seiner Mutter als Hebamme mit seiner eigenen verglichen haben. So wie diese half, das Leben in die Welt zu bringen, so wollte Sokrates Geburtshelfer der Wahrheit sein. Daher wurde seine Methode auch Mäeutik (Hebammenkunst) genannt. (Seidel 1987, S. 154) Er war oft vielen überlegen. Ihm war bewusst, wie wenig wir wissen. Wo ihn nun kein helles Wissen leitete, hörte er auf seinen dunklen Instinkt und nannte den mahnenden Trieb, der ihn von Fehlern zurückhielt, seinen Dämon. Er kannte die engen Grenzen des Rationalismus, der Dämon füllte aber nur die Lücke dieser Erkenntnis. Diotima schließt an das dämonische an und erweitert es.

In den Reden der Teilnehmer des Gastmahls spiegelt sich eine Haltung zu sich selbst, welche sich jedoch von Sokrates Anschauung fundamental unterscheidet. (Hildebrandt 1941, S. 55ff) Wer Eros als Gott preist, als Inbegriff von Tugend und Güte, meint letztlich sich selbst, wie es insbesondere in den Reden des Aristophanes und des jungen Agathon zu erkennen ist. Hier erweist sich Eros geradezu als unendliche Macht. In den Reden über die Liebe weist sich deutlich die Gemeinsamkeit mit der Sophistik aus, dass der Mensch das Maß aller Dinge sei. Diese Ansicht widerlegt Sokrates.

Für ihn bedeutet die Liebe vielmehr die Suche nach dem Guten, als dass sie bereits das Gute ist. Ausnahmslos bricht er dadurch mit der selbstbezogenen Haltung jener, die das Ich beziehungsweise das Streben nach der Befriedigung der eigenen Bedürfnisse zur letzten Ursache und daher zum Ziel des unterstellten Wissens vom eigenen Nutzen erklären. Der Erkenntnis des Guten sei der Mensch bedürftig. Die Liebe ist als aktiver Prozess der Suche zu begreifen und kein passiver Zustand. Als einen Stufenweg beschreibt Diotima diesen Prozess. Beginnend bei der sinnlichen Schönheit, vorangehend über allgemeinere und geistige Zwischenstufen, mündet er schlussendlich bei der Schau des Schönen selbst. (Kaufmann 2000, S. 79)

Zu anderen

Es ist die Rede von Sokrates Liebe zu schönen Jünglingen. Auch im Symposium wird seine Rolle als Liebender thematisiert. Gegenstand der Rede Alkibiades ist nicht Eros, sondern vielmehr Sokrates. Sie spiegelt das gespaltene Verhältnis des jungen Politikers zu dem älteren Philosophen, aber auch zu sich selbst wider. Die Zerrissenheit zwischen dem Wunsch, sich den Staat untertan zu machen und die Aufforderung der Philosophie zur Selbstprüfung und zur Suche nach dem Guten. Der schöne Alkibiades schildert, wie er umsonst seine Reize ins Spiel brachte, um den Älteren zu verführen. Am Ende stellt er fest, dass Sokrates ein außerordentlicher Mensch ist, der auf den ersten Blick wohl lächerlich wirken mag, in seinem Inneren jedoch Götterbilder und viel Weisheit verborgen liegen. An dieser Stelle knüpft wohl unser moderner Begriff der platonischen Liebe an. Sokrates Liebe zu Alkibiades ist der Versuch, den Jüngeren auf den Weg zu führen, welchen Diotima ihm gewiesen hatte. (Schmidt 1981, S. 81) Diotima erfüllt nicht nur Sokrates, sondern auch die anderen Redner, welche sich auch gegenseitig bedingten: Was Aristophanes vermissen ließ, führt sie aus. Eros ist nicht Sehnsucht, sondern Zeugung des Höheren, Neuen, der Unsterblichkeit. Aristophanes verkündigte den Brauch, Diotima vollzog ihn. Die Lobeshymne, welche Agathon sang, forderte zuvor Phaidros.

So wie die Rede des Phaidros am Beginn des Gastmahls noch ungewisse Ahnung des Ganzen ist, wird am Schluss das Bild noch einmal sichtbar zusammengefasst: Eros liebt das Schöne.

Zu Platon

In der Logik des Sokrates findet sich folgende Ungenauigkeit: Alles Gute ist schön. Wir lieben nur das Gute. Wir lieben nicht eigentlich das Schöne. Dieser vermeintliche Widerspruch lässt sich lösen. Denn bei Platon sind Gut und Schön keine festumgrenzten Begriffe. Wie entwickelt sich Sokrates nun in diesem Werk?

In früheren Dialogen ist Platon nicht weit von Sokrates entfernt und die Übertragung der Gespräche auf jenen bedeutet, dass Platon bewusst im Sinne des Meisters weiterwirken will. Die Wechselwirkung des historischen Sokrates und Platons aber, welche im platonischen Sokrates Ausdruck findet, trägt ihre eigene Bedeutung in sich. Im Gastmahl ist eine Art der Verwandlung geschehen. Das Geschöpf wird zum Schöpfer, der Jünger zum Meister: Platon erkennt in sich mit hohem Selbstbewusstsein einen scharfsinnigen König des geistigen Reiches. Sokrates Lebensgefühl fließt nicht in eigentliches politisches Wirken, es verharrt in Betrachtung, Mahnung, Warnung. In Platons Darstellungen erscheint Sokrates nicht als Naturphilosoph und Sophist wie bei Aristophanes, sondern als ein Denker der stets mit Fragen nach dem Guten und Gerechten beschäftigt war. (Kaufmann 2000, S. 32)

So drastisch es auch klingen mag, darf man den Tod Sokrates nicht außer Acht lassen. Dessen Sterben hat viele seine Anhänger beeinflusst. Die Anklage gegen ihn lautete, er verderbe die Jugend und verehre die falschen Götter. So beschloss Platon, das Werk Sokrates fortzusetzen und brach zudem mit der athenischen Demokratie. Wenn er auch nicht wie sein Lehrer auf offenem Platze mit dem einfachen Volk diskutierte, fand er in literarischer Tätigkeit doch eine andere Wirkungsmöglichkeit. Der platonische Dialog entstand, in welchem Sokrates eben zumeist die zentrale Gestalt, der Hauptredner war.

Zum Universum

In verhüllter Weise bezieht sich Platon in das Geschehen mit ein. Als am Morgen schließlich neben Sokrates nur noch Agathon der Tragödiendichter und Aristophanes der Komödiendichter wach waren, kreisen dessen Gedanken noch unerschöpflich. Er beweist den Dichtern ihre Teilhaftigkeit, „denn derselbe Mann müsse Tragödie und Komödie zu dichten verstehen" (Hildebrandt 1941, S. 61) Denn es ist Platon selbst, dieser rechte Mann, der beides vermag. Sokrates übertrifft beide mit seiner letzten Rede, doch Platon setzt sich in seiner Dichtung über die Bedeutung von Agathon und Aristophanes durch. Eryximachos Enthaltsamkeit ist ein Mangel, die gewohnte Enthaltsamkeit des Sokrates ein Überfluss an Kraft. Hier spiegelt sich dessen Überlegenheit wider. Die Philosophie ist eine überströmende Lebenskraft, keine einseitige Denkart. (Hildebrandt 1941, S. 61f) Somit nimmt Platon im Gastmahl „liebend an der leiblichen irdischen Fülle teil und haucht ihr seine Seele ein, ohne sie im Geistigen verflüchtigen zu lassen". (Hildebrandt 1941, S. 157)

Schlussbetrachtung

Sokrates galt in der Antike als Inbegriff des Weisen und für spätere Philosophen war sein Leben ein Ideal. Später rückten zunehmend Platon und Aristoteles in den Mittelpunkt des Interesses. Doch Sokrates bleibt auch Jahrhunderte später weiterhin präsent. Stets auf der Suche nach wirklicher Erkenntnis des Guten vollzieht sich diese besonders im Dialog. Die starke Nachwirkung Platons lässt sich viele Jahrhunderte später noch erkennen. Er war die philosophische Autorität der Spätantike. Nachdem die aristotelische Philosophie das Mittelalter beherrscht hatte, wurde Platon der Philosoph der Renaissance. Ab dem 15. Jahrhundert gründete man in Italien Akademien nach dem Vorbild der Schule, die einst Platon geleitet hatte.

Dass auch das Gastmahl zu den Schriften gehörte, welche am meisten

Beachtung fanden, zeigt Tizians berühmtes Bild der „himmlischen und irdischen Liebe". Aus dieser Quelle schöpfte man die Idealvorstellung einer Gesellschaft freier, gebildeter Menschen.

Nicht zuletzt bezeichnen wir eine wissenschaftliche Tagung bis heute als „Symposium", gesehen aus weiter Ferne, sei dies auch ein Nachhall platonischer Philosophie.

Literatur

- Fink, G. (2001): Meisterwerke kurz und bündig. Platons große Dialoge, München, S. 109-119.
- Hildebrandt, K. (1941): Platons Gastmahl, 6. Auflage, Leipzig, S. 7ff.
- Kaufmann, E. (2000): Sokrates, München, S. 10, S. 30-82.
- Schmidt, E,; Schleiermacher, F.: Platon (1981): Das Gastmahl oder von der Liebe, 4. Auflage, Leipzig, S. 5ff.
- Seidel, H. (1987): Von Thales bis Platon, 4. Auflage, Berlin, S. 165, S. 185-193.

Abbildungen

- Abbildung 1: Sophie – Lexikon der Philosophinnen: Diotima. [http://www.sophie-lexikonderphilosophinnen.de/html/diotima.html].

EPIKURS GARTEN DER FREUNDE

CINDY KÖNIG

Einleitung

Der Mensch des 21. Jahrhunderts steht vor einer Klippe, an der er überlegen muss, wie er springt. Er muss in etwas Neues springen, hat dabei aber die Kraft, seinen Sprung individuell zu verändern. Er bestimmt die Weite, die Schnelligkeit und die Sprungkraft.

Die Welt des 21. Jahrhundert beschäftigt sich mit Umstrukturierungen der Gesellschaft durch Globalisierung, Technologisierung und Veränderungen des Menschenbildes. Dies führt dazu, dass der Mensch sich den Ängsten des Sprunges ins Ungewisse stellen muss. Die Gesellschaft befindet sich in einer Zeit des Umbruches. Eine helfende Hand zum Sprung braucht der Mensch, um das Vertrauen in sich selbst zu finden und einen neuen Weg einzuschlagen. Man hat die Möglichkeit, sich einer der zahlreichen Religionen zuzuwenden, die auf Jahrtausende alten Regeln und Vorstellungen beruhen, oder der Wissenschaft, die rationale Erklärungen auf bestimmte, aber nicht auf alle Fragen bietet. Eine weitere Methode ist die Besinnung auf die Philosophie. Philosophen beschäftigen sich mit Sinnfragen über die Welt, den Menschen und das Verhältnis zu seiner Umwelt. Eine neue Form, welche entwickelt wurde, ist das Modell der Ko-Kreativität, welches auf der Energie der Liebe beruht.

Eine vergleichbare Situation gab es vor circa 2500 Jahren, in der ein junger Philosoph namens Epikur im griechischen Athen eine Schule gründete, um Menschen Zuflucht zu geben, die auf der Suche waren nach Lösungen zum bevorstehenden Umbruch der griechischen Zivilisation und nach einem Leben in Glückseligkeit der Zukunft.

Diese Arbeit beschäftigt sich mit der Schule, welche Epikur gründete und mit der er versuchte, Menschen mit einer unsicheren Zukunft den Weg zum glückseligen Leben zu weisen und inwiefern man dieses Vorgehen innerhalb des Gartens von Epikur mit der neu entwickelten Form der Ko-Kreativität vergleichen kann, die sich mit der Situation des 21. Jahrhundert beschäftigt.

Biographie Epikur

Epikur wurde 341 vor Christus auf der Insel Samos, welche vor der Westküste Kleinasiens liegt, als Athener Bürger geboren. Er erhielt in jungen Jahren Privatunterricht von seinem Vater Neokles, welcher Elementarlehrer und Landwirt war. Das Einkommen des Vaters war durch seinen Beruf gering, wodurch Epikur ein Leben in Bescheidenheit kennenlernte. Durch die Aufgaben des Vaters in der Landwirtschaft lebte die Familie in Harmonie mit der Natur, was sein späteres Leben bedeutend prägte. Mit 14 Jahren, suchte Epikur den Kontakt zur Philosophie aufgrund seiner Zweifel über die Beschaffenheit des Chaos, von dem nach Hesoid alle Dinge abgeleitet sind, die unerklärlich schienen. Seine ersten Lehrer waren der Platoniker Pamphiles und der Demokriteer Nausiphanes, wobei sich Epikur eher mit der Philosophie des Atomismus der Demokriten identifizieren konnte und sie sich später auch zu eigen machte. Im Jahr 323 vor Christus absolvierte er eine vormilitärische Ausbildung. Durch die Niederlage der Athener gegen die makedonische Vorherrschaft verlor sein Vater seinen Besitz auf Samos und die Familie floh für einige Jahre nach Kolophon. Aufgrund weniger Überlieferungen über die Anfänge von Epikurs Leben nehmen Forscher an, dass Epikur die nächsten Jahre bis 306 vor Christus als Lehrer der Philosophie arbeitete. Im Jahr 306 vor Christus kehrte Epikur nach Athen zurück, wo er für 80 Minen einen Garten, den Kepos, erwarb und damit den Grundstein für seine Schule legte. In seinem Garten entwickelte er den Epikureismus. 35 Jahre lang war Epikur geistiger Mittelpunkt in seiner Schule und starb schließlich 271 vor Christus. Er lebte als Begründer des Epikureismus ein genügsames Leben.

Sozio-kultureller Hintergrund des Werks
Historischer Hintergrund

In der Zeit, in der Epikur lebte, erlebte die Gesellschaft im Reich Alexanders des Großen soziale und politische Umbrüche. Durch Alexanders frühen Tod 323 vor Christus in Babylon und durch ein hohes Machtstreben unterschiedlicher Akteure, gab es eine komplizierte Suche nach dem Nachfolger. Die Königsfamilie schied aufgrund mangelnder männlicher Angehöriger aus und der Machtkampf der weiblichen, handlungsfähigen Personen führte zum Untergang der Argeadendynastie. Die Handlungsherrschaft bekamen die makedonischen Generäle, von denen sich Philipp III. Arrhidaios eigenmächtig zum König proklamierte. Aufgrund einiger Kompromisse mit verschiedenen Machtzentren wurde der nachgeborene Alexander IV. Aigos zum gleichberechtigten König erhoben. Der ältere Nachfolger Herakles wurde von der Nachfolge ausgeschlossen, da er früher mündig geworden wäre, was die Generäle verhindern wollten, um ihren Machteinfluss zu stabilisieren. Aufgrund des Übergehens von Herakles in der Reihenfolge kam es zu Auflehnungen gegen das aktuelle System, woraus die Diadochenkriege entstanden. Die Machtzentren kämpften um den Einfluss in Griechenland und Kleinasien. Mit dem Zerfall des Reiches von Alexander dem Großen wurde das stabile Athen militärisch entmachtet und es führte zum Untergang und Ende der klassischen Stadtstaaten. Die Diadochenkriege endeten 281 vor Christus und das frühere große Reich teilte sich in drei hellenistische Großreiche.

Gesellschaftlicher Hintergrund

Gesellschaftlich wurden die Menschen von den Diadochen in ihre Nationalitäten aufgeteilt und in soziale Schichten getrennt. Es entstand eine Zwei-Klassen-Gesellschaft aus Ägyptern und Griechen, wodurch die von Alexander dem Großen geförderte Gleichberechtigung der beiden Gruppen unterdrückt wurde und sich die Gesellschaften voneinander distanzierten. Die Trennung der Bevölkerungsgruppen und die damit zusammenhängende soziale Umwälzung führten zu einer Unüberschaubarkeit der Welt für die Athener. Die Kriege führten zu großem Elend in der Bevölkerung und zerstörten den einstigen kulturellen Lebensmittelpunkt der Griechen. Dies führte zu einem starken Werteverlust innerhalb der Bevölkerung und nur schwache religiöse Traditionen hatten Bestand. Es entstanden widersprüchliche Weltanschauungen und es herrschte allgemeiner Pessimismus. Ein Großteil der Menschen waren Zyniker, welche alles kritisierten, was liebens- und lebenswert war. Die Griechen fühlten sich bis zu dieser Zeit als Staatsbürger und Teil eines Ganzen, was die Athener Bürger mittlerweile als unmöglich empfanden. Sie fühlten sich unsicher und hatten Zukunftsangst, was die Sehnsucht nach Glück in tiefer Stille und frei von Unruhe hervorrief.

Hellenismus

Die Epoche des Hellenismus beginnt um die Zeit des Alexander des Großen, circa 300 Jahre vor Christus. und löst die Klassik ab. Im Gegensatz zur davor führenden Epoche, ist der Mensch nicht mehr nur gesellschaftliches Wesen, sondern konzentriert sich auf sein eigenes Wohlergehen und seine Handlungen werden von diesem Grundsatz geleitet. Es gilt als Sinn des Lebens. Die daraus entstehenden Konsequenzen sind eine starke Privatisierung des Lebens und ein Rückzug des Einzelnen aus dem gesellschaftlichen Leben. Das private Glück richtet sich nicht mehr nach einer bestimmten Weltordnung und dessen Regeln, sondern ergibt sich aus den Bedürfnissen der Person. Die Philosophie widmet sich deshalb der Suche nach dem Weg zur individuellen Glückseligkeit. Die Philosophen der Zeit begegnen in ihren Überlegungen dem Eudämonismus und dem daraus entstanden Hedonismus, der davon ausgeht, dass Glück als höchstes Gut die Vermeidung von Schmerz und Unlust bedeutet. Die Vertreter des Hedonismus bezeichnen den Zustand der Glückseligkeit als eine Ruhe, die sich auf den Körper und die Seele bezieht. Dies zeigt sich durch einen Frieden mit sich Selbst und einer körperlichen Schmerzfreiheit. Die Bedingung zur Glückseligkeit ist, Ziele zu definieren, die der Mensch auch erreichen kann. Vertreten wird die individualistische Philosophie der Antike in der Epoche des Hellenismus von drei vorherrschenden Schulen. Diese sind der Stoizismus, der Epikureismus und die pyrrhonische Skepsis. In dieser Zeit werden die Voraussetzungen für die kulturelle Fusion des griechischen und orientalischen Kulturgutes und den daraus entstehenden abendländischen Individualismus geschaffen.

Epikureismus

Epikur teilt sein weltanschauliches System in drei Teilbereiche, die Naturphilosophie, die Erkenntnislehre und die Ethik. Dabei dienen die Naturphilosophie und die Erkenntnislehre zur Legitimation der Ethik und sollen dementsprechend plausible Erklärungen für die Ethik liefern, um eine innere Unruhe durch das Unerklärliche und die damit zusammenhängende Angst zu vermeiden. Somit ist die Naturerklärung ein Zweckmittel, hat aber als Voraussetzung für die Glückseligkeit einen hohen Stellenwert in der Philosophie.

Naturphilosophie

Seine Naturphilosophie beruht auf der Atomistischen Lehre Demokrits, mit der er die gesamte Wirklichkeit erklärt. Ausnahmen sind alle transzendenten und metaphysischen Annahmen. Alles, was existiert, ist ein Ergebnis der Bewegung und unterschiedlicher Verteilung unveränderlicher Atome im Raum. Dabei entstehen aus vergänglichen Zusammenballungen unvergängliche Atome. Der Atomismus besagt, dass die Welt aus unendlich vielen Atomen besteht, einige mit geringerer und einige mit höherer Dichte. Diese Atome funktionieren nach dem System des Drucks und des Stoßes. Schwierigkeiten stellten bei den damaligen Überlegungen kreative Schöpfungen dar, welche allerdings durch ursachlose Abweichungen entstanden. Diese Abweichungen standen als Symbol der Freiheit. Epikur entwickelt den Atomismus weiter und beschreibt die Materie als unbeschaffen und unvergänglich. Die letzte unteilbare Einheit sind die Atome, welche durch Größe, Gestalt und Schwere charakterisiert sind. Er war der Meinung, dass die Anzahl der Atomformen endlich ist, während die Anzahl der Atome unendlich ist. Im unendlichen Raum existieren unendlich viele Welten. Die Seele besteht nach Epikurs Meinung aus Atomen, die überall im Körper verteilt sind und ihr Zentrum im Herzen des Menschen haben. Er übernimmt die Annahme, dass die Atome grundlegend einen senkrechten Fall als Bewegung haben. Dabei soll die Aufteilung der Atomkombinationen gleichmäßig sein und durch Abweichungen entstehen Atomverbindungen aufgrund von Zusammenprallen und folgenden Repulsionen der Atome. Sie sind die Ursachen für Phänomene.

Erkenntnislehre

Der Mensch erkennt die Wahrheit durch Sinneswahrnehmungen, Vorbegriffe und Empfindungen. Die Grundlage der Wahrheit bildet die Sinneswahrnehmung. Von der atomistischen Theorie ausgehend gibt es mechanische Vorgänge, bei denen die Sinnesorgane Atome aufnehmen. Somit gelten die Wahrnehmungen als unabhängig von der menschlichen Vernunft und irrtumsfrei. Daraus bildet der Mensch Vorbegriffe, die er als Maßstab zur Beurteilung von weiteren Wahrnehmungen verwendet. Eine weitere Grundlage der Wahrheitsbeurteilung stellt die Empfindung dar, bei der man anhand der Kriterien Lust oder Unlust misst. Laut Epikur ist eine Erkenntnis auch ohne Sinneswahrnehmung möglich, da Hypothesen durch Gegenbestätigung und Nicht-Gegenbestätigung aus Wahrnehmungen sind. Allerdings müssen mehrere mögliche Hypothesen für ein Phänomen gleichbehandelt werden. Seine Erkenntnistheorie grenzt sich somit vom

Skeptizismus ab, da es einen logischen Widerspruch darstellt, wenn man behauptet, sicher zu wissen, dass man nichts weißt.

Ethik

Epikurs Ethik beschreibt die Lehre zum Glück führenden Verhaltens. Glück ist der Kern und das Ziel des gesamten Systems auf dem das menschliche Leben beruht. Beim Streben nach dem Glück handelt der Mensch glücksorientiert. Dieses Glück steht unter keiner konkreten Richtlinie oder Form, sondern ist individuell definiert. Die Glückseligkeit ist im physischen Sinn zu verstehen, laut Epikur bedeutet sie die Abwesenheit von Schmerz und die Empfindung von Lust. Epikur orientiert sich in seiner Zielsetzung nicht an kurzen Lustempfindungen, sondern zieht eine Form der dauerhaften Lust vor. Der Schmerz bildet einen Gegenpol und ist durch einen geistigen Schmerz bei Epikur definiert, welcher durch die Vergangenheit in Form von Reue und durch die Zukunft in Form von Furcht charakterisiert ist. Den größten Schmerz verursachen die Zukunftsangst, die Todesangst und die Furcht vor den Göttern. Ängste, welche eliminiert werden müssen, um das Ziel zu erreichen. Lust und Schmerz ergeben sich aus den individuellen Begierden der einzelnen Menschen, die man nur durch eliminieren oder befriedigen auflösen kann. Epikur bevorzugt die Elimination bis auf die Befriedigung von notwendigen Bedürfnissen zum Beispiel nach Nahrung und Sicherheit. Als schlechte Begierden definiert Epikur Werte wie Macht und Ruhm. Allerdings ist es sinnvoll, leicht erreichbare Begierden zu befriedigen, aber sich im Zweifelsfall davon nicht abhängig zu machen. Somit vertritt Epikur eine moderne Sicht, indem er durch Selbstbestimmung eine Freiheit des Willens ermöglicht. Der Mensch soll insofern handeln, dass er sich nicht überanstrengt, um das Glück nicht zu destabilisieren und eine Unruhe in die Seele einkehren zu lassen, da es dazu führen kann, dass der Mensch eine Tat ausführt, die nicht der Weisheit entspricht. Dieses Ungleichgewicht führt zu Unglück. Epikur vertritt eine Mäßigungsphilosophie, da sich der Mensch keine großen Ziele setzt, sondern kleinere, erreichbare. Epikur ist der Meinung, dass man das Glück nicht erzwingen kann, da man kein direktes Glück empfinden kann.

Lust und Schmerz

Der Ausgangspunkt für Epikurs Ethik ist die Körperlichkeit, was ihn von den Philosophen seiner Zeit und der früheren Zeit unterscheidet. In der hedonistischen Lehre ist die Lust ein natürliches Gefühl, das als höchstes Gut gewertet wird. Es gilt als Ziel und Ursprung des glücklichen Lebens. Epikur ist der Meinung, dass es zur Natur des Menschen gehört, Lust empfinden zu wollen. Jedes Lebewesen strebt, sobald es geboren ist, Lust an und sieht andererseits Schmerz als das größte Übel. Es gibt keinen neutralen Zustand zwischen Lust und Schmerz. Jede Lust ist erstmal als gut zu bewerten, kann aber durch auf Lust ausgerichtetes Handeln Schmerzen herbeiführen. Lust und Schmerz können auch gleichzeitig existieren, oder sich durch Überlagerung der Lusteffekte in Schmerz umwandeln. Er unterscheidet dabei verschiedene Arten von Lust. Die kinetische Lust ist die Lust, die der Mensch durch die gezielte Stimulation positiver Gefühle hervorruft. Diese Lust soll aktiv den Schmerz beseitigen, allerdings ist sie zeitlich begrenzt, da der Lusteffekt nur so lange andauert, wie auch die Tätigkeit andauert, die den Lusteffekt hervorruft. Die kinetische Lust ist ein Ergebnis der Befriedigung von Bedürfnissen, welche nicht unbedingt notwendig fürs Leben sind, aber aus biologischer Sicht für den Menschen erklärbar sind. Im Gegensatz dazu steht die katastematische Lust, die dauerhaft oder fortwährend ist und bedeutend wichtiger als die kinetische Lust ist. Allerdings dürfen die kinetischen Lüste, also kurzen Glücksmomente, erlebt werden, solange sie nicht die höherwertige katastematische Lust gefährden. Lust ist mit einem Gefühl des Wohlseins zu vergleichen. Epikur vertritt die Auffassung, dass durch die Weisheit geleitet eine innere Ruhe entsteht. Eine vergleichbare Bewegungslosigkeit des Inneren soll entstehen, um somit ein stabiles und sicheres Gleichgewicht für die Seele herzustellen.

Garten Kepos

Epikur gründete im Jahre 306 vor Christus seine Schule. Er kaufte ein riesiges Grundstück mit Gebäuden, Gemeinschaftsräumen und Platz für Schlafunterkünfte für seine Schüler. Den Mittelpunkt seiner Schule bildete ein traumhaft schöner Garten. Die Philosophen verbrachten die meiste Zeit in diesem naturbelassenen Garten, da er ein Kontrast zur grauen Kriegswelt außerhalb war. Aufgrund dessen wurde sie in der Gesellschaft auch „Philosophen des Garten" genannt, was eine Alternative zur platonischen Akademie bildete. Die Schule bot seinen Besuchern einen freien Zugang zu Wissen und Bildung, um den Schülern das Schaffen emotionaler Intelligenz zu ermöglichen. Epikur lebte gemeinsam mit seinen Schülern auf diesem Gelände, wodurch für eine gewisse Zeit nicht nur ein Austausch entstand, sondern Epikur mit und unter seinen Schülern freundschaftliche Beziehungen entwickelte. Der Kepos war allgemein bekannt für seinen Freundschaftskult. Epikur glaubte, dass es nichts Angenehmeres, nichts Ergibigeres und nichts Wesentlicheres gibt als die Freundschaft, wenn es um das Erreichen eines auf Weisheit basierenden glücklichen Lebens geht. Seine Schüler lernten das nicht nur durch seine Reden, sondern Epikur galt in diesem Sinne als ein großes Vorbild, da er dieses Freundschaftsmodell seinen Schülern vorlebte. Epikur erörterte in seinem Garten drei Arten der Freundschaft. Erstens ist die Freundschaft die Beziehung, die die eigene und die des Freundes verlässlich hervorbringt, somit sollte sie aus Gründen der Logik angestrebt werden. Außerdem hilft die Freundschaft Gefühle wie Angst, Furcht und Einsamkeit zu überwinden und somit die Zukunftsangst zu eliminieren. Um eine Freundschaft aufrecht erhalten zu können, muss man seinen Freund lieben wie sich selbst und Mühen für den anderen aufnehmen können. Des weiteren ist die Freundschaft nicht nur ein Mittel zur Lustgewinnung, sondern mit dem Entstehen von Vertrauen und Liebe, wird der Freund um seiner selbst geliebt, auch wenn die Freundschaft keinen Nutzen mehr bringt. Trotz dessen ist eine Freundschaft auch eine Art Vertrag unter weise handelnden Menschen aufgrund des Grundsatzes, dass man seine Freunde so lieben soll, wie man sich selber liebt. Somit entsteht eine vertragsmäßige Garantie für die Liebe. Dass dieser Versammlungsort ein Zeichen eines freundschaftlichen Umgangs zu jedermann war, zeigt Epikurs Offenheit, Menschen aller Gesellschaftsschichten aufzunehmen. Im Gegensatz zu anderen Schulen erhielten auch Sklaven, Ehepaare, Hetären und Familien den Zugang zu seinen Symposien, was ein Gegensatz zur vorherrschenden Sitte war. Aufgrund dieser Regeln hatte Epikur großen Zulauf und lebte teilweise mit bis zu 200 Menschen in seiner Schule. Die Schüler lebten ohne individuellen Besitz umgeben von der Natur. Das war auch einer der Gründe, weshalb Epikur kaum Zugang zu den reichen und mächtigen Bürgern Athens hatte und auch keinen politischen Einfluss anstrebte. Die Schüler und Epikur lebten für ihr eigenes Glück und zogen sich innerhalb ihres Gartens zurück. Die zentrale Aufgabe des Gartens war die Suche nach der Glückseligkeit mit den richtigen Vorstellungen. Epikur leistete seinen Schülern Hilfestellung, diesen Zustand zu erreichen, anstatt Ihnen eine gewisse Lebens- und Denkweise vorzuschreiben. Er lehrte eine praktizierende Lebensweise um die Fähigkeit zu erlangen, nach seinen Anweisungen sein Leben individuell zu gestalten. Dies beinhaltete ein Zusammenleben in propagierter Zurückgezogenheit, eine gezielte Abwendung von öffentlichen Plätzen und den Verzicht auf Ruhm und Ehre. Dabei vertritt Epikur die Meinung, dass jeder für sein eigenes Glück selbstverantwortlich ist und selbstständig dafür Entscheidungen treffen muss, um das Ziel, die innere Ruhe, zu erreichen. Man ermöglichte den Schülern mit deren Zusammenarbeit ein leichtes und von Furcht befreites Leben. Grundlage bot Epikurs Schule insofern, dass er ihnen die notwendigen Bedürfnisse wie Nahrung und Unterkunft gewährleistete. Dies führt zu einer Sicherheit, die für den Menschen wichtig ist, damit er sich seiner Persönlichkeit widmen kann.

Das Wirken nach Epikurs Tod

Der Epikureismus war nicht nur eine Philosophie, die die Menschen zu Lebzeiten Epikurs beschäftigt hat, sondern noch Jahrhunderte später. Der römische Epikureismus hatte aufgrund des Konfliktes zwischen den traditionellen römischen Werten und seiner Lustlehre schlechte Voraussetzungen sich zu verbreiten. Bedeutende griechische Philosophen, die in dieser Zeit wirkten waren die Platoniker, die Peripatetiker und die Stoiker. In der ersten Hälfte des 2. Jahrhunderts vor Christus waren Epikurs Vorstellungen unter der Bevölkerung als anstößig verschrien und galten als Verführer der Jugend. Ab der Zeit des späten 2. Jahrhunderts begann man langsam, sich dem Epikureismus zuzuwenden. Ab dem 1. Jahrhundert vor Christus begann man, Epikurs Schriften in die lateinische Sprache zu übersetzen und der Epikureismus gewann an Popularität innerhalb verschiedener Bevölkerungsschichten. Der vereinfachte Epikureismus hatte eine breite Massenwirkung, die entgegen den Vorstellungen seiner Philosophie ging. In der Mitte des 1. Jahrhunderts bildete sich abseits des vereinfachten Epikureismus ein anspruchsvoller innerhalb der gebildeten Schicht, welcher in den höheren Schichten Einfluss gewann. Einer der bedeutendsten in dieser Zeit war der Dichter Lukrez, welcher den vereinfachten Epikureismus verabscheute und ihn nur sinnvoll für eine philosophisch gesinnte Elite als Zielpublikum hielt. Zum Ende der republikanischen Zeit und in der frühen Kaiserzeit fand der Epikureismus unter den Mächtigen Anklang, zum Beispiel bei Titus Pomponius Atticus oder Caesar. Innerhalb der politischen und kulturellen Kreise wurde er aufgrund von Epikurs Abneigung Macht, Ruhm und Eigentum gegenüber nur partiell aufgenommen. Andere philosophische Richtungen versuchten den Epikureismus zu bekämpfen, so wie Anhänger der christlichen Religion aufgrund von Epikurs Leugnung der Unsterblichkeit und göttlichen Vorsehung. In der Spätantike ging der Epikureismus unter. In Alexandria fand Epikur schon zu seinen Lebzeiten Anhänger und war während der Antike sehr präsent. Erst mit dem Untergang der Konstantinischen Wende verlor der Epikureismus an Bedeutung. Im Mittelalter waren die Schriften von Epikur kaum bekannt. Gelehrte bezogen ihr Wissen aus den Schriften von Cicero, Servius und Seneca. Die Meinung zu Epikurs Schriften bezog sich vor allem auf die Fehldeutungen der Lustlehre. Im Jahr 1417 gab es eine Wiederbelebung des Interesses am Epikureismus durch die Auffindung einer Handschrift von Lukrez Gedicht. Für das Anerkennen der Erkenntnisse von Epikur in den gebildeten Kreisen trug die lateinische Übersetzung der

„Philosophenleben" von Diogenes Laertios bei. Im 17. Jahrhundert ging eine allgemeine Verbreitung von Frankreich aus, die zu einer Popularisierung des epikureischen Gedankengutes führte. Durch die Verbreitung und Popularisierung beeinflusst Epikur bis heute Philosophen und führt zu kontroversen Diskussionen. Ein oft genannter Kritikpunkt ist seine Abneigung gegen das Machtstreben, obwohl er damit die Gesellschaft in der Masse hätte verändern können. Trotzdem ist sein Gedankengut der Gleichberechtigung ein Fortschritt für die damalige Situation und begeistert mit seiner Offenheit noch heute.

Drei Dimensionen der Ko-Kreativität

Ko-Kreativität bedeutet eine Weiterentwicklung der freien Individualität in der heutigen Zeit, die geprägt ist durch die neusten Möglichkeiten der Kommunikation, angetrieben durch die Energie der Liebe. Diese Liebe ist charakterisiert durch die existenziellen Ziele der Verbundenheit mit seiner Umwelt und der Freiheit seiner Selbst. Die Ko-Kreativität wirkt in drei verschiedenen Dimensionen. Diese sind definiert durch das Zusammenwirken mit dem eigenen Ich, das sich entfaltet, wenn der Mensch sich seines Lebens und seiner eigenen Fähigkeiten bewusst wird. Er erkennt, welche Kraft hinter der eigenen Individualität steckt. Des Weiteren existiert die Dimension in der der Mensch in einen weisen Kontakt mit einem anderen Individuum tritt, um sich gegenseitig zu beeinflussen und eine gemeinsame, vielschichtige Kreativität zu entwickeln, da die gemeinsame Macht die des Einzelnen übersteigt. Zum dritten gibt es die Kreativität, die das Individuum entwickeln kann, wenn es sich als Teil des ganzen Systems des Lebens versteht und seine Fähigkeiten mit dieser Welt teilt, um die Innovationen, entstehend aus dieser Kreativität, zu teilen. Das ist die Energie, die das Leben braucht, um neue Möglichkeiten für Wirtschaft, Gesellschaft, Wissenschaft, Kultur und Kunst zu entwickeln. Diese Dimensionen sind nicht klar zu trennen, da sie sich gegenseitig beeinflussen und aufeinander aufbauen.

Zu betrachten sind die Widerspiegelung der Dimensionen der Ko-Kreativität in Epikurs Konzept seiner Schule.

Erste Dimension

Ein Schüler von Epikurs Schule zu sein bedeutete, sich in eine Welt zurückzuziehen, die sich von der Realität abschottete. Mit Betreten der Schule begab sich der Mensch in den Schutz der Natur und fand Ruhe im Kreise der Blumen, die mit ihrer Schönheit einen Kontrast zur rauen

Atmosphäre des Krieges bildeten. Des Weiteren bot die Schule eine Geborgenheit der Freundschaft entgegen dem Hass, der im Land herrschte. Dieses sichere Umfeld bietet dem Menschen die Kraft, sich selbst zu entfalten und ein Vertrauen in seine eigenen Fähigkeiten zu entwickeln. Vor allem in einem Klassensystem mit klassischen Rollenbildern gab Epikurs Garten den Menschen die Chance, sich von dieser Sichtweise abzuheben, Fähigkeiten auszuprägen, die für den jeweiligen Menschen in der Athener Gesellschaft unsittlich gewesen wären und gleichberechtigt zu lernen und zu bilden. Zudem konnte jeder Mensch sich ein nützliches Wissen zum Überleben aneignen, um das Ziel der Glückseligkeit zu erreichen. Durch das Aneignen von Wissen konnten sich die Menschen von Traditionen und Werten lösen und ihr Handeln auf das Wissen stützen, statt sich nach religiösen Vorgaben zu richten. Mit dem geschenkten Vertrauen in sich selbst konnte sich die Person von den inneren Schranken der Gesellschaft lösen und durch das gewonnene Selbstvertrauen offen auf das Leben und auf die anderen Menschen zugehen, sich für neue Ideen begeistern und andere Weltansichten und Perspektiven akzeptieren und annehmen. Bei diesem Vorgang wird das Potential des Menschen freigesetzt, um in der Gesellschaft etwas Gutes zu tun, weil man das tun kann, worin man gut ist. Dies ist der Grundstein für einen freien Willen, der die Persönlichkeit stärkt und die Individualität entfaltet.

Zweite Dimension

Die Gemeinschaft Epikurs bietet die Grundlage für das Wirken der Ko-Kreativität in der zweiten Dimension, da diese Gesellschaft den Menschen Schutz und Geborgenheit gibt. Diese sichere Basis gibt den Individuen die Chance, ihre Kräfte zu entfalten und untereinander zu bündeln. Die Energie der Ko-Kreativität kann nur in einer Menschenmasse wirken, da durch die verschiedenen Fähigkeiten, die sich gegenseitig unterstützen, die Macht vermehrt werden kann. Zudem findet innerhalb des Gartens ein Austausch zwischen verschiedenen Gesellschaften statt, die aufgrund ihrer Erziehung, ihres sozialen Umfeldes und der vorherrschenden Sitte verschiedene Sichtweisen auf Situationen, Konflikte und auf das aktuelle Geschehen haben. Durch die Offenheit können so die Menschen Betrachtungen aus anderen Bereichen des Lebens kennenlernen und lernen, ihre Mitmenschen unabhängig von ihrer Herkunft zu schätzen. Dieser unbekannte Austausch war zu der Zeit eine Ausnahme, die ohne den Garten nie zustande gekommen wäre. Für Epikur waren soziale Beziehungen überlebenswichtig für seine Philosophie und die aus dem Garten entstehenden tiefgründigen Beziehungen sind das Wichtigste, was die Weisheit für die Glückseligkeit bereitstellte. Es entstand für diese Zeit eine Energie, die eine fortschrittliche Denkweise der Schüler hervorrief.

Dritte Dimension

Entstehend aus der Freundschaft und dem Beseitigen der gesellschaftlichen Grenzen, können sich die Menschen als Teil einer einheitlichen Gesellschaft fühlen. Diese Verbundenheit, entstanden durch die tiefen Freundschaften, die in Epikurs Garten gefördert wurden, ist Grundlage, dass die Menschen sich vor der Welt öffnen, um sich selbst entfalten zu können. Durch das Begegnen der Menschen auf einer gleichen Ebene, wird der Mensch aufgrund seiner Persönlichkeit und Fähigkeiten geschätzt und kann einen Platz in der Gesellschaft einnehmen, an dem er sich wohlfühlt. Zudem fördert der richtige Einsatz der Persönlichkeiten im gesellschaftlichen und wirtschaftlichen System die kulturelle und wirtschaftliche Weiterentwicklung. Dementsprechend ist die Ko-Kreativität, die aus der Liebe zur Freundschaft entstand und in dieser Schule wirkte, in Epikurs Garten der Anreger dafür, dass die Menschen sich nicht nur persönlich, sondern auch als Teil einer Gesellschaft weiterentwickelten. Epikurs Anliegen, jedem Menschen, der gewillt ist, Wissen zu geben, ermöglicht, dass auch die Wissenschaft Fortschritte macht, weil die Menschen ihr Wissen mitteilen und kreative Denkanstöße somit zu Innovationen der Wissenschaft führen. Dieses Konzept, das Epikur in seinem Garten entstehen lässt, lässt sich in der Vergangenheit sowie in der Gegenwart auf die ganze Welt beziehen. Es zeigt, dass die Menschen miteinander effektiv leben können, indem sie sich von ihren inneren Schranken befreien, um sich der Welt und seinen Bewohnern zu öffnen. Dies ist eine Revolution, wenn man die damaligen sozialen Umstände bedenkt. Der Krieg und die damit zusammenhängenden Machtgedanken, welche zu dieser Zeit herrschten, wurden vor den Toren von Epikurs Schule abgelegt und zeigten die Sinnlosigkeit des Krieges selbst, da er nicht wichtig war, um ein effektives Gesellschaftssystem zu entwickeln. Des Weiteren lernten Epikurs Schüler die Ruhe und Schönheit der Natur zu schätzen, da sie den Schülern eine Geborgenheit gab, die sie vor den Schrecken des Krieges und der damit zusammenhängenden Todesangst und Zukunftsfurcht schützte. Im Gegensatz zur Sicherheit durch die Natur, lernte der Schüler Epikurs durch seine Mäßigungsphilosophie die Natur zu schützen. Denn seine Philosophie bedeutet auch, die Ressourcen sinnvoll einzuteilen, was mit einem ökologischen Denken zu vergleichen ist, das die Gesellschaft heutzutage anstrebt. Epikur schätzt die Natur, lässt sich von ihr inspirieren und schützt sie durch seine Liebe zu ihr.

Fazit

Was zu Epikurs Zeiten die Angst vor dem Tod und die Furcht vor den Göttern war, kann man auch auf die heutige Zeit beziehen. Angst vor den Göttern in der heutigen Zeit? Das ist kein Massenphänomen mehr, sondern höchstens eine Ausnahme bei tief religiösen Menschen. Glaube ist ein Teil für jeden, der es will, aber aufgrund von Wissenschaft und neuen Gesellschaftssystemen höchstens eine Stütze im Leben des Menschen. Dennoch ist das Gefühl, das die Menschen anleitete sich in den Garten zu begeben, das Gleiche, das die Menschen heute noch leitet. Es ist der Wunsch nach einer Zukunft, die verbessert ist und Glück bringt und die damit zusammenhängende Angst vor dem Ungewissen in der Zukunft. In der Gegenwart wird diese Angst zur Angst vor einer ungewissen beruflichen Zukunft und der Angst vor dem Neuen außerhalb der vertrauten Welt. In einer Welt, in der die Wissenschaft die Antwort auf jegliche unlösbaren Probleme stellt und kein Glaube existiert, der bestimmte Antworten auf diese Probleme gibt, ist es umso wichtiger, Vertrauen in sich selbst und in die Gesellschaft zu haben. Epikurs Anliegen, den Menschen durch die Freundschaft die Angst zunehmen, ist vergleichbar mit dem System der Ko-Kreativität. Die Ko-Kreativität ist das Ergebnis einer Energie der Liebe, die innerhalb einer Gesellschaft mit deren Umwelt wirkt. Vergleichen kann man das mit dem Wert der Freundschaft, den Epikur in seiner Schule lehrt. Sowohl die Vertreter von Epikur und der Ko-Kreativität sind der Meinung, dass diese Liebe der Impuls für die Weiterentwicklung des Individuums ist. Die Bedingung dafür ist der Einsatz von Kommunikation, in der Epikurs Garten wie das heutige Internet funktioniert und wie eine Plattform für neue Gedanken und Meinungen ist. Ein Ziel der beiden Philosophien ist die freie Entfaltung der Individualität, damit man sich auf seine Fähigkeiten konzentrieren kann, um etwas Besseres und Innovationen zu erschaffen. Dies beweist, dass die Liebe zwischen Menschen unabhängig von ihrer Persönlichkeit, ihrer Herkunft oder ihres Standes, seit Jahrtausenden wirkt und die Kraft hat, denkbar Unerreichbares zu ermöglichen. Da dies in der Vergangenheit funktionierte, gibt es der Gesellschaft in der heutigen Zeit die Hoffnung, dass wir nicht durch Krieg, Rassismus oder Hass unsere Welt zerstören. Somit ist die Liebe Initiator für die Verbundenheit, das Vertrauen und die Freiheit des Menschen. Sie ist Vergangenheit und Zukunft. Sie ist allgegenwärtig. Wenn die Menschen sich darauf einlassen, wird sie sie in eine Zukunft führen, welche Wirtschaft, Gesellschaft, Wissenschaft, Kultur und Kunst in etwas Neues verwandelt, in Form der Ko-Kreativität.

Literatur

- [http://www.aphilia.de/philosophie-garten-epikur-01-lebe-verborgen.html; 20.10.2017].
- [http://www.br.de/radio/bayern2/sendungen/radiowissen/ethik-und-philosophie/epikur-grieche-hedonismus-100.html; 18.01.2018].
- [http://www.damals.de/de/27/Epikur-gruendet-die-Schule-des-Gartens.html?aid=166791&cp=6&action=showDetails&cmtUri=/de/27/Uebersicht-Seite-6.html; 20.10.2017].
- [https://www.grin.com/document/155124; 18.01.2018].
- [http://philosophie-der-stoa.de/garten-epikur.php; 10.11.2017].
- [https://www.sein.de/3-philosophiefestival-der-liebe-ko-kreativitaet/; 21.10.2017].

CHARLES FOURIER

UND SEINE UTOPIE „AUS DER NEUEN LIEBESWELT"

MARIA ZOCHER

Sozio-kultureller Hintergrund

Charles Fouriers Werk „Aus der Neuen Liebeswelt" entstand zu Beginn des 19. Jahrhunderts in Frankreich, zwischen 1808 und 1835. In einer Zeit, in der das Land geprägt war durch die Krisen der vergangenen Jahre. Die Armut der Bevölkerung, die durch Missernten und die darauffolgende Hungersnot immer größer wurde, die Krise des absolutistischen Staates und die Zuspitzung der Gegensätze zwischen dem privilegierten Adel und dem dritten Stand führten schließlich zum Aufstand des Volkes – der Französischen Revolution.

Das wohl bedeutendste Erbe der Französischen Revolution ist vermutlich die „Erklärung der Menschen- und Bürgerrechte" vom 26. August 1789. Darin wird festgelegt, dass jedem Menschen von Geburt an dieselben Rechte zustehen, der Staat habe dabei die Aufgabe der „Erhaltung der natürlichen und unantastbaren Menschenrechte [...] Freiheit, das Recht auf Sicherheit und das Recht auf Widerstand gegen Unterdrückung" (Hart-Davis 2008 und 2013, S. 303). Dieses Dokument wurde zur Vorlage für die Verfassungen vieler Länder und der „Allgemeinen Erklärung der Menschenrechte" der Vereinten Nationen von 1948.

Nach Beendigung der Aufstände kamen unter Maximilien Robespierre die Jakobiner an die Macht, allgemein auch als die „Schreckensherrschaft" dieser Zeit bekannt. Es wurde jeder verfolgt und verurteilt, den man wegen konterrevolutionärer Ideen verdächtigte. In zehn Monaten wurden in ganz

Frankreich über 20.000 „Feinde der Revolution" hingerichtet. Dieser Regierungsstil, der durch Terror bestimmt war, wurde schlussendlich von einigen Abgeordneten gestürzt. Die Jakobiner wurden durch ein Direktorium ersetzt, doch auch dessen Herrschaft war nicht von langer Dauer. 1799 gelang es Napoleon Bonaparte durch einen Staatsstreich eine neue Regierung zu bilden, deren Führer beziehungsweise „Erster Konsul" er selbst war. Seine Machtübernahme wurde als finale Beendigung der Revolution betrachtet.

Blickt man heute auf die Herrschaft Napoleons zurück, wird sie vor allem als eine Herrschaft des Krieges erkannt. Tatsächlich führte Napoleon fast seine gesamte Regierungszeit Krieg und das mit herausragendem Erfolg. Er war ein militärisches Genie, er entwickelte aber auch ein neues Rechts-, Verwaltungs- und Bildungssystem für Frankreich. Napoleon setzte sich die „reconstruction sociale" zur Aufgabe, er wollte der Gesellschaft Frankreichs nach dem Terror und großen Unsicherheiten der vergangenen Jahre eine neue rechtliche Ordnung verleihen. Das denkwürdigste Ergebnis dieser Bemühungen ist der „Code civil" von 1804, das Rechtsbuch der neuen bürgerlichen Gesellschaft. Es gilt als das erfolgreichste Gesetzbuch des 19. Jahrhundert. Das Besondere an diesem Dokument ist, dass die Nation im Mittelpunkt steht, es ist das erste Rechtssystem, das alle bürgerlichen Verhältnisse umfasste. Außerdem beinhaltet es das Recht der persönlichen Freiheit, Gleichheit vor dem Gesetz, Gewissens- und Gewerbefreiheit und die allumfassende Trennung von Staat und Kirche, welche sich vor allem im Zivilstand bemerkbar machte, das Zivilstandsregister war für alle religiösen Bekenntnisse gleich. (Mann 1991, S. 115-117) Neben dem Zivilrechtsbuch entstanden weitere wichtige Neuregelungen der Justiz, unter anderem das Handelsgesetzbuch, ein neues Prozessrecht und ein Strafgesetzbuch.

Das französische Kaiserreich entwickelte sich unter Napoleon zur führenden Wirtschaftsmacht Europas, auch wenn die Industrialisierung im Gegensatz zu Großbritannien oder Deutschland wesentlich langsamer verlief. Die Erfindung der Dampfmaschine in England sorgte für zahlreiche Neuerungen der Industriezweige Bergbau, Textilindustrie und Schifffahrt, in Frankreich dagegen existierte nur eine Proto-Industrialisierung. Nach der Französischen Revolution und den napoleonischen Kriegen fehlte dem Land eine gewisse Risikobereitschaft, die nötig ist um in eine neue Technologie oder Unternehmen zu investieren anstatt in Grundbesitz. Die durch Napoleon eingeführte Wirtschaftsblockade der britischen Inseln erschwerte die Einfuhr neuer, fortschrittlicher Erfindungen zusätzlich. Erst als diese Blockade im Jahre 1813 aufgehoben wurde, konnten englische Kaufleute und Mechaniker Dampfmaschinen nach Frankreich importieren, was der fortschreitenden Technologisierung des Landes zu Gute kam, die Baumwollspinnerei wurde dadurch zum modernsten Industriesektor des

Landes. Diese beginnende Technologisierung schuf die Grundlage für eine flächendeckende Industrialisierung in Frankreich.

Doch um es mit den Worten Emile Laurents zu sagen: „L'ère industrielle commence, le paupérisme est né" (Eichenhofer 2007, S. 27) – „Das Industriezeitalter beginnt, der Pauperismus ist geboren."

Mit der wachsenden Industrialisierung wuchs auch der Unterschied der Entlohnung und des sozialen Status. Qualifizierte Arbeiter konnten in der Industrie ein überdurchschnittliches Einkommen erarbeiten, die weniger qualifizierten Arbeiter, Saison- und Gelegenheitsarbeiter, Kinder und Frauen rutschten jedoch immer mehr in die Armut ab. Es entwickelte sich außerdem ein mit der Verbreitung der industriellen Produktionsweise stetig steigender Unterschied zwischen der Bevölkerung auf dem Land und den Bürgern, die in den Städten lebten. Die auf dem Land lebenden Menschen fielen in der Einkommens- und Wohlstandsentwicklung gegenüber der städtischen Bevölkerung immer weiter zurück, gleichzeitig wuchsen die sozialen Unterschiede innerhalb der Städte. (Eichenhofer 2007, S. 27f)

Die Gegensätze zwischen dem Land und der Stadt wurden auch in anderen Lebensbereichen immer spürbarer, so brachten die Großstädte neue, radikale, bis dato völlig unbekannte Lebensformen der öffentlichen Daseinsversorgung zutage. Es entstanden sowohl Versorgungseinrichtungen für Wasser, Gas, Abwasser und Elektrizität, als auch Ämter für städtische Planung und Wohnungsbau. Die Stadt entwickelte sich zum Sinnbild einer dynamischen, anonymen Welt, die durch abstrakte Regeln geordnet wird, ihr gegenüber steht die Tradition, der Gemeinschaftssinn und das Familienleben der ländlichen Regionen. (Eichenhofer 2007, S. 28f)

Fouriers Leben

Charles Fourier zählt heute zu den bekanntesten französischen Vertretern des Frühsozialismus. Doch wer war dieser Gesellschaftskritiker? Diese kurze Biographie soll einen kleinen Einblick in sein Leben geben.

Francois-Marie-Charles Fourier, er änderte den Namen später in Charles Fourier, wurde am 07. April 1772 in Besançon als Sohn eines wohlhabenden Tuchhändlers geboren. Als er neun Jahre alt war, starb sein Vater, er hinterließ seiner Familie ein großes Vermögen, von dem Charles einen großen Anteil erhielt. Von da an lebte er mit seiner Mutter und den drei älteren Schwestern in einem reinen Frauenhaushalt.

Diese persönliche Erfahrung prägte ihn und beeinflusste seine später aufgestellte Gesellschaftsordnung sehr.

Nach Abschluss der Schulbildung an einem humanistischen Gymnasium sah seine Mutter eine Ausbildung zum Kaufmann für ihn vor, er selbst wollte sich lieber den Wissenschaften widmen oder in den Staatsdienst, wo er als Nichtadliger jedoch nicht aufgenommen wurde. So begann er schlussendlich nach einiger Zeit des Protestes doch eine Lehre bei Kaufleuten in Lyon und Rouen. Anschließend arbeitete er als Handlungsreisender für den Tuchhändler Bousquet und unternahm zahlreiche Reisen in große französische Städte wie Paris oder Bordeaux aber auch Städte in Deutschland, Holland und der Schweiz. Bei diesen Aufenthalten nahm er auch wichtige Untersuchungen für sein späteres Hauptwerk vor, er studierte auf seinen Reisen sehr genau die Bewohner, das Handelsgewerbe, die Bauarten der Städte und Straßen, den Aufbau der Bildungseinrichtungen und vieles mehr.

1793 nahm er in Lyon an den Aufständen gegen die Herrschaft des Konvents teil. Nach dem Sieg der Regierungstruppen floh Fourier nach Besançon, wurde dort wenig später jedoch festgenommen. Durch die Fürsprache seines Schwagers, der Jakobiner war, kam er wieder frei. Dabei verlor er allerdings die Hälfte des väterlichen Erbes, er hatte es in Kolonialwaren investiert, um sich als Händler selbstständig zu machen, seine Waren wurden vom Konvent beschlagnahmt. Die andere Hälfte seines Erbes verlor er durch Fehlspekulierungen eines Onkels, dem er das Vermögen anvertraut hatte.

Zwischen 1803 und 1804 veröffentlichte er eine Artikelserie im „Bulletin de Lyon". Darin beschrieb er das erste Mal seine Theorie der „Universalen Harmonie" und die „Berechnung der sozialen und erotischen Anziehung". Im Jahre 1808 erschien sein Hauptwerk „Theorie der vier Bewegungen".

In den darauffolgenden Jahren führte er ein sprunghaftes Leben zwischen den Städten Besançon, Paris und Lyon, er war außerdem geplagt von Geldproblemen. Fourier musste praktisch sein ganzes Leben lang den verhassten Beruf des Kaufmanns ausüben, immer wieder versuchte er sich allein der Wissenschaft zu widmen, jedoch scheiterten alle Bemühungen am Geldmangel.

1829 erschien „Die neue Industrie- und Gesellschaftswelt", die die klarsten Formulierungen der ökonomischen Aspekte seiner Theorie enthält. In den letzten Jahren seines Lebens kritisierte er Robert Owen und Henri de Saint-Simon stark, er verfasste ein Pamphlet gegen sie und zerstritt sich mit seinen Schülern. Am 10. Oktober 1837 fand ihn seine Wirtin tot in seiner Wohnung die er, wie alle zuvor, in ein Gewächshaus verwandelt hatte. (Fourier 1978, S. 37-43)

Grundideen des Werkes

Charles Fouriers Utopie lässt sich grob in zwei Teilbereiche gliedern. Der erste beschäftigt sich mit der gegenwärtigen Gesellschaft und ihren

Missständen, dabei geht er vor allem auf die Erniedrigung der Frau und die Institution der Ehe ein, die ihm besonders zuwider ist. Der zweite, etwas kürzere Teil seines Werkes ist der „Liebe in der Harmonie" gewidmet. Dieser soll einen kleinen Ausblick darauf bieten, wie die künftige Gesellschaft nach Fouriers Vorstellungen aussehen könnte. Er schenkt dieser Beschreibung weniger Zuwendung, da ihm die Auflehnung gegen die Ordnung der bestehenden Gesellschaft wichtiger erscheint und vielleicht auch, weil der zweite Teil nur einen vagen Ausblick auf seine Wunschvorstellungen einer zukünftigen Gesellschaft bietet und daher weniger konkret ist. (Fourier 1978, S. 8f)

Die Übel der Zivilisation

Charles Fourier analysiert die Liebessitten seiner gegenwärtigen Gesellschaft und prangert dabei mit scharfer Zunge die Verlogenheit und Falschheit der Liebesbeziehungen der zivilisierten Menschheit an. Die menschliche Grundfrage der Liebe und Sexualität ausschließlich mit Monogamie, moralischen Geboten und Keuschheitspredigten zu beantworten, empfindet er als einen der größten Irrtümer des menschlichen Zusammenlebens. Besonders die moralischen Verbote und Einschränkungen wecken in der Liebe Angst, Eifersucht, Lügen, Egoismus und hindern sie dabei in ihrer Entfaltung. Die Liebe liegt in Fesseln.
Fourier sagt: „In der Zivilisation sind die Liebesbeziehungen, ganz wie die Politik, der Gipfel der Heuchelei; alle unsere Sitten wie Ehebruch und Hahnreitum, bezahlte Prostitution, Prüderie der Greise, Falschheit der Mädchen und Zügellosigkeit der Knaben, beweisen, daß ein höherer Grad an Verderbtheit kaum noch möglich ist." (Fourier 1978, S. 75)
Er ist sich sicher, dass Liebesbeziehungen kaum mit dem Konzept einer monogamen Partnerschaft beziehungsweise Ehe zu vereinbaren seien. Die eigentlichen Liebesbeziehungen fänden vor allem in geheimen außerehelichen Liebschaften oder in der käuflichen Liebe statt. Fourier stellt die These auf, dass in 99 von 100 Fällen gegen das Gelöbnis der ehelichen Treue verstoßen wird, dies sei ganz natürlich, denn die Bindung an nur eine Person stehe im Widerspruch zu den Bedürfnissen der Menschheit, der Zwang an diesen Geboten weiter festzuhalten nötigt die Menschen nur zu Lügen und Verstellung.
Fourier kritisiert hierbei auch besonders die Unterdrückung der Frau, seine Denkweise und die Stellung, die er Frauen zudachte, war für seine Zeit bemerkenswert fortschrittlich. Er sieht die Rückschrittlichkeit der Menschheit in den eingeschränkten Freiheiten der Frau, die Emanzipation empfindet er als nötige Grundvoraussetzung um die Entwicklung der Gesellschaft voran zu treiben. So erklärte er beispielsweise: „In der

Harmonie wird man ohne Zögern anerkennen, daß die Frau dazu bestimmt ist, der Gegenpol, nicht der Sklave des Mannes zu sein." (Fourier 1978, S. 131)

Liebe in der Harmonie

In diesem Teil des Werkes wird deutlich, dass in der von Fourier beschriebenen zukünftigen Gesellschaft die Liebe im Mittelpunkt stehen sollte. Diese Liebe betitelt er mit verschiedensten Begriffen wie leidenschaftliche Anziehung, leidenschaftliche Serien, zusammengesetzte Ordnung, genossenschaftliche Ordnung, meist aber Harmonie. Seine Liebe teilt er außerdem in zwei Arten auf, zum einem die geistige Liebe, die Herzensbindung und die materielle Liebe, also die sexuelle Liebe. In der zukünftigen Gesellschaft können beide Formen der Liebe frei gelebt werden, wobei Fourier die Ausübung der freien Sexualität als besonders wichtig empfindet. Denn für ihn ist klar, solange die materielle Liebe unterdrückt wird und nicht frei ausgeübt werden kann, können auch die sozialen Eigenschaften wie Nächstenliebe, Wahrheit oder Vertrauen, die wichtige Bestandteile der geistigen Liebe sind, nicht voll entfaltet werden. Es besteht eine Art Spannungsverhältnis zwischen den beiden Liebesformen, ohne die Nutzung des einen kommt es zur übertriebenen Auflehnung des anderen, was im Exzess endet.
Er entwickelte die Idee eines idealen Phalansterium, einer Produktions- und Wohngemeinschaft, am besten mit einer exakten Anzahl von 1620 Mitgliedern. Es sollte jedoch nicht nur eine reine Wirtschaftsgemeinschaft sein, die die Verwaltung der Landwirtschaft und Hauswirtschaft zum Ziel hatte, vielmehr sollte es vor allem als Liebesgemeinschaft verstanden werden. Fourier war der Ansicht, dass sich beides sehr gut ergänzt. In Charles Fouriers Phalansterium wurden also nicht nur die finanziellen und produktiven Möglichkeiten einer Vielzahl von Familien vereint, sondern auch deren Vielzahl an Leidenschaften, Charakteren, Begehren und Geschmäckern. (Fourier 1978, S. 7) Bei den Beschreibungen dieser idealen Gemeinschaft orientierte Fourier sich an dem Grundriss von Schloss Versailles. Der zentrale Flügel übernimmt die öffentlichen Funktionen, dort befindet sich der Speisesaal, eine Bibliothek oder ein Wintergarten. In den Seitenflügeln sind Werkstätten und Unterkünfte zu finden. Fourier bezeichnet sein Phalansterium als eine Miniaturstadt, welche die kleinbürgerliche Lebensart der freistehenden Einfamilienhäuser ersetzen sollte. (Holub 2007, S. 112)
Fouriers Liebe in der Harmonie vertritt die Vorstellung, dass jede Leidenschaft, jeder Fetisch und jede Phantasie ihre Daseinsberechtigung haben. Jeder erotische Wunsch, egal wie verrufen er in der Gesellschaft

auch sein mag, wird in einer neuen, harmonischen Gesellschaftsordnung zur Tugend und die Orgie zu einer Art heiliger Verrichtung, denn für Charles Fourier sind kollektive sexuelle Vereinigungen die höchstmögliche Form der Liebesfreiheit. Das Ziel der Leidenschaft sollte darin bestehen, riesige erotische Zusammenschlüsse zu bilden, laut Fourier gibt es keine wirkliche Kameradschaft ohne sexuellen Austausch, erst dann entsteht eine echte Verbindung zueinander.

In der Harmonie ist alles frei, es herrscht jedoch keine Anarchie denn: „Jede anarchische Freiheit ist der Gegenpol der wahren Freiheit" (Fourier 1978, S. 10). Die Freiheit unterliegt einer gewissen Anzahl von Regelungen, ohne die sie sonst im Chaos versinken würde. Für die Organisation und Kontrolle der Lust sind sogenannte Hohepriesterinnen verantwortlich, sehr alte Frauen, jedoch sorgen sie mit offenen Herzen und wachen Augen dafür, das Vergnügen in die richtigen Bahnen zu leiten. Auch für die Liebenden ist die Freiheit mit gewissen Pflichten verbunden, jeder ist dazu angehalten, seinen Platz in der Hierarchie der Liebe zu finden und ihn, zumindest für einige Zeit, beizubehalten. In dieser Hierarchie werden die Mitglieder verschiedenen Gruppen zugeteilt, unterschieden wird in Alter und Ausprägung der Leidenschaft. Wer beispielsweise bis zu einem gewissen Alter, jedoch nicht länger als vier Jahre, enthaltsam Leben will, wird der Gruppe der Jungfrauen zugeordnet, wer sich der Liebe widmen, dabei jedoch treu bleiben will, gehört zu der Kategorie der Damoiselles oder Damoiseaux. Mit steigender sexueller Freiheit schließen sich die Gruppen der Odalisken, die Fakiressen, die Bacchantinnen und die Bayaderen, jeweils mit ihrem männlichen Gegenstück, an. (Fourier 1978, S. 11)

Dimensionen der Ko-Kreativität

Charles Fourier zählt zu den bedeutendsten Sozialutopisten seiner Zeit. Er schreckte nicht davor zurück, die Missstände der Gesellschaft anzuprangern und für eine sexuelle Revolution zu kämpfen. Die Inspiration und Schaffenskraft für dieses unglaubliche Projekt schöpfte er aus sich selbst, seiner Umgebung oder Theorien anderer Wissenschaftler.

Durch die Theorie des englischen Astronomen Isaac Newton von der „Universellen Schwerkraft und der Anziehung der Gestirne" wurde Charles Fourier zu seiner eigenen Theorie, der Anziehung in der Harmonie, inspiriert:

„Indem Newton nachwies, daß die materielle Anziehung die Eigenschaft besitzt, das Universum harmonisch zu lenken, gab es Anlaß zu der Vermutung, daß die leidenschaftliche Anziehung, die niemals untersucht worden ist, ebenfalls ein großes Geheimnis birgt" (Fourier 1978, S. 15)

Fourier setzte sich die in seinen Augen wesentlich wichtigere Berechnung der leidenschaftlichen Anziehung zur Aufgabe, er übertrug die Planeten, das Universum und die Gestirne auf die Gesellschaft. Sie ist für ihn wie „die Elemente eines riesigen Orchesters" oder „wie die Zapfen und Fugen in einem Gebälk" (Fourier 1978, S. 21), die gewaltige Vielzahl von Leidenschaften und Begehren empfindet er als unglaublich kostbar. Aus dieser Vorstellung heraus entwickelt er die Idee, dass auch leidenschaftliche Anziehungen Einfluss auf das Universum nehmen, wenn nicht sogar weitreichendere.

Nicht nur Newtons Theorie inspirierte Fourier zu seinem kreativen Schaffen, auch die Beschreibungen der Seefahrer Louis Antoine de Bougainville und James Cook von der Insel Tahiti beeinflussten ihn. Er erkannte in der dortigen Lebensweise eine Vorform seiner eigenen Vorstellung einer harmonischen Gesellschaft. Er war beeindruckt von der offenen, freien Art und Weise wie die Bewohner Tahitis lieben und leben, davon konnten seiner Meinung nach andere Gesellschaften noch viel lernen: „Die Liebe hatte auf dieser kleinen Insel mehr Fortschritte gemacht als auf dem gesamten Erdball; sie hatte eine der höchsten Stufen erreicht" (Fourier 1978, S. 18).

Fourier war davon überzeugt, dass die moralischen Verbote und Sitten der Gesellschaft grundlegend falsch seien. Diese Verachtung gegenüber den Zwängen, denen sich die Menschen Tag für Tag unterwerfen, verhalf ihm zu seinen eigenen Visionen von einer freieren Gemeinschaft. Seine tief empfundene Ablehnung wurde also zur Quelle seines kreativen Schaffens. Andere ablehnende Haltungen, die ihn in seinen eigenen Überzeugungen stärkten, waren die Arbeiten des Frühsozialisten Robert Owen. Owen gründete die Siedlung „New Harmony" in Indiana. Die dort praktizierte Lebensweise war charakterisiert durch Entbehrung, lange Arbeitszeiten, Prüderie, Langeweile, also dem genauen Gegenteil aller Ansichten und Werte für die Fourier einstand, dafür kritisierte er Robert Owen scharf. (Fourier 1978, S. 15f)

Auch persönliche Erfahrungen wie das Leben in einem reinen Frauenhaushalt mit seiner Mutter und den drei älteren Schwestern nach dem Tod des Vaters, prägten seine Denkweise beispielsweise seine sehr fortschrittliche Meinung über die Emanzipation der Frau.

Abschließendes Fazit

Es lässt sich zweifellos behaupten, dass Charles Fourier zu den Vorreitern der freien Liebe zählt. Als einer der ersten Utopisten überhaupt hat er die moralischen Sitten seiner Zeit über Bord geworfen und eine sexuelle Revolution, eine neue Gesellschaftsform skizziert. Er kritisierte

Missstände mit einer solchen Schärfe, Kühnheit, aber auch Witz und Sarkasmus, dass ein Freud, Wilhelm Reich und Kinsley fast schüchtern wirken. (Fourier 1978, S. 7) Durch seine grundlegende Überzeugung, der Menschheit zu einer besseren Zukunft zu verhelfen, aber auch mit Hilfe der Inspiration, die er durch seine Umwelt und andere Wissenschaftler seiner Zeit erlangte, schuf er ein bahnbrechendes Werk, für das er jedoch erst später bewundert wurde. Dieser Mut hatte nämlich eine lebenslange Zensur zur Folge, sogar seine Schüler wendeten sich nach seinem Tod von ihm ab und zensierten seine Werke stellenweise durch „notwendige Auslassungen". Dass er die Natur des Menschen zum Schlechten ändern wolle wurde ihm immer wieder vorgeworfen. So sehr er auch als einer der waghalsigsten Utopisten verspottet wurde, so wurde er doch auch von einigen als kühner Visionär gefeiert. Er wurde zur Inspirationsquelle großer Denker wie Marx und Engels, deren Vorstellungen des Kommunismus als Zukunftsgesellschaft auf den Schriften von Fourier basierten, die die beiden ab 1842 studierten, sie bezeichneten Fourier als ein Genie.

Doch wieviel von Fouriers Ideen und Vorstellungen finden sich in unserer heutigen Gesellschaft? In einer Zeit in der aufgeschlossen über Liebe und Sexualität debattiert wird und Konzepte wie offene Beziehungen und Polyamorie[5] keine Exoten mehr sind, lässt sich erkennen, dass unsere Gesellschaft sich im Wandel befindet. Natürlich ist das vorherrschende Konzept immer noch die monogame Beziehung beziehungsweise Ehe zwischen zwei Partnern und das wird wohl auch noch für unbestimmte Zeit so bleiben. Denn nichtsdestotrotz sollte nicht außer Acht gelassen werden, dass Fouriers Werk eine Utopie ist.

---

[5] Polyamorie wird immer wieder als sexuelle Emanzipation der Frau gefeiert; eine Entwicklung, die Fourier, der selbst immer wieder für deren Gleichberechtigung eintrat, wohl sehr gefallen hätte.

Literatur

- Eichenhofer, E. (2007): Geschichte des Sozialstaats in Europa. Von der sozialen Frage bis zur Globalisierung, München.
- Fourier, C. (1978): Aus der Neuen Liebeswelt. Mit einem Vorwort von Daniel Guérin, Berlin.
- Hart-Davis, A. (2008 und 2013): Geschichte. Die Grosse Bild-Enzyklopädie, München.
- Holub, H. (2007): Eine Einführung in die Geschichte des ökonomischen Denkens IV, Wien.
- Mann, G. (1991): Propyläen Weltgeschichte. Eine Universalgeschichte, Berlin und Frankfurt am Main.

LOU ANDREAS-SALOMÉ

UND IHRE BEZIEHUNG ZU FRIEDRICH NIETZSCHE UND SIGMUND FREUD
WIE SEHR HÄNGEN PHILOSOPHIE UND PSYCHOLOGIE ZUSAMMEN?

HANNE HELLWIG

Einleitung

Unsere Kulturgeschichte, wie sie uns heute vermittelt wird, wäre nichts ohne die wichtigen Persönlichkeiten, welche sie prägen. So können wir heute auf eine lange Liste mit Namen von bedeutsamen Musikern, Dichtern und Denkern, Wissenschaftlern und Träumern im Allgemeinen blicken. Eine einzigartige und doch heute unscheinbare Dame, hat unsere Kulturgeschichte auf ihre ganz eigene Weise beeinflusst. Mit ihrer besonderen Art, ihrer Intelligenz und ihren Freundschaften zu namhaften Zeitgenossen hat sie einen individuellen Weg gefunden, nicht in Vergessenheit zu geraten. Lou Andreas-Salomé strebte nach Wissen und wollte die Welt mit all ihren Bestandteilen verstehen. Auf ihren philosophischen und medizinischen Wegen lernte sie zahlreiche Persönlichkeiten kennen. Nachdem Friedrich Nietzsche sie in seine Welt der Philosophie entführte, nahm Sigmund Freud sie mit in die Weiten der Psychologie. Diese Belegarbeit beschäftigt sich mit dem Leben einer vielfältigen Frau, ihren Beziehungen zu zwei weltberühmten Männern und der Frage, wie sehr Philosophie und Psychologie eigentlich zusammenhängen.

Lou Andreas-Salomé
Kindheit und Jugend

Louise von Salomé wurde am 12. Februar 1861 in St. Petersburg geboren. Sie war das einzige Mädchen unter vier Kindern. Wärme und Geborgenheit bekam sie in ihren ersten Lebensjahren von der Amme. Diese Art von Liebe suchte sie bei ihrer Mutter immer vergeblich, hatte aber dafür ein umso besseres Verhältnis zu ihrem Vater und wuchs als Papas Liebling auf. Ebenfalls ein gutes Verhältnis hatte sie zu ihren drei Brüdern Alexander, Robert und Eugene. Diesem geschwisterlichen Zusammenhalt verdankte sie vermutlich auch ihre Einstellung, dass in jedem Mann ein Bruder steckt. Salomé selbst sagte später jedoch, dass sie sich aufgrund von Einsamkeit in ihrem Familienhaus oft in eine Phantasiewelt flüchtete. Das Haus der Familie Salomé befand sich in einem vornehmen Viertel in St. Petersburg. Lou hatte aber kaum Kontakt zum russischen Volk und der russischen Sprache. Im Haus Salomé wurde Deutsch gesprochen. Die junge Lou begann ihre schulische Laufbahn an einer englischen Privatschule, wechselte später auf ein deutsches Gymnasium und wurde zum Ende hin, auf Vaters Willen, letztendlich nur noch zu Hause unterrichtet. Das Leben am Hofe widerte das junge Mädchen an. Sie verbrachte ihre freie Zeit lieber in der Stadt und unterhielt sich dort mit den eher einfachen Leuten. Sie war eine Einzelgängerin und suchte gern alleine und in Ruhe nach Erklärungen und Deutungen der Welt. Sie las viel und entwickelte ein eher gestörtes Verhältnis zur Wirklichkeit.

Lou und Gott

Lou fühlte sich aufgrund des Ansehens der Familie, in gehobenen Kreisen, einer Rolle zugewiesen, mit der sie sich selbst nicht identifizieren konnte. Sie war stets auf der Suche nach ihrer wirklichen Identität und fand diese in einer ganz neuen Rolle, die sie sich ausdachte. Immer von Gott begleitet. Eine Art Spezialgott, ein Vertrauter, der immer aufpasste. So beschrieb sie selbst in einem ihrer Werke aus dem Jahr 1892:
„Meine früheste Kindheitserinnerung ist mein Umgang mit Gott. Es klingt wunderlich, wenn man es ausspricht. Aber offenbar verblaßten dieser Erinnerung gegenüber in meinem Bewußtsein allmählich die ersten Eindrücke des häuslichen Lebens, der Familienbeziehungen, des Spiels mit den Altersgenossen. Von den formlos ineinander

rinnenden Bildern und Szenen dieser frühen Lebensjahre hob sich später, wie von buntgewirktem Hintergrund, in großen, einfachen Umrissen nur das Eine Bild ab, das in seiner eigentümlichen Monotonie sich gleich blieb die ganze Kindheit hindurch – der Umgang mit Gott" [Gottesschöpfung 1892, S. 169].

Zu ihrem Kindergott baute sie jedoch keine religiöse Beziehung auf, sondern sah ihn mehr als Freund, dem sie Geschichten erzählen konnte. Als sie ihm eines Tages eine wichtige Frage stellte, aber keine Antwort erhielt, verlor sie spontan den Glauben. Später verweigerte sie die Konfirmation und trat mit 16 Jahren aus der Kirche aus. Vor Beginn ihres Studiums ließ sie sich dann aber doch noch taufen, da sie sonst keinen eigenen Pass erhalten hätte.

Studium

Salomé beschloss Theologie, Philosophie und Kulturgeschichte zu studieren und besuchte schließlich ab September 1880 die Universität in Zürich. Diese gehörte zu den ersten Universitäten, welche es Frauen erlaubte und ermöglichte zu studieren. Wie auch schon zu ihrer Schulzeit, war Lou auch während ihres Studiums überaus wissbegierig und fleißig. Im Sommer 1881 erkrankte sie aufgrund ihres Überfleißes an Lungenleiden und musste ihre Teilnahme an den Vorlesungen beenden. In Hoffnung auf Genesung reiste die Studentin Anfang 1882 mit ihrer Mutter nach Italien. Auch wenn ihr die Gefahren ihrer Erkrankung bewusst waren, verließ sie nicht der Lebensmut. In dieser Zeit verfasste sie das Gedicht „Lebensgebet":

<u>*Lebensgebet*</u>

1. Gewiß, so liebt ein Freund den Freund,
Wie ich dich liebe, Rätselleben –
Ob ich in dir gejauchzt, geweint,
Ob du mir Glück, ob Schmerz gegeben.

2. Ich liebe dich samt deinem Harme;
Und wenn du mich vernichten mußt,
Entreiße ich mich deinem Arme
Wie Freund sich reißt von Freundesbrust.

3. Mit ganzer Kraft umfaß ich dich!
Laß deine Flammen mich entzünden,
Laß noch in Glut des Kampfes mich
Dein Rätsel tiefer nur ergründen.

4. Jahrtausende zu sein! zu denken!
Schließ mich in beide Arme ein:
Hast du kein Glück mehr mir zu schenken
Wohlan – noch hast du deine Pein.

Paul Rée und Friedrich Nietzsche

In Rom lernte die junge Dame Paul Rée kennen und über ihn schließlich auch Friedrich Nietzsche. Zwischen den dreien entwickelte sich mit der Zeit eine tiefe Freundschaft, in der beide Männer aber stets um das Herz der jungen Russin buhlten. Beide Männer hielten um ihre Hand an, jedoch vergeblich. Salomé träumte ausschließlich von einer Arbeitsgemeinschaft mit den zwei Herren, bei der man zusammenwohnt, studiert, schreibt und diskutiert. Diese Idealvorstellung scheiterte schließlich aber an der Eifersucht der beiden Verliebten. Im Jahr 1882 kam es dann zum endgültigen Bruch, bei dem Nietzsche das Dreiergespann gekränkt und erbost verließ.

Berlin

Nachdem die gewünschte "Dreieinigkeit" mit Nietzsche scheiterte, gründete die 21-jährige ab 1882 in Berlin eine Wohngemeinschaft mit Paul Rée allein. In den Jahren 1883 bis 1884 arbeitete Salomé an ihrem ersten Buch "Im Kampf um Gott", welches sie 1885 unter ihrem Pseudonym "Henri Lou" veröffentlichte. In diesem Werk setzte sie sich mit der Frage auseinander "Was geschieht, wenn der Mensch seinen Glauben verliert?". Es kam schnell ans Licht, dass hinter Henri Lou eine Frau steckte und schließlich wurde Salomé über Berlins Grenzen hinaus bekannt.

Die Ehe mit Friedrich Carl Andreas

1886 lernte sie Friedrich Carl Andreas kennen. Auch er war sofort begeistert von der zielstrebigen Frau und bat sie, seine Frau zu werden. Salomé verabscheute nach wie vor die Ehe und lehnte ab. Aus Verzweiflung beging Andreas vor den Augen seiner Auserwählten einen Selbstmordversuch. Er überlebte und Salomé nahm seinen Antrag aufgrund von Schuldgefühlen doch an. Von Anfang an machte die nun Verlobte von Friedrich Carl Andreas jedoch deutlich, dass es zu keiner sexuellen Beziehung kommen wird. Durch die Eheschließung im Jahr 1887 erweiterten sich Lous Kontakte in Kreisen von Schriftstellern und Verlegern. Durch ihren neuen Freundeskreis und neue Interessen befasste sie sich häufig mit den Dramen von Henrik Ibsen. Dieser beschäftigte sich mit dem Thema Eheprobleme und regte Salomé zu ihrem bedeutenden Buch "Henrik Ibsens Frauengestalten" an, welches sie 1892 veröffentlichte. Dieses Werk verhalf der jungen Autorin zu noch größerem Ansehen und Ruhm. Lou Andreas-Salomé äußerte immer den Wunsch nach Scheidung, jedoch widersetzte sich ihr Mann stets. Aufgrund ihrer eigenen Eheprobleme führte Salomé ein abwechslungsreiches außereheliches Liebesleben. Von Beginn an schloss sie jedoch ein Abkommen mit ihrem Ehemann, durch das er ihre Liebelein akzeptierte. Zu einer der bewegendsten Liebesgeschichten der neueren Zeit, gehörte Lous Beziehung mit Rainer Maria Rilke. Als die Eheleute gemeinsam in ein großes Haus in Berlin-Schmargendorf zogen, stellten sie die Haushälterin Marie ein. Sie versorgte Lous Gatten, während sie selbst mit ihren Liebschaften verreiste.1903 zogen die drei nach Göttingen um. Dort bewohnte die Ehefrau das obere Stockwerk, während der Ehemann das untere Stockwerk bezog und sich dort mit der Haushälterin immer näherkam. Er zeugte mit ihr ein Kind, welches von Lou stets akzeptiert wurde und nach jahrelangem Zusammenwohnen auch zu ihrer Haupterbin bestimmt wurde.

Lou und die Psychoanalyse

1911 begann sich die mittlerweile 50-jährige mit der Psychoanalyse zu befassen. Sie lernte Sigmund Freud kennen, welcher zu einer entscheidenden Bezugsperson ihrer letzten 25 Lebensjahre wurde. In Freud fand sie eine neue Vaterfigur. Sie hoffte, mit seiner Hilfe und der neuen Denkschule der Psychoanalyse, Zugang zum Verständnis ihrer eigenen seelischen Verfassung zu finden. Sie besuchte Freuds Vorlesungen und wurde von ihm als Schülerin außerordentlich bewundert und zu einer hochgeschätzten Diskussionspartnerin. Freud nannte Salomé liebevoll die "Dichterin der Psychoanalyse". Dank der "Schule bei Freud" (Titel ihres veröffentlichten Tagebuchs 1912/1913) lernte Lou ihr Leben besser zu verstehen und zu beherrschen. Nach dem Aneignen der Thematik, eröffnete sie 1915 in Göttingen eine psychoanalytische Praxis und begann als Psychotherapeutin zu arbeiten.

Ende des Lebens

Auf ihre alten Tage verbesserte sich Lous Verhältnis zu ihrem Ehemann immer mehr. Die Reife, die sie ihr Leben über gewann und auch die geteilte Furcht während der Zeit des ersten Weltkrieges ließen das Eheleben aufflammen. Aufgrund einer Fußoperation im Jahr 1930 verbrachte Salomé sechs Wochen im Krankenhaus. Friedrich Carl kümmerte sich in dieser Zeit rührend um sie und wich ihr kaum von der Seite. Ganz ungewöhnlich, wenn man doch an das einst eher distanzierte Leben miteinander denkt. Nach dem sie sich jahrelang gedemütigt und angeschwiegen hatten, stellte die Ehefrau nun fest, wie viel sie sich mit ihrem Ehemann doch eigentlich zu sagen hat. Leider kam diese Erkenntnis sehr spät. Noch im gleichen Jahr verstarb Friedrich Carl Andreas. Ab dem Frühjahr 1935 verschlechterte sich auch ihr eigener Gesundheitszustand zunehmend. In dieser schweren Zeit wurde sie von Mariechen, der Tochter ihres verstorbenen Mannes, gepflegt. Wenige Tage vor ihrem 67. Geburtstag schlief Lou Andreas-Salomé schließlich schmerzlos ein, wurde eingeäschert und im Grab ihres toten Mannes beerdigt. Auf Anordnung der Gestapo wurde ihre Bibliothek wenige Tage nach ihrem Tod konfisziert. Da Salomé als Psychoanalytikerin tätig war, wurde ihr vorgeworfen, eine „jüdische Wissenschaft" betrieben zu haben.

Friedrich Nietzsche
Kurzbiografie

Friedrich Wilhelm Nietzsche wurde am 15. Oktober 1844 im heutigen Sachsen-Anhalt als Sohn eines Pfarrers geboren. Im Jahr 1846 kam seine Schwester Elisabeth zur Welt, die in seinem Leben eine bedeutende Rolle spielen sollte. Nachdem der Vater und kurz darauf auch der jüngere Bruder verstarb, zog die Mutter mit ihren zwei Kindern nach Naumburg. Anfangs besuchte der junge Nietzsche eine Knabenschule. Dort fühlte er sich jedoch isoliert und unwohl und wechselte daher auf eine Privatschule. Da gelang es ihm dann auch, die ersten Freundschaften seines Lebens zu schließen. Diese zwei Freunde teilten sein Interesse an der Kultur. Auf dem Domgymnasium welches er ab 1854 besuchte, fiel schnell seine besondere musische und sprachliche Begabung auf. Der junge Nietzsche brachte sehr gute schulische Leistungen auf und dichtete und komponierte zusätzlich noch in seiner Freizeit. Im Wintersemester 1864/65 entschloss sich Friedrich zu studieren. Er besuchte von da an die Universität in Bonn und widmete sich den Fächern der klassischen Philologie und der evangelischen Theologie. 1865 wechselte Nietzsche die Universität und setzte sein Studium in Leipzig fort. In Leipzig entdeckte er den Philosophen Arthur Schopenhauer und entwickelte ein großes Interesse für seine Arbeit, die stark am Buddhismus ausgerichtet war. Vier Jahre später begann Nietzsche als Professor an der Universität in Basel in klassischer Philologie zu unterrichten. Er musste diese Tätigkeit jedoch aufgrund von verschlechtertem Gesundheitszustand 1879 aufgeben. Zurückgezogen begann er nun, sich mit der Entstehung seiner Werke zu beschäftige. Doch litt er schnell neben seinem gesundheitlichen Zustand auch noch unter Geldsorgen, denn seine Bücher verkauften sich kaum. 1889 erlitt Nietzsche seinen ersten Nervenzusammenbruch und wurde daraufhin in die psychiatrische Universitätsklinik in Jena aufgenommen. Nachdem er 1890 wieder entlassen wurde, nahm ihn seine Mutter in Naumburg wieder auf. Als diese verstarb, pflegte ihn seine Schwester in Weimar. Nach mehreren Schlaganfällen mit darauffolgenden körperlichen Einschränkungen, verstarb er schließlich im August 1900.

Nietzsches Philosophie

Die Grundlage für Nietzsches Philosophie ist kein klassisches philosophisches System. Die Basis wird gebildet durch den Perspektivismus, Skeptizismus und Nihilismus. Er ließ sich stark von Schopenhauer inspirieren und beschäftigte sich verstärkt mit dessen Willensmetaphysik. Nietzsche sah die Philosophie als Kunst und nicht als Wissenschaft. Worum es geht, sind die subjektiven und persönlichen Meinungen des Philosophen.

Nietzsche und der Nihilismus

Der Nihilismus ist eine philosophische Auffassung. Der Name stammt von dem lateinischen "nihil" und bedeutet auf Deutsch "nichts". Nietzsche führte diese Auffassung auf die Begründung von Friedrich Heinrich Jacobi hin fort. Besagte Auffassung lehnt jegliche Werte und Moralvorstellungen ab und spricht sich dafür aus, dass Gott nicht existiert. Sie lehrt, dass das Leben keinen Sinn hat. Nietzsche selbst war der Meinung, dass sich alles im Universum wiederholen wird. Alles vom Menschen bereits erlebte, wurde schon mehrmals erlebt und wird auch noch mehrere Male erlebt. Diesen unglaublichen Zustand kann kein normaler Mensch ertragen. Nur eine neue Rasse soll, laut Nietzsche, in der Lage sein können, die Kraft und das Durchhaltevermögen für diese unendlichen Wiederholungen aufzubringen: Der Übermensch.

Der Übermensch

Unter dem Namen Friedrich Nietzsche entstand der Begriff des Übermenschen. Gemeint war damit ein idealer Mensch, welcher sich vollkommen von Religion und Moral löst und sich aufgrund dessen ungehindert frei enthalten kann. Nietzsche warf dem Christentum eine „Sklavenmoral" vor und war der Meinung, dass der Mensch sich von sich selbst leiten lassen soll, nicht orientiert an Religion und Ethik. Der Mensch ist nur ein Versuch und sei dazu bestimmt, die Grundlage für eine große Weiterentwicklung zu sein. Besagte Weiterentwicklung erfordert jedoch die Ausrottung des Menschen, damit anschließend eine neue Rasse, der Übermensch, entstehen kann. Die Idee des Übermenschen fand in Nietzsches Werk „Also sprach Zarathustra" einen bedeutenden Platz. Diese Idealvorstellung des Menschen war damals auch für Adolf Hitler eine große Inspiration und wurde daher schließlich auch von der NS-Diktatur zu ihren Zwecken missbraucht.

Sigmund Freud
Kurzbiografie

Am 6. Mai 1856 wurde Sigmund Schlomo Freud geboren. Er wuchs gemeinsam mit seinen sieben Geschwistern bei seinen Eltern auf. Freud besuchte schon ein Jahr früher als seine Gleichaltrigen das Gymnasium und schloss dieses auch bereits im Alter von 17 Jahren mit Auszeichnung ab. 1873 begann er sein Medizinstudium an der Universität in Wien und wurde währenddessen, von 1876 bis 1882, im physiologischen Laboratorium von Ernst Brücke tätig. Anschließend lernte er Martha Bernays  kennen, in die er sich verliebte und mit der er sich auch verlobte. Da er seiner zukünftigen Frau ein sicheres und gut versorgtes Leben bieten wollte, nahm Freud sich die Eröffnung einer Privatpraxis vor. Ab 1883 wurde er am Wiener Krankenhaus tätig, forschte dort unter anderem mit dem Stoff Kokain und eröffnete schließlich 1886, nach seiner Studienreise nach Paris, seine eigene Praxis. Mit der Zeit bekamen Freuds Ideen und Schriften immer mehr Anerkennung. Dies führte letztendlich auch dazu, dass die Psychoanalyse zu einer international anerkannten Wissenschaft wurde. Nach Ende des Krieges ermöglichte die großzügige Geldspende eines ehemaligen Patienten Freuds die Gründung des internationalen psychoanalytischen Verlags. Seine Tochter Anna wurde später einer seiner wichtigsten Mitarbeiterinnen. 1933 kamen die Nationalsozialisten an die Macht und Freud selbst und sein Werk mussten sich starken Anfeindungen aussetzen. Schließlich fielen im Mai auch seine Werke der Bücherverbrennung zum Opfer. 1938 wanderte die Familie Freud aufgrund der politischen Lage nach London aus. Dort verbrachte Freud sein letztes Lebensjahr und verstarb am 23. September 1939.

Lebenswerk

Sigmund Freud war der Begründer der Psychoanalyse und derjenige, der die Tiefenpsychologie populär machte, da er sie als eine bedeutende Strömung der Psychologie ansah. Freud war ursprünglich als Nervenarzt tätig und entwickelte sich erst mit der Zeit zu einem psychologischen Theoretiker. Man kann ihn keineswegs als Philosophen bezeichnen, jedoch traf er in seinen psychologischen Theorien auch philosophische Aussagen. 1890 begründete er die Psychoanalyse, welche die Grundlage mehrerer psychoanalytischer Theorien bildete:

- die Theorie des „Unbewussten"
- die Theorie des Verhaltens „energetisierender" Triebe
- die Theorie des Traums
- die Theorie zum Aufbau der Seele durch Ich, Es und Über-Ich
- die Theorie der klassischen psychoanalytischen Entwicklungslehre
- die Theorie zur Moral und dem Frauenbild

Freud wollte klären, wie die menschliche Psyche funktioniert und entwickelte daher eine damals ungewöhnliche Technik. Er analysierte und deutete die Träume seiner Patienten und derer dazu auftretenden Assoziationen. Diese Beobachtungen und Interpretationen bildeten die Grundlage für die Entwicklung seines Modells einer dreiteiligen psychischen Struktur. Laut Freud setzt sich die Struktur der Psyche des Menschen aus drei Instanzen zusammen: dem Es, dem Ich und dem Über-Ich. Er entwickelte die Auffassung, dass Menschen Entscheidungen unbewusst und bewusst motiviert treffen. Die unbewusste Motivation sei hierbei wohl schwergewichtiger. Bei einer bestimmten Form des Gesprächs, bei der die freie Assoziation eine bedeutende Rolle spielte, verhalf Freud seinen Patienten dazu, Verdrängtes wieder bewusst zu machen. Dies ermöglichte eine bessere Konflikt- und Erlebnisverarbeitung und Neurosen konnten somit geheilt werden.

Ko-Kreativität
„Ich-Selbst"

Was hat die Person selbst erschaffen und erreicht? Was macht es mit einem selbst, wenn einem bewusst wird, welche Auswirkungen die eigene Existenz und Begabung haben kann?

Die Dimension „Ich-Selbst" im Beispiel Andreas-Salomé, Nietzsche und Freud

Vermutlich war Sigmund Freud der einzige der drei Persönlichkeiten, welchem bewusst war, was für eine Auswirkung sein Werk hatte bzw. in Zukunft haben wird. Seine Arbeit lebte von Forschungen, Versuchen und Anwendungen mit dem Ziel, dem Menschen zu helfen. Lou Andreas-Salomé und Friedrich Nietzsche konnten ihren Erfolg nicht anhand von geheilten Menschen oder ähnlichem messen. Während Nietzsche sein Leben lang mit gesundheitlichen Problemen und wenig Erfolg zu kämpfen hatte - da dieser erst nach seinem Ableben bemerkbar eintrat - bekam Salomé wenigstens von besonderen Persönlichkeiten deutlich durch deren Bewunderung und Achtung zu spüren, welche Bereicherung ihre Person war und daran wuchs sie schließlich stark.

„Andere"

Jede Persönlichkeit kann auch weitere Individuen beeinflussen. Das Potenzial eines einzelnen in Zusammenarbeit weiterer und gemeinsamer Kreativität kann etwas ganz Besonderes bewirken.

Salomé und Nietzsche

Lou beeinflusste in erster Linie Friedrichs Gefühlswelt. Er verlor sein Herz an die intelligente Russin und machte sie zu einer seiner bedeutendsten Arbeitspartnerinnen. Die beiden führten intensive Gespräche miteinander und konnten bis tief in die Nacht zusammen philosophieren. Friedrich war zudem ein Lehrer für die junge Lou und korrigierte motiviert ihre Aphorismen. Er schätzte die begabte Denkerin, konnte sie aber nicht bei sich halten. Nachdem das eher freundschaftliche Verhältnis der beiden in die Brüche ging, fiel der Philosoph in ein tiefes Loch. Nachdem er jahrelang Hass für die Dame empfand, welche ihn ablehnte, stellte er zum Ende seines Lebens doch fest, dass sie eine bedeutende Rolle in seiner geistigen Entwicklung einnahm.

Salomé und Freud

Auch zwischen Lou und Sigmund Freud herrschte ein Lehrer-Schüler-Verhältnis, welches aber eines der besonderen Art war, da Freud zudem auch die Vaterfigur für Lou einnahm. Freud bewunderte die intelligente Dame und nannte sie liebenswert "die Dichterin der Psychoanalyse".

Salomé lernte durch den Begründer der Psychoanalyse nicht nur sich und ihre Persönlichkeit besser zu verstehen, sondern war dadurch auch in der Lage, jahrelangen Freunden zu helfen.

„Universum"

Ob Wissenschaftler oder Philosoph, die Bedeutung der jeweiligen Person wird nicht ausschließlich daran gemessen, wie viel Richtigkeit in jeder einzelnen Auffassung steckt, sondern auch, welche Bewegung durch welche Forschung, Erkenntnis oder Meinung ausgelöst wurde. Was gab es schon? Was wurde neu hinzugefügt? Welche geschichtliche Bedeutung bringt jeder mit sich?

Lou Andreas-Salomé und das „Universum"

Lou Andreas-Salomés Wissbegierde und Bildung, die Freundschaft zu namhaften Zeitgenossen und ihre unkonventionelle Lebensführung verschafften ihr einen Platz in der deutschen Kulturgeschichte. Zur Jahrhundertwende war sie eine angesehene Schriftstellerin. Mit ihrem Tod verlor sie ihre Bekanntheit und wurde erst später im Zusammenhang mit dem Feminismus wiederentdeckt. Zu dieser Zeit wurde sie jedoch hauptsächlich als Pionierin des Feminismus gefeiert. Das bemerkenswerte an Lous Werk ist der große Umfang der Vielfältigkeit, welches es aufweist. Sie veröffentlichte belletristische und kunstkritische, kultur- und religionsphilosophische Arbeiten, Romane und auch eine große Anzahl an Studien zur Psychoanalyse. In ihren Erzählungen und Romanen beschäftigte sie sich mit dem Problem des neuen weiblichen Selbstverständnisses. Salomés Ziel war es nicht, eine Idealfrau vorzustellen, lieber wollte sie die Möglichkeiten aufweisen, wie Frauen ihre Ideale ausleben lassen können. Als renommierte Autorin wirkte sie bei der Entwicklung der Positionen der Moderne um 1900 lebhaft mit.

Friedrich Nietzsche und das „Universum"

Leser des Nietzschen Werkes um die Jahrhundertwende herum entdeckten vor allem einen kulturpessimistischen Ansatz. Mit der Zeit entstand ein regelrechter Nietzsche-Kult, der besonders in Frankreich und Italien Anhänger fand. Im ersten Weltkrieg kam es dann bezüglich der Wahrnehmung zu einem Umschwung: Auf deutscher Seite fanden ausgewählte Nietzsche-Texte reißenden Absatz. Nach 1945 wurde

Nietzsche schließlich als Nazi-Philosoph beschimpft. Für die Expressionisten, wie auch später für die Surrealisten, galt Friedrich Nietzsche als große Inspiration.

Sigmund Freud und das „Universum"

Das von Freud entwickelte psychologische Theoriegebäude nahm nicht nur einen großen Einfluss auf die Psychologie, sondern darüber hinaus auch auf die gesamte Wissenschaft. Er beeinflusste das Thema Erziehung und die Gesellschaft des 20. Jahrhunderts. Der Mensch entwickelte durch Freud ein ganz neues Bild von sich und von der eigenen Stellung in der Welt. Mit den Grundlagen seiner Auffassungen beschäftigten sich viele Psychologen, Philosophen und Gesellschaftswissenschaftler und entwickelten diese weiter oder bildeten dazu grundlegende, neue Meinungen. Seine therapeutischen Vorgehensweisen findet man auch heute noch in abgewandelter Form in der psychotherapeutischen Behandlung.

Fazit

Um die Frage, welche in der Einleitung gestellt wurde, nun schließlich zu beantworten, schauen wir uns zunächst die Aufgaben der Psychologie und der Philosophie an. Grob formuliert ist die Aufgabe der Psychologie, psychisch Erkrankte wieder „normal" zu machen. Die Philosophie beschäftigt sich überhaupt erstmal mit der Frage „Was ist eigentlich normal"? Das Wort Psychologie kommt aus dem griechischen und setzt sich zusammen aus „psyche" (dt. Seele) und „logos" (dt. Lehre). Zusammengefasst handelt es sich also um die "Lehre von der Seele". Die Seele ist eine metaphysische Größe und somit eine Größe der Philosophie. Das bedeutet, ohne unserer Seele bräuchten wir uns weder mit der Psychologie, noch mit der Philosophie beschäftigen. Lou Andreas-Salomé merkte durch die Philosophie, welche Weiten das Denken haben kann. Jedoch reichte ihr das Nachdenken nicht, sie brauchte auch Antworten, welche sie in der Psychologie gefunden hat. Es lässt sich abschließend also feststellen, dass ein Zusammenhang zwischen beiden Thematiken zu finden ist, welcher auch eine Zusammenarbeit beider nicht unmöglich macht.

Literatur

- [http://www.lou-andreas-salome.de/web/startseite.html].
- [http://www.friedrichnietzsche.de/?REM_sessid=&action=21&nkat=Zarathustra&nextspur=41].
- [http://www.philolex.de/freud.htm].
- [http://www.philosophenlexikon.de/friedrich-nietzsche-1844-1900/].
- [https://www.sein.de/3-philosophiefestival-der-liebe-ko-kreativitaet/].
- [http://www.spiegel.de/spiegel/print/d-46415458.html].
- [https://de.wikipedia.org/wiki/Friedrich_Nietzsche].
- [https://de.wikipedia.org/wiki/Lou_Andreas-Salom%C3%A9].
- [https://de.wikipedia.org/wiki/Nietzsche-Rezeption].
- [https://de.wikipedia.org/wiki/Psychoanalyse#Grundlagen_der_psychoanalytischen_Theorie].
- [https://de.wikipedia.org/wiki/Sigmund_Freud#Lebenswerk].
- [http://www.whoswho.de/bio/sigmund-freud.html#tab_2].

Abbildungen

- Lou Andreas-Salomé. [http://www.spiegel.de/einestages/lou-andreas-salome-femme-fatale-und-freifrau-a-1099355.html].
- Friedrich Nietzsche. [https://de.wikiquote.org/wiki/Friedrich_Nietzsche].
- Sigmund Freud.
  [https://www.wien.gv.at/wiki/index.php?title=Sigmund_Freud].

AUROVILLE

SRI AUROBINDO UND MIRA ALFASSA

NELE SCHWARZNECKER

Einleitung

Wir als Menschheit befinden uns in einer Übergangsphase. Alte, anfangs erfolgreiche Systeme und Gesellschaftsformen funktionieren nicht mehr oder nur noch beschränkt und schaffen es nicht mehr, eigens erzeugte Entwicklungsprobleme zu lösen. Wir müssen also eine Transformation wagen und uns nach neuen, revolutionären und geeigneteren Gedanken und Dimensionen umschauen. Seitdem es die Menschheit und ihre Systeme gibt, gibt es auch Individuen, die über den Tellerrand schauen und versuchen, Grenzen infrage zu stellen, um Neues zu entwickeln und neues Denken zu prägen. Heutzutage haben es Individuen sehr viel leichter diese neuen Ideen zu verbreiten und zu vermehren. Durch die Digitalisierung haben sich unser Kommunikationsverhalten sowie unsere Suche nach Informationen verändert. Die Grundlagen für eine erfolgreiche, große Transformation sind also gegeben! Zwei dieser fähigen Individuen mit neuen Ideen waren Sri Aurobindo und seine Gefährtin Mira Alfassa. Sie legten zusammen die Grundsteine und Grundwerte fest, aus denen später ihr Lebenswerk Auroville entstehen sollte. Mit Auroville erschufen sie eine Stadt, in welcher sich ihre Idee einer Gesellschaft verwirklichen lassen konnte. Auroville ist ein Ort, an dem Menschen nach einem anderen Leben streben und die Menschen in Auroville wissen, was sie für diese Veränderung ändern müssen: sich Selbst und das Bewusstsein um sich Selbst. Auroville ist also eine Art Labor, um eine individuelle und kollektive

Transformation zu entwickeln. Doch wie sind die Resonanzen auf dieses „Labor der menschlichen Einheit" und hat es eine Chance, unser Denken und unser Festhalten an alten Systemen zu revolutionieren? Und wie kann man solch eine erforderliche Transformation erreichen?

Sozio-kultureller Hintergrund von Sri Aurobindo

Vom fleißigen Schüler in England, über diverse starke politische Aktivitäten bis hin zum Guru Sri Aurobindo: Die Biographie von Aurobindo zeigt einen sehr belebten und außergewöhnlichen Werdegang.

1872 in Kalkutta[6] unter dem Namen Aurobindo Ghose geboren, wurde er schon in jungen Jahren von seinem Vater nach England geschickt.[7] Aurobindos Vater, der selbst einige Jahre in England verbracht hatte, war sehr angetan von England und den damit verbundenen Werten, Vorstellungen und Systemen. So bezeichnete er sich selbst auch als Atheist, anstatt die Vorstellungen des in Indien größtenteils verbreiteten Hinduismus zu vertreten. Durch seinen Aufenthalt war er außerdem völlig entfremdet von der bengalischen und indischen Kultur und versuchte so, seine Kinder von indischen Einflüssen fernzuhalten und ihnen eine ausschließlich europäische Ausbildung zu ermöglichen. Das Revolutionäre wurde Aurobindo von Beginn an in die Wiege gelegt. Bereits sein Großvater legte mit seinen Werten den Grundstein für eine neue, indische Zukunft. Er war ein anerkannter Autor in der bengalischen und indischen Literatur und eine wichtige Persönlichkeit des indischen Nationalismus.

Aurobindo besuchte fünf Jahre lang die St. Pauls School in West Kensington. Obwohl er hier eine gute Ausbildung genoss und auch allen Anforderungen mehr als gerecht wurde, hatte die Zeit in England auch seine Schattenseiten, denn sie war von starker Armut geprägt. Die Geldsendungen seines Vaters waren nicht hoch und trafen nur sehr unregelmäßig ein. Doch trotz dieser äußeren prekären Bedingungen erzeugte Aurobindo eine starke Resilienzfähigkeit und entwickelte sich zu einem sehr guten Schüler. Neben der Schule interessierte er sich sehr für die englische und französische Literatur, las Werke über die Geschichte Europas und versuchte sich an diversen Fremdsprachen. Durch ein Stipendium bekam er die Chance am King's College in Cambridge zu studieren. Auch hier bestach er durch Intellekt und Wissensdurst und verfolgte seine Studien mit regem Interesse und großem Erfolg. Sein Vater sah für ihn die Beamtenlaufbahn vor, doch Aurobindo hatte seinen eigenen

---

[6] Westbengalen.
[7] Indien befand sich damals noch unter britischer Kolonialherrschaft (1858 bis 1947) und wurde Britisch-Indien genannt.

Kopf. Nach seiner Ausbildung kehrte er nach Indien zurück und hielt als Mitglied und Sekretär eines nationalen Studentenverbandes revolutionäre Reden, die dazu beitrugen, dass er vom Staatsdienst disqualifiziert wurde. Nach seiner Rückkehr zeigte sich, dass Aurobindo keinesfalls so begeistert von England war wie sein Vater. Er hatte den Großteil seiner Kindheit und Jugend außerhalb Indiens verbracht und sich so vermehrt mit der westlichen Kultur auseinandergesetzt. Auf der einen Seite war er stark berührt von der englischen Literatur und der bewegten Geschichte, hatte aber auf der anderen Seite große Probleme mit den Menschen und deren Einstellungen, denen er in England begegnete. Nach seiner Rückkehr nach Indien arbeitete er als Professor für Englisch und englische Literatur im Fürstenstaat Baroda. Neben der englischen Besatzung Indiens, welche nur ungefähr zwei Drittel der Bevölkerung umfasste, regierten im Rest einheimische Fürstendynastien, wie beispielsweise im Fürstenstaat Baroda. Diese befanden sich in einem persönlichen Treueverhältnis zur britischen Krone. Dort holte Aurobindo seine verlorene Zeit in Indien nach und lernte Sanskrit sowie verschiedene andere Sprachen der indischen Sprachfamilie.

Aurobindo verließ Baroda und ging zurück in seine Geburtsstadt Kalkutta. Als er nach Indien zurückkehrte, war er entsetzt über die dortige politische und soziale Situation. Die Energie und Motivation, die er daraus schöpfte, nahm er mit und begann sich politisch zu engagieren, um der englischen Besatzung den Kampf anzusagen. Er beschäftigte sich mit der Veröffentlichung des Journals Bande Mataram, welches zum Sprachrohr der Nationalen Partei wurde. Aurobindo war der erste Politiker, der den Mut hatte öffentlich die Unabhängigkeit Indiens zu fordern. Außerdem wollte er diese Idee auch der Bevölkerung näherbringen und diese dazu bringen, das Ziel mit intensiver und organisierter politischer Aktivität zu unterstützen.

Während dieser politisch geprägten Zeit wandte sich Aurobindo verstärkt der Ausübung und dem Studium der Yogalehre zu. Ein entscheidender Punkt in diesem Werdegang war das Zusammentreffen mit dem Guru Vishnu Bhaskar Lele. Dieser inspirierte ihn dazu, seine eigene Idee der Entwicklung des Yogas zu verfolgen. Anfangszweck seiner Forschung um den Integralen Yoga war, diesen als Handlungsmittel für seine revolutionären und politischen Aktivitäten zu nutzen.

Seine politischen Aktivitäten brachten Aurobindo jedoch bald in Schwierigkeiten. Als Vorsitzender der extremistischen Partei wurde er verdächtigt, an einem Attentat gegen einen britischen Stadtrat beteiligt gewesen zu sein. Daraufhin musste er ein Jahr in Untersuchungshaft verbringen. Dieses Jahr sollte später eines der wichtigsten Jahre in seiner Karriere werden und den Übergang vom aktiven Politiker zum Guru prägen und manifestieren. In Untersuchungshaft meditierte er viel und entwarf erste Grundgedanken zu seinem Werk Integraler Yoga. Freigesprochen, aber dennoch verfolgt, flüchtete Aurobindo 1910 in das französische Hoheitsgebiet nach Pondicherry.

Der Integrale Yoga

Der Integrale Yoga ist die praktische Anwendung Aurobindos Philosophie. Integral bedeutet wörtlich, etwas zur Ganzheit zu führen und etwas in Ganzheit und umfassend zu betrachten. Grundlage dabei ist vor allem die Erkenntnis, dass alles göttlich und heilig ist. Dies zeichnet sich auch in der Grundhaltung ab, die Welt nicht abzulehnen oder zu überwinden zu versuchen, sondern den Versuch zu wagen, die Welt mit dem Göttlichen zu durchdringen. Das Ziel ist also, die Vereinigung mit dem Göttlichen und die damit verbundene Offenbarung in allen Bereichen zu etablieren. Es genügt dabei nicht, wenn die Seele aufsteigt und sich so mit dem Göttlichen vereint oder der Geist im Nirwana aufgeht. Es soll kein Aufstieg erfolgen, sondern ein Herabkommen des Göttlichen in die Welt. Dies gelingt nur, wenn alle Persönlichkeitsanteile bewusst dem Göttlichen zugewandt sind. Zusammenfassend sind die drei grundlegenden Fähigkeiten um diese Transformation zu erreichen also das Streben nach dem Göttlichen, die Zurückweisung des eigenen Ego sowie von eigenen Ideen und Vorlieben und die komplette Hingabe an das Göttliche. Schlussendlich kann nur das Göttliche die gewünschte Transformation erreichen, was vor allem ein Zurücknehmen des Individuums (zweiter Punkt) erfordert. Wenn Aurobindo von der Transformation spricht, so unterscheidet er die psychische Transformation, die spirituelle Transformation und die supramentale Transformation.

Die psychische Transformation umfasst vor allem das Bewusstwerden der Seele, welche hinter der Persönlichkeit eines Menschen steht. Doch nicht nur das Bewusstwerden ist von großer Bedeutung, sondern auch die Aufgabe, alle Einheiten des menschlichen Körpers unter den seelischen Einfluss zu stellen und diesem bedingungslos zu vertrauen. Diese Aufgabe ist ein ständiger Prozess, welche in der spirituellen Transformation mündet. Die spirituelle Transformation übersteigt den Verstand und eröffnet einem das umfassende Unendliche und eine ewige Gegenwart. Wenn man aus diesem kurzen Prozess zurückgerissen wird, ist es schwierig diese Erfahrung in Worte zu fassen. Erst durch mehrere solche Erfahrungen der Unendlichkeit wird man sich derer wirklich bewusst. Erst dann beginnen eine Erfahrung und eine damit verbundene Erkenntnis der höheren Ebene des Seins. Wie auch die psychische Transformation ist die spirituelle Transformation ein Prozess, welcher mehrmals erprobt und ausgedehnt werden muss. Eine Erweiterung ist die supramentale Transformation. In dieser wird die Unendlichkeit weiter erforscht. Der Mensch ist durch das supramentale Bewusstsein dann dazu befähigt, diese Unendlichkeit zu reflektieren und in ihr aufzugehen. Nur mit der supramentalen Transformation und dem supramentalen Bewusstsein, kann die vollständige Transformation von Körper, Geist und Leben erfolgen und somit auch ein Herabkommen des Göttlichen. Bevor man die supramentale Transformation erreichen kann, muss man die vorhergehenden Stufen durchlaufen. Diese Stufen hat Aurobindo in seinem Stufenmodell der Bewusstseinsentwicklung festgehalten. Die erste Stufe besteht aus dem normalen Mental, dem höheren Mental, dem erleuchteten Mental und dem intuitiven Mental. Die zweite Stufe basiert auf dem Übermental (Overmind) und die schlussendlich dritte Stufe auf dem Supramentalen.

Die Grundgedanken des Integralen Yoga kann man mit dem traditionellen Chakra-System in Beziehung setzen. Aurobindos Ansatz unterscheidet sich jedoch dadurch, dass der Weg von „oben nach unten" die Chakren entwickelt und nicht wie im traditionellen Chakra-System von „unten nach oben". Das traditionelle Chakra-System geht davon aus, dass die Chakren schon von Geburt an bestehen, aber zu bestimmten Zeiten in unseren Leben aktiviert werden. Aufsteigend beginnend mit dem Wurzel-Chakra (Dammregion), Sakral-Chakra, Solarplexus-Chakra über das Herz-Chakra, Kehlkopf-Chakra, Stirn-Chakra und der abschließenden Aktivierung des Scheitel-Chakras. Aurobindos supramentales Bewusstsein kann man mit dem Scheitel-Chakra, auch Kronen-Chakra genannt, vergleichen. Dieses befindet sich oberhalb des Kopfes und ist nach oben geöffnet, um das Menschliche mit dem Göttlichen zu verbinden. Durch diese Einheit kann man dann die höchste Form von Wissen, Weisheit und Bewusstsein erreichen. (Aurobindo, 1977)

„Alles Leben ist Yoga" (Aurobindo, 1982) ist eine der bekanntesten Aussagen von Aurobindo, welche die essentielle Relevanz der Fähigkeit, Yoga und Spiritualität in den Alltag integrieren zu können, unterstreicht. In Auroville gibt es heutzutage noch Kurse, die in die Theorie und Praxis des Integralen Yoga einführen. Außerdem wird auch bewusst darauf geachtet, eine Art Yoga des Alltäglichen zu praktizieren. Der integrale Yoga verzichtet sogar auf konkrete Anleitungen, wie Übungen und Meditationsanweisungen.

Sozio-kultureller Hintergrund von Mira Alfassa

Die Lebensgeschichte Mira Alfassas kann man geradewegs in zwei Hälften aufteilen: in die Zeit vor und in die Zeit mit beziehungsweise nach Aurobindo. Die Begegnung mit Aurobindo hat Mira Alfassa stark geprägt und gestärkt und ihrer Biographie und ihrem Lebensentwurf eine völlig neue Ausrichtung gegeben. Aurobindo hat sie innerlich geführt und sie dazu ermutigt, ihrem Inneren zu folgen.

Am 21. Februar 1878 kam Mira Alfassa in Paris zur Welt. Bereits ihre gesamte Kindheit und die Anfänge ihrer Jugend waren von spirituellen Erfahrungen geprägt. Neben der Existenz Gottes, begegnete ihr unter anderem in einem ihrer Träume eine dunkle, asiatische Gestalt, die sie Krishna nannte. Mira Alfassa war von klein auf sehr interessiert an Kunst, Literatur und Philosophie und lebte diese Interessen auch aus. Zudem erhielt sie Unterricht in Mathematik, lernte Klavier spielen und besuchte das Atelier von Gustave Moreau, einem französischen Maler und Zeichner, um Kunst zu studieren. Hier begegnete sie auch ihrem ersten Ehemann, Henri Morisset, einem Kunststudenten. Ihr frühes Zusammentreffen mit dem Übersinnlichen und ihr Wissensdurst nach Gleichgesinnten und der Erforschung ihrer Gedanken und Gefühle führten dazu, dass sie eine Gruppe spirituell Suchender, die sich L'Idée Nouvelle nannte, gründete. Die Ehe mit Henri Morisset, aus der ihr Sohn Andre hervorging, hielt nicht lange und schon 1910 heiratete sie Paul Richard. Dieser hatte im April 1910 Sri Aurobindo in Pondicherry getroffen. Dadurch kam Mira zum ersten Mal in Berührung mit Sri Aurobindo. 1914 kamen Paul und Mira nach Pondicherry. Dort lebte auch noch Sri Aurobindo in einem Gästehaus, in welchem er Besucher empfing, verschiedene Meditationen anleitete und Schüler unterrichtete.

Als Mira erstmals Sri Aurobindo erblickte, erkannte sie in ihm die Person, die sie in ihren Visionen als Krishna bezeichnet hatte. Mira und Paul blieben bis zum Februar 1915 in Pondicherry. Aufgrund des Ersten Weltkriegs kehrten sie nach Paris zurück. Nachdem sie ein Jahr in Frankreich geblieben waren, zogen sie gemeinsam nach Japan. Nach einem mehrjährigen Aufenthalt in Japan kehrte Mira Alfassa zu Aurobindo nach Pondicherry zurück und blieb den Rest ihres Lebens dort.

Auch Mira begann regelmäßige Abendgespräche und Gruppenmeditationen in Pondicherry zu leiten. Als die Anzahl der Schüler und Interessierten immer größer wurde, organisierte Mira den Sri Aurobindo Ashram. Der Gründungstag des Ashrams, der 24. November 1926, ging in die Geschichte ein als der Tag, an dem es Aurobindo gelang, die Ebene des Übermentals zu verwirklichen. Den Sri Aurobindo Ashram und Auroville sollte man nicht verwechseln und beide unabhängig voneinander betrachten. Beide Projekte weisen Ähnlichkeiten und eine enge Beziehung zueinander auf. Vor allem durch das Streben nach dem Ziel des integralen Yogas. Kurz nach der Bildung des Ashrams, zog sich Aurobindo vollständig aus der Öffentlichkeit zurück. Er sah in Mira die göttliche Mutter und instruierte seine Schüler, ihm in dieser Hinsicht zu folgen. Auch heute wird Mira Alfassa in Auroville nur noch als „die Mutter" bezeichnet und verehrt. Aurobindo übergab Mira Alfassa die volle Verantwortung für den Ashram, welcher sich Alfassa auch annahm. Bis zum Ende kümmerte sie sich um die äußeren Strukturen und die innere Führung des Sri Aurobindo Ashrams. Neben ihren eigenen Studien zu den Heilkräften und Zellen verschiedener Pflanzen rief Alfassa 1943 eine Schule ins Leben. Aus dieser entwickelte sich später das Sri Aurobindo International Centre of Education. Diese alternative Institution vereinte die Grundgedanken Aurobindos und Alfassas zu den Themen Erziehung und Bildung. Am 17. November 1973 verließ die Mutter die irdische Welt. Mira Alfassa war der erste Mensch aus dem Westen, der in Indien als Guru verehrt wurde und bis heute verehrt wird.

Auroville

Mira Alfassa und Sri Aurobindo, diese beiden jeweils für sich exzellenten Personen, kamen zusammen, um Ideen und Gedanken auszutauschen und um eine noch viel höher greifende, kreative Energie zu erzeugen. Diese kreative Energie kreierte den Ort mit dem Namen Auroville. Mira Alfassa beschreibt ihre Grundgedanken von Auroville folgendermaßen:
„Irgendwo auf der Erde sollte es einen Ort geben, den keine Nation als ihr alleiniges Eigentum beanspruchen kann. Einen Ort, in dem alle Menschen mit gutem Willen und aufrichtigem Streben frei als Weltbürger leben können und nur einer einzigen Autorität gehorchen: der höchsten Wahrheit." (Alfassa, 1968)
Auroville wurde am 28. Februar 1968 gegründet. Vertreter aus 124 Ländern und 23 indischen Bundesstaaten brachten eine Handvoll Heimaterde mit, um so die menschliche Einheit zu symbolisieren, die Auroville repräsentieren möchte. Mit Auroville wird kollektiv versucht, neue Wohn- und Lebensbedingungen zu realisieren und neue Formen des sozialen Zusammenlebens zu entwickeln. Auroville hat den Anspruch, eine universelle Stadt zu sein, in der jeder Mensch, unabhängig von Geschlecht, Alter, Herkunft, sozialem Stand sowie politischer Gesinnung in Frieden und fortschreitender Harmonie mit anderen Individuen leben darf. Außerdem ist Auroville dazu da, die Ankunft der supramentalen Realität auf Erden zu beschleunigen. Laut der offiziellen statistischen Erhebung von Januar 2018 lebten zu diesem Zeitpunkt in Auroville 2814 Menschen (2127 Erwachsene und 687 Kinder). Insgesamt kommen die Bewohner von Auroville aus 54 Nationen. Dabei stellen die größten Bevölkerungsanteile die Inder (43 Prozent), die Franzosen (14 Prozent) und die Deutschen (9 Prozent). (Volkszählung der offiziellen Website, 3. Januar 2018)
Aspekte von Auroville findet man in anderen Gemeinschaften und Projekten überall auf der Welt, doch ist Auroville das erste und einzige international anerkannte Zentrum für die Erforschung menschlicher

Einheit. Auroville versteht sich selbst als einen Platz der Forschung und des Experimentierens für die Menschheit als Ganzes. Es ist also ein Labor, ein Ort des Ausprobierens und Praktizierens, um so eine Gesellschaft zu erschaffen, die auf der praktischen Ausübung dieser Theorie basiert und somit universell, also für alle Menschen und Nationen, anwendbar ist. Von Beginn an steht Auroville unter der Schirmherrschaft der UNESCO und bekommt Unterstützung der indischen Regierung. Zur Eröffnung Aurovilles wurde eine Charta entwickelt, die die vier Grundgedanken Aurovilles zusammenfassen sollten:

1. Auroville gehört Niemandem im Besonderen. Auroville gehört der ganzen Menschheit. Aber um in Auroville zu leben muss man bereit sein, dem göttlichen Bewusstsein zu dienen.
2. Auroville wird der Ort einer nie endenden Erziehung sein, eines immerwährenden Fortschrittes und einer Jugend, die niemals altert.
3. Auroville möchte die Brücke zwischen der Vergangenheit und der Zukunft sein. Indem es sich alle äußeren wie inneren Entdeckungen zunutze macht, wird Auroville zukünftigen Realisationen kühn entgegeneilen.
4. Auroville wird der Ort materieller und spiritueller Forschung sein für eine lebendige Verkörperung einer wahren menschlichen Einheit. (Alfassa, 1968)

Da Aurovilles Selbstaufgabe darin besteht, die wahre, menschliche Einheit zu verwirklichen, wurde auch dieses Ziel in der Gestaltung und Umsetzung der Stadtauftleilung weitergeführt. Im Zentrum Aurovilles befindet sich ein Tempel, der von Mira Alfassa entworfen wurde: Das Matrimandir stellt einen zentralen Raum der Konzentration und Stille dar. Es steht sinnbildlich für das allumfassende göttliche Bewusstsein, ohne sich dabei auf eine bestimmte Religion oder einen bestimmten Gott zu konzentrieren.

Die Stadt Auroville ist in vier verschiedene Zonen eingeteilt. Ursprung dieser Zonen ist das Matrimandir. Aus diesem dehnen sich die Zonen über die ganze Stadt aus. Jede Zone repräsentiert jeweils einen wichtigen Aspekt, der für Auroville und seine Grundgedanken steht.

Die Kulturelle Zone (Cultural Zone) verkörpert das Ideal der nie endenden Erziehung und Bildung. Neben verschiedenen Schulen befinden sich dort auch diverse andere Bildungsinstitutionen. Die Internationale Zone (International Zone) stellt den Grundgedanken der universalen Stadt dar. In ihr soll die grundlegende Einheit in der Vielfalt der Nationen, Kulturen und Sprachen erfahrbar werden. Das Gebiet besteht im Wesentlichen aus nationalen und internationalen Pavillons. Die Gewerbezone (Industrial Zone) steht für die Bedeutung einer starken und gesunden wirtschaftlichen Basis und die Wohnzone (Residential Zone) zielt darauf ab, ein gesundes Gleichgewicht zwischen urbaner Dichte und natürlichem Lebensraum zu schaffen.

Auroville deckt mit seinen Grundwerten einige interessante und innovative Bereiche ab. Viele von diesen Ansätzen findet man so ähnlich auch in unserer heutigen Gesellschaft. Doch die Kombination der verschiedenen Bereiche macht Auroville besonders. Insbesondere der Punkt Bildung vertritt innovative Ideen, die eine Weiterentwicklung und Bereicherung unseres konventionellen Schul- und Bildungssystems mit sich bringen könnten. Auroville bietet die Möglichkeit eines freien und ganzheitlichen Lernens an: Dies spiegelt sich auch in dem Grundsatz „Das erste Prinzip wahren Lernens ist, dass nichts gelehrt werden kann." (Aurobindo) wieder. Aurovilles multi-kulturelles Erziehungssystem bemüht sich, jedem Kind dabei zu helfen, sein inneres Selbst zu entdecken und sein höchstes Potenzial zu verwirklichen. So wird anerkannt, dass jedes Kind exzellent ist und in dieser Exzellenz auch gefördert werden muss. In Auroville kann sich jedes Individuum selbst entscheiden und somit auch studieren, was ihm persönlich gefällt. Neben einer sportlichen und körperlichen Ausbildung werden auch ästhetische Fähigkeiten durch ein umfangreiches, künstlerisches Training erweitert. Ein besonderes Merkmal der freien und kreativen Bildung und Erziehung in Auroville ist, dass Kinder nicht erzogen werden, um bestimmte Posten zu übernehmen, sondern damit sie in ihrer individuellen Entwicklung unterstützt werden. Diese intrinsische Motivation, mit der auch in Auroville gearbeitet wird, findet man unter anderem in der Waldorf-Pädagogik oder Montessori-Pädagogik wieder. Auroville vertritt die Auffassung, dass es einen Zusammenhang zwischen Spiritualität und einer Offenheit für Wissenschaft und wissenschaftliches Forschen gibt. So konzipierte Auroville auch, was die gesamte Dorfentwicklung angeht, innovative und fortschrittliche Ideen. Auroville ist kein isoliertes, von seiner Umwelt abgegrenztes Dorf, sondern möchte ein Gemeinschaftsprojekt sein. In dem unmittelbaren Einzugsbereich Aurovilles liegen 14 Dörfer mit mehr als 40.000 Einwohnern. Viele Dorfbewohner leben jetzt in Auroville und mehr als 4.000 arbeiten in den verschiedenen Projekten und Wirtschaftsbetrieben mit. Grundidee des mit den Dörfern angestrebten Prozesses der Ko-Evolution ist es, die Dorfbewohner zu ermutigen, nach Verbesserung ihrer Lebensbedingungen zu streben. Auch durch Umweltbewusstsein und verschiedenste Ideen und Projekte die Umwelt zu erhalten und zu schützen zeichnet sich Auroville aus. Durch seine Beiträge im Umweltschutz hat Auroville bereits viel nationale sowie internationale Anerkennung erhalten. Zu Beginn der Auroville-Entwicklung war der Bereich, auf dem später mal die Stadt entstehen sollte, unfruchtbar und trocken. Schritt für Schritt entstanden Gebiete mit großen Waldflächen. So konnte auch die einheimische Flora und Fauna wieder eingeführt und angepflanzt werden oder begann natürlich zu wachsen. Dies wurde vor allem mit der Entwicklung einer ökologischen Landwirtschaft ohne den Gebrauch von Pestiziden und schädlichen Chemikalien erreicht. Hinzu kommt das gut organisierte Abfallrecyclingsystem Aurovilles, welches versucht aktives Bewusstsein zu schaffen, um Abfall im gesamten Bereich von Auroville zu reduzieren und zu recyceln. Auroville stärkt das Gefühl der Freiheit, denn was gearbeitet wird, kann jeder für sich selbst entscheiden. Man kann sich auf seine eigenen Stärken konzentrieren und sich mit fünf bis sechs Stunden täglicher Arbeit einbringen. Nebenher erhält jeder ein (bedingtes) Grundeinkommen, mit dem man den Lebensunterhalt bestreiten kann. Seit der Gründung Aurovilles hat es die Stadt geldlos versucht. Man startete mit einem Couponsystem und kehrte nach dem Scheitern dieses Versuches schließlich doch wieder zum Geldverkehr zurück. Die Benutzung von Geld ist in Auroville aber eigentlich nur Mittel zum Zweck und kein Lebensinhalt.

Wenn man eine neue Idee, ein neues System konzipiert und entwickelt, gibt es auch immer kritische Stimmen, die versuchen, Fortschritt und Erneuerung zu untermauern. Auch Auroville ist von Kritik nicht verschont geblieben. Anlass dazu gab die allgemeine Dorfentwicklung. Auroville wurde in seiner Anfangs- und Entwicklungsphase für mehr als 50.000 Menschen konzipiert, doch heutzutage leben nur etwa 2.000 Menschen in Auroville. Ist das Projekt gescheitert oder warum nehmen nur so wenige Menschen diese alternative Gesellschaftsform positiv auf? Warum wurde es für so viele Menschen entwickelt, wenn es jetzt schon beachtliche Probleme mit weit weniger Menschen gibt?

Auroville unterscheidet sich stark von anderen Städten in Indien. Genau dies ist das Ziel, doch einige Unterschiede werden sehr kritisch betrachtet: So sprechen Menschen, die seit zehn Jahren in Auroville leben, kein einziges Wort Tamil, die Amtssprache im Bundesstaat Tamil Nadu, in welchem sich Auroville befindet. Außerdem ist Auroville sehr darauf bedacht, sich autonom zu gestalten, was dazu führte, dass Auroville sich stark von anderen abgrenzt und viele Aktivitäten und Orte nur seinen Bewohnern (sogenannten Residents) zugänglich macht. Wer Resident wird und in Auroville leben darf, entscheidet ein Komitee und Finanzen spielen bei dieser Entscheidung eine nicht unbeträchtliche Rolle. Einige Projekte drehen sich mehr um sich selbst, anstatt, wie in den Grundsätzen festgelegt, die Ko-Evolution und Kooperation mit anderen Dörfern anzustreben. Außerdem ist es schwer in einer Stadt, in der der gesamte Tagesablauf darauf ausgerichtet ist, sich selbst kennenzulernen, weiterzuentwickeln und zu entfalten, die Balance zu finden zwischen Selbstverwirklichung und Selbstgerechtigkeit sowie Egoismus. Trotz aller Kritik ist Auroville ein sehr spannendes Gesellschaftsprojekt unserer heutigen Zeit - ein Labor, ein Ort des freien Ausprobierens. Auroville möchte die Möglichkeit schaffen, sich selbst vollkommen zu entfalten und dabei neue Systeme auszuprobieren und zu verbessern. Auroville ist die Testfläche für Konzepte, die später anderswo auf der Welt zu einer Chance und Möglichkeit werden könnten. Und diese Chancen und Möglichkeiten lassen sich nicht immer ohne weitere Probleme umsetzten. Auch das gehört zu Aurovilles Ideal des „lebenslangen Lernens".

Ko-Kreativität

Wie schon in der Einleitung erwähnt, brauchen wir neue Ideen um Probleme zu lösen, um neue Systeme zu entwickeln und um uns als Menschheit und individuell weiterzuentwickeln. In vielen Modellen wurde versucht diese Problematik darzustellen. Beispielsweise im Modell der Spiral Dynamics von Don Beck und Chris Cowan. Sie verfassten ihre Theorie auf der Grundlage von Clare W. Graves. Graves war ein US-amerikanischer Professor für Psychologie. Er fand heraus, dass seine Studenten grundlegende Wertunterschiede je nach Herkunftskultur bei den Themen Glück und Sinn des Lebens vorwiesen. Aus dieser Erkenntnis entwickelte er ein Forschungsprojekt, welches ihm zur Grundlage seiner Theorie Emergent Cyclical Levels of Existence Theory, kurz Spiral Dynamics genannt, diente. Das Spiral Dynamics Modell sagt aus, dass Menschen fähig sind, ihre Umwelt selbst zu gestalten, um entstandene Probleme bewältigen zu können. Es ist also ein Modell der Bewusstseinsentwicklung, welches sowohl die individuelle als auch die kollektive Entwicklung berücksichtigt. Dabei sind unter anderem deutliche Parallelen zu der Bedürfnispyramide nach Maslow erkennbar. Die Entwicklung im Spiral Dynamics Modell wird anhand von verschiedenen Wellen (v/Meme, value Meme) erkennbar gemacht. Eine Welle, ist dabei eine Anpassung und Lösung für die Probleme des Menschen in der vorherigen Ebene. Die ersten sechs Wellen werden als „first tier level" bezeichnet. In ihnen geht es hauptsächlich um das eigene Überleben und die Entfaltung der eigenen Bedürfnisse. Die sechste Welle (grüne Welle), in der es zum ersten Mal um Gemeinschaft und um menschliche Bindungen geht, zeichnet sich durch die Bereitschaft und den Übergang in das „second tier level" aus. In diesem „second tier level" wird in die Seinsebene vorgedrungen und ein integrativer Denkansatz bildet sich heraus, welcher dazu befähigt, anhand der eigenen Entwicklung, die vorhergehenden Entwicklungswellen als sinnhaft und zielführend anzusehen. Die Spiral Dynamics sind nach oben offen, was bedeutet, dass neue Wellen gebildet werden können. Bei dieser Neubildung werden die „second tier level" erneuert und mit bestimmten Merkmalen der vorangegangen Wellen wiederholt. Doch wie kann man diese weiteren

Entwicklungen und Veränderungen erreichen und genügt ein kluger Kopf mit tollen Ideen und Potenzial dazu aus? In unserer heutigen Zeit, in der viele Menschen vor allem nach ständiger Individualisierung streben und viel mit sich selbst beschäftigt sind, würden viele diese Frage wohl mit Ja beantworten. Doch könnte sich nicht eine viel höhere kreative Energie entfalten, wenn sich zwei solcher fähigen Individuen zusammentun und gemeinsam neue Ideen entwickeln würden? Würde man nicht voneinander profitieren, sowie voneinander und miteinander lernen und sich gegenseitig inspirieren? Ja! Es würden sich bisher neue, unerwartete Möglichkeiten ergeben! Besonders in dieser emotional häufig kalten Zeit, in der jeder auf sein eigenes Wohl bedacht ist, könnte man neue Ideen entwickeln, wenn man sich wieder zusammenfindet. So können sich Bewusstsein, Kreativität und Betrachtungsweise optimal entfalten und weiterentwickeln. Dieses Phänomen, sich zusammen zu finden und dadurch individuelle Freiheit und Verbundenheit zu entwickeln, kann man als das Phänomen beziehungsweise die Kraft der Liebe beschreiben. Doch dieser Begriff ist für viele unverständlich benutzt und wird dadurch, dass er zu vielfältig und alltäglich gebraucht und verbraucht wird, falsch assoziiert. Es gibt einen neuen Begriff, der diese Fähigkeit vielleicht passender beschreibt: Die Ko-Kreativität. Diese tritt in drei verschiedenen Dimensionen auf und besonders die zweite und dritte Dimension könnten die Lösung für unsere bisher erfolglose Suche nach alternativen Denkanstößen und Systemen sein.

Erste Dimension der Ko-Kreativität

Die Ko-Kreativität in der ersten Dimension bezieht sich vor allem auf das Individuum selbst. Sie entsteht, wenn sich Individuen ihrer eigenen Existenz und Exzellenz bewusst werden. Sri Aurobindo war für sich in der ersten Dimension ko-kreativ. Sein Leben war stark von Spiritualität geprägt und so begann er schon früh, sich mit seinem Inneren und seinem Selbst auseinanderzusetzen. Mit dieser bewussten Begabung begann er neue, revolutionäre Denkansätze zu entwickeln. Diese zeigen sich vor allem in seinen philosophischen Erkenntnissen und Theorien über den Integralen Yoga. Außerdem zeigt sein integrales Denken, seine integrale Weltsicht und die damit verbundene umfassende und neue Sicht des Menschen und der Welt deutlich die Entfaltung seiner eigenen, kreativen Freiheit.
Bei Mira Alfassa zeigt sich die Ko-Kreativität in der ersten Dimension nicht so deutlich. Sie konnte ihre spirituellen Erfahrungen nicht genau einordnen und war sich ihrer wahren Exzellenz nicht bewusst. Dazu gründete sie auch in Paris eine Gruppe spirituell Suchender. Erst nach dem Zusammentreffen mit Aurobindo konnte sie ihr volles Potenzial ausschöpfen, ihre Energien bündeln und in die richtigen Bahnen lenken.

Erst nach dem Treffen mit Aurobindo wurde Alfassa ko-kreativ in der ersten Dimension. Mit diesem kreativen Input entfaltete sich ihre volle, individuelle Ko-Kreativität, welche vor allem darin bestand, die Führung im Ashram zu übernehmen, zu lehren und ihre Gedanken weiterzugeben.

Zweite Dimension der Ko-Kreativität

Die zweite Dimension der Ko-Kreativität zeichnet sich durch die Interaktion und Verbundenheit mit anderen Individuen aus. Aus dieser Interaktion bildet sich dann eine gemeinsame Kreativität, die in ihrer Intensität die Ko-Kreativität der ersten Dimension um Längen übersteigt. Aurobindo und Mira Alfassa, zwei sich ihrer Exzellenz bewusste, fähige Individuen, trafen aufeinander und gingen eine kreative Verbindung ein. Beide wurden durch diese Begegnung nachhaltig positiv bestärkt und verändert. Die Begegnung mit Aurobindo half Mira Alfassa, ihre Energien zu lenken, um so ihr volles Potenzial auszuschöpfen. So erreichte sie eine körperliche Transformation und ging als die Mutter in die Geschichte Aurovilles ein. Durch die Zusammenarbeit entwickelten Aurobindo und Alfassa eine gemeinsame Kreativität. Diese gemeinsame Kreativität fand ihren Höhepunkt in der Erschaffung des Sri Aurobindo Ashrams und des gemeinschaftlichen Projektes Auroville.

Aurobindo sowie Alfassa waren sich über die zentrale Bedeutung ihrer Zusammenarbeit bewusst. So betont Aurobindo auch immer wieder die zentrale Bedeutung der göttlichen Mutter Alfassa: „Das Bewusstsein der Mutter und mein Bewusstsein sind dasselbe; das eine Göttliche Bewusstsein in Zweien, weil dies für das Spiel notwendig ist. Nichts lässt sich vollbringen ohne ihr Wissen und ihre Kraft, ohne ihr Bewusstsein." (Sri Aurobindo, 2014). Aurobindo und Alfassa fanden zusammen, weil sie ein gemeinsames Interesse an derselben Sache hatten. Dieses Interesse bezog sich vor allem auf die Erforschung der menschlichen Einheit, die integrale Denkweise und das dem göttlichen Bewusstsein Dienen. Trotz ihrer verschiedenen sozio-kulturellen Hintergründe waren beide bereit für den gemeinsamen Prozess und außerdem dazu, ihr gesamtes Wissen und Können zusammenzutragen und sich dabei zu ergänzen. Dieses Zusammentragen und Verbinden der Fähigkeiten geschah ohne Unterdrückung, egohafte Ausnutzung und ohne jegliche Art von Hierarchie. Beide nahmen sich gegenseitig auf Augenhöhe wahr und brachten dem jeweils anderen Vertrauen und Respekt entgegen, ohne ihn zum Objekt zu machen. Beide schafften es also Subjekte zu bleiben im ständigen Prozess der Entwicklung.

Dritte Dimension der Ko-Kreativität

Wie auch schon eingangs erwähnt, ist Liebe das entscheidende Potenzial für das Individuum an sich aber auch für die Entwicklung und Zukunft der Menschheit. Um diese Energie der Liebe zu nutzen, muss man sich darüber bewusst werden, dass Liebe aus zwei Polen besteht und entsteht, welche in ständiger Spannung zueinander stehen. Der eine Pol umfasst unsere Empathie und unser Mitgefühl. Der gegensätzliche Pol umfasst den Eros. Dieser besteht nicht nur aus Sexualität, sondern eben auch aus dieser besonderen Ko-Kreativität, welche sich in Verbindung mit anderen Individuen entfaltet. Wenn es gelingt, den Pol Empathie und den Pol Eros zu verbinden, dann können daraus exzellente Gemeinschaften und Konzepte entstehen. Da diese beiden Pole jedoch sehr anfällig für Spannungen sind, braucht es noch eine dritte Instanz, welche es schafft, zwischen den beiden Polen zu vermitteln. Diese dritte Instanz, ist die Erkenntnis der beiden Pole. Und so entstehen die drei Pole, welche bereits aus der Philosophie der Griechen hervortraten und als Grundlage des Seins betrachtet wurden: Das Gute, das Schöne und das Wahre.

Man kann nur dann wirklich gute und schöne Werke und Ideen entwickeln, wenn dieser Prozess des Zusammenfindens selbstlos geschieht, also wenn der eine Erzeuger der Kreativität sich nicht egoistisch abspaltet und ständig den eigenen Vorteil oder die eigene Erkenntnis sieht, sondern die Kreativität als einzigartige Schöpfung der Evolution versteht. Aurobindo war für sich in der ersten Dimension ko-kreativ und legte so die Grundlagen für die weiteren Dimensionen. Alfassa und Aurobindo trafen sich in der zweiten Dimension, entwickelten zusammen unglaublich kreative Energien und gingen zusammen in die dritte Dimension über, um diese entsprechend zu gestalten. Weder Aurobindo und Alfassa noch das Projekt Auroville an sich waren im Prozess der Erschaffung egoistisch, auf sich selbst konzentriert oder auf Vergangenes gerichtet. Auroville versteht sich nicht als einzige Instanz, sondern lässt Freiheit und Offenheit für andere Systeme und beispielsweise moderne Medien zu. Die dritte Dimension hätte man nicht erreicht, wenn man die vorangegangenen Dimensionen ignoriert hätte. Sie basiert also auch auf ihren zwei Vorgängern. Die Übergänge sind dabei fließend gestaltet. Bei der Erschaffung Aurovilles wurde eine neue Gemeinschaftsform entwickelt, welche versuchte, den Gedanken einer Einheit umzusetzen. Auroville setzt dabei viele ko-kreative Aspekte, wie bedingtes (oder bedingungsloses) Grundeinkommen, alternative Energien und Ressourcenverwertung, sowie alternative Bildungs- und Erziehungsformen um.

Kann das ko-kreative Potenzial von Aurobindo und Alfassa dazu genutzt werden, korallenfarbig zu werden? Die meisten Spiral-Dynamics Konzepte endeten bisher mit der Bewusstseinsebene Türkis. In der türkisenen Welle steht vor allem die Frage des Wesens des Seins im Vordergrund, außerdem zeichnet sich diese durch das spirituelle Bewusstsein aus. Das türkisene Meme ist bei weniger als 0,1 Prozent der Bevölkerung dominant und erhält demnach 1 Prozent der Macht. Demnach deutet sich das türkisene Meme erst an, vor allem in Projekten wie Auroville oder anderen alternativen Lebensformen. Bereits Graves prognostizierte jedoch die Herausbildung weiterer Level. Die nächste Bewusstseinsstufe wird im Spiral Dynamics Modell mit der Farbe „Koralle" bezeichnet. Fraglich ist, wie diese neue Bewusstseinsstufe genau aussehen wird. Wenn man von der Erkenntnis ausgeht, dass bei Neubildungen die „second tier level" erneuert werden und mit bestimmten Merkmalen der vorherigen Wellen gekennzeichnet und ergänzt sind, könnte die „koralle" Welle eine Wiederholung der dritten Welle (rote Welle) sein, was eine ziemlich mächtige Ich-Stufe bedeuten würde. Außerdem, ist davon auszugehen, dass die transpersonale Entwicklung einen zentralen Raum einnimmt. Auch um diesen Übergang zur nächsten Bewusstseinsstufe zu komplementieren, ist Ko-Kreativität notwendig. Die „korallene" Welle könnte man mit der höchsten Stufe von Maslow (basierend auf der Selbstverwirklichung), der Selbsttranszendenz in Verbindung setzen. Am Tag der Gründung des Aurobindo Ashrams, erfolgten eine Erfahrung des Übermentalen und eine Herabkunft dessen in die irdische Welt. Außerdem erreichten Aurobindo und Alfassa die Entwicklung eines supramentalen Bewusstseins. Mira Alfassa berichtete ihren Schülern ausführlich von ihren Erfahrungen und der Herabkunft, sowie von der Wirkung des supramentalen Bewusstseins. Die beiden nutzten gemeinsam ihr ko-kreatives Potenzial, um die türkisene Welle zu erreichen und um sogar über diese hinauszuwachsen, indem sie eine transpersonale Entwicklung erreichten. Diese erreichte Transformation des Übermentalen beziehungsweise des Supramentalen kann als Ausprägung der „korallenfarbigen" Welle verstanden werden.

Schluss

Schlussendlich geht es nicht primär um die Frage, ob Auroville gescheitert ist oder nicht. Es geht um viel mehr und um etwas viel Größeres. Auroville befindet sich in einem ständigen Prozess des Lernens, der Erweiterung und in einem sehr frühen Stadium seiner inneren sowie äußeren Entwicklung. Die Herausforderungen und Probleme, die sich nach und nach zeigen, sind gewaltig und vielfältig. Doch am Beispiel Auroville zeigt sich deutlich, was man alles erreichen kann, wenn man sich zusammenfindet und gemeinsam kreativ wird. So hat auch das Modell Auroville es geschafft, das Denken vieler Menschen zu verändern und positiv zu beeinflussen. Es gibt viele verschiedene Auroville-Organisationen auf der ganzen Welt, welche sich mit dem Auroville-Projekt identifizieren können und ihre Unterstützung symbolisieren. Außerdem gibt es auch die Möglichkeit, in Auroville zu wohnen und dort zu arbeiten, um so mehr über den Tagesablauf und die Denkstrukturen zu erfahren. Diese Erfahrungen wiederum kann man dann mit seinen Mitmenschen teilen und so zusammen versuchen, eine kollektive Transformation anzustreben. Um bestehende und kommende Probleme lösen zu können, müssen wir versuchen unser egozentrisches Denken unterzuordnen und uns über den tiefgreifenden Sinn dieser notwendigen Entwicklung bewusst zu werden. Um fortschrittliche Lösungen zu erreichen, müssen wir uns also zusammenfinden, Vertrauen aufbauen und uns gegenseitig unterstützen, aber auch Freiheiten gewähren können. Die gemeinsame Ko-Kreativität von Aurobindo und Alfassa sollte man sich als Beispiel nehmen, welches aufzeigt, was wir noch alles erreichen können. Über die Kraft und Notwendigkeit der Liebe, welche nicht nur in der jetzigen Übergangsphase, sondern auch in allen zukünftigen Phasen sehr wichtig ist, sollte man sich außerdem bewusst werden. Wenn man es schafft, das Ego in den Hintergrund zu drängen und sich mit anderen fähigen Individuen zusammenfindet, dann erfährt man die unfassbare Kraft und Energie der gemeinsamen Kreativität! Genügend eindrucksvolle Beispiele für erfolgreiche Zusammenarbeit und Ko-Kreativität gibt es auf jeden Fall!

Literatur

- Ernst, S. (2016): Gesellschaftsutopie im Süden Indiens. in: Deutschlandfunk; 18.09.2016.
- Radisch, I. (2011): Stadt der Morgenröte, in: Die Zeit; 05.01.2011.
- Sri Aurobindo (1992): Die Bhagavadgita, Gladenbach.
- Sri Aurobindo (1982): Alles Leben ist Yoga, AURO MEDIA Berchtesgaden.
- Sri Aurobindo; Beck, E. (1977): Briefe über den Yoga – Integraler Yoga, Pondicherry.
- Sri Aurobindo; Huchzermeyer, W. (2014): Sri Aurobindo: Über sich selbst, Gladenbach.
- Sri Aurobindo; Kappes, H. (1972): Die Synthese des Yoga, Gladenbach.

Internetquellen

- Auroville International Deutschland. [http://www.auroville.de/; 17.01.2018].
- Auroville, The City of Dawn. [https://www.auroville.org/; 02.01.2018].
- Huchzermeyer, W. [http://www.evolutionsforschung.org/SA.htm; 02.01.2018].
- Ruch, C. (2010) Alles Leben ist Yoga. [http://www.ezw-berlin.de/html/15_768.php; 15.01.2018].
- Sri Aurobindo Center Berlin. [http:// www.sacb.de/; 18.01.2018].
- Sri Aurobindo Ashram. [http://www.sriaurobindoashram.org/index.php; 18.01.2018].

DIE FINDHORN FOUNDATION

EMILIE LENK

Hintergrund
Was ist die Findhorn Foundation

Im Jahre 1962 wurde die Findhorn Foundation von Eileen und Peter Caddy und Dorothy Maclean gegründet. Dies geschah im Nordosten Schottlands, in einem kleinen Fischerdorf namens Findhorn. Die Findhorn Foundation ist eine geistige, internationale Gemeinschaft, sie ist ein Lern- und Lehrzentrum und hat sich zu einer der beliebtesten Lebensgemeinschaften der Welt entwickelt.

Die Foundation erlangte das erste Mal größere Aufmerksamkeit durch ihre Kommunikation mit der Natur und die Arbeit mit den Pflanzen. Mit den Jahren hat sie sich zu einem Zentrum für metaphysische und umfassende Erziehung entwickelt.

Die Findhorn Foundation ist das Zentrum für die wohl bekannteste und beliebteste Lebensgemeinschaft auf der ganzen Welt. Mehr als 400 Menschen aus über 20 Nationen gehören der Gemeinschaft an und zeigen dadurch, dass Menschen aus unterschiedlichen Kulturen und Religionen in Harmonie miteinander und zur Natur leben können. Die mittlerweile seit über 40 Jahren bestehende Gesellschaft erfreut sich weltweiten Ansehens und mehrerer tausend Gäste, welche sie jedes Jahr besuchen.

Ziel ist es, Eigeninitiative zu ergreifen und Verantwortung zu tragen, mit einer gleichzeitigen Unterstützung der Gemeinschaft durch das Leben in einer Gruppe. Die Foundation ist der Ansicht, Arbeit ist Liebe in Aktion, weshalb die Mitglieder im täglichen Leben versuchen, die Prinzipien zu repräsentieren und auszudrücken.

Anfänge

Dorothy Maclean hatte einen Ehemann, durch welchen sie den Sufi-Orden kennenlernte und erstmals in diese Richtung gestoßen wurde, daraufhin hat sie viele geistige Gruppen erforscht und sich mit ihnen und ihren Lehren auseinandergesetzt. Sie lernte mit 21 Jahren durch ihre Arbeit die spirituelle Lehrerin Sheena kennen. Damals wusste sie aber nicht, welch einen großen Einfluss diese auf ihr späteres Leben haben würde. Als Dorothy sie einige Jahre später erneut traf, nahmen sie wieder engeren Kontakt auf. Zusammen mit ihrem Mann machten sie völlig neue Erfahrungen ausfindig. Sie lernten ganz neue Prinzipien in der geistigen Welt kennen.

Als Dorothy sich scheiden ließ, stand Sheena ihr zur Seite und unterstützte sie. Durch Sheena begegnete Maclean auch Eileen und Peter Caddy. Sheena nahm also einen sehr großen Einfluss auf das, was später einmal die Findhorn Foundation wurde, da sie das Denken der drei Gründern nachhaltig beeinflusst hatte. Peter war ein »gutaussehender Offizier der Royal Air Force« (Maclean 1981, S. 44), welcher beschlossen hatte, Sheenas Lehren von Liebe eher zu folgen, als dem »Britischen Training in der Macht des positiven Denkens« (Maclean 1981, S. 44). Eileen war anders als Dorothy und ihre bisherigen Freunde, sie wurde als häusliche, mütterliche Person ohne intellektuelle Ambitionen beschrieben. Die drei wurden durch Sheenas Lehren zusammengeschweißt, jedoch fügten auch Unannehmlichkeiten sie zusammen. Ein Anhänger Sheenas hatte Frau, Kind, Schwiegermutter verlassen und seinen Job aufgegeben, um mit Sheena zu leben. Die Schwiegermutter wurde deshalb sehr sauer und sendete eine fertige Story an die Zeitung. Dort erschien dann ein Artikel, dass eine Religionslehrerin den Schwiegersohn entführt hatte. Dadurch bekam die Gruppe Sheenas großes Aufsehen in Schottland. Es entwickelte sich der Begriff der »Namenlosen« wie die Gruppe genannt wurde. Wegen dieses Skandals wurden die Anhänger arbeitslos und hatten mit Vorurteilen zu kämpfen.

So auch Dorothy, Eileen und Peter, diese verdienten sich etwas Geld durch Übergangs- und Aushilfsjobs wie Bürsten verkaufen.

Durch Zufall bekam Peter einen Job im Cluny Hotel, er war als Hoteldirektor in einem Golfhotel im Norden Schottlands angestellt. Dorothy begleitete das Ehepaar und durfte im Hotel als Sekretärin beziehungsweise Empfangsdame arbeiten. Das Funktionieren des Hotels wurde durch eine innere Führung begründet, welche Eileen empfing: »Gäste meldeten sich kurzfristig zum Essen an, der Küchenchef war betrunken und damit unbrauchbar – der Alkohol war eine beliebte Flucht aus dem Stress bei vielen aus dem Personal. Was konnte man machen? Wir suchten die Führung und Eileen empfing folgende Instruktionen: „Peter soll ihm noch mehr zu trinken geben." Das tat Peter, woraufhin sich der Chef zusammenriss und hervorragend mit der Situation fertig wurde. Die Führung wirkte immer, wenn auch oft auf unorthodoxe Weise.« (Maclean 1981, S. 57f.)

Das Management des Hotels teilte ihnen jedoch von Anfang an mit, sollten sie in irgendeiner Weise Kontakt zu Sheena herstellen, würde ihnen gekündigt werden. Deshalb brachen Sie sofort den Kontakt zu ihr ab. Erst einige Jahre später erfuhren sie von Sheenas Tod.

Nach einer erfolglosen Übernahme eines anderen Hotels gab es Probleme mit dem Eigentümer, weshalb es zu einem großen Streit kam, und sie innerhalb von wenigen Stunden das Hotel verlassen mussten. Sie waren also wieder einmal arbeitslos.

Peter und seine Ehefrau Eileen zogen mit den drei kleinen Söhnen und Freundin Dorothy Maclean in einen Anhänger auf einem Campingplatz. Dieser lag nur fünf Meilen entfernt vom Fischerdorf Findhorn. Zuerst dachten sie, es wäre nur vorübergehend, jedoch veränderte sich ihre Situation nicht. Die drei machten aber das Beste daraus.

Findhorn

Der erste Eindruck zu dem Wohnwagenpark an der Findhorn-Bucht wurde mit den Worten: »außerordentlich hässlich« beschrieben. Im genaueren Betrachten war der Ort jedoch wunderschön. Der Blick ging über Kilometer weit ins Land, auf entfernte Hügel und das Meer, am Himmel war ein ständiges Himmelsspiel durch den andauernden Wind.

Eine Beschreibung Findhorns: »Die Straße hinunter, an der Bucht entlang, lag etwa anderthalb Kilometer entfernt der Ort Findhorn. Es ist der dritte Ort dieses Namens, die anderen zwei sind mit der Zeit im Flugsand dieser Gegend verschwunden. Zunächst war es ein Fischerdorf, das sich zu einem blühenden Hafen der Royal Borough of Forres entwickelt hatte, als damals ein reger Handel zwischen Nordschottland und Nordosteuropa blühte. Er wurde durch eine Eisenbahnlinie mit dem acht Kilometer entfernten Forres verbunden, einer Linie, die längst nicht mehr besteht. Die Häuser sind geduckt und dicht zusammengedrängt und haben nur kleine Fenster, zweifellos als Schutz gegen den ständigen Wind. Der Wind geht allerdings immerzu, das ist eines der vorherrschenden Merkmale von Findhorn. Niederschläge sind gering, nur etwa 63 cm pro Jahr, aber ich habe trotzdem in diesen kleinen Häusern stets eine feuchte Schicht an den Innenwänden gesehen. Was für uns ein altersschwaches, wenn auch malerisches Dorf war, wurde sehr rasch ein Touristenzentrum, als die alten Fischer – diejenigen, die nicht von der RAF mit Arbeit versorgt worden waren, starben und ihre Häuser sich in Sommerresidenzen für die reichen

Leute aus Inverness und Aberdeen verwandelten. In der Findhorn-Bucht herrschte Ebbe und Flut, und somit gibt es ständig Veränderungen mit zauberhaften Momenten. Dazu gehört ein Spaziergang, mitten in den Sonnenuntergang hinein, über den nassen Sand, der den ganzen Farbenreichtum eines wundervollen herbstlichen Sonnenuntergangs widerspiegelt, so lange, bis man sich selbst eingeschmolzen fühlt. Ein ganz anderes unvergleichliches Schauspiel bietet sich, wenn ein selten vorkommender Frost und die Gezeiten das Wasser formen, es ununterbrochen härten, es davontragen, mit Sand vermischen und schließlich als dünne Eisblätter in den kleinen Rinnsalen oder auf den Felsen liegenlassen; sie nur wieder erretten, um sie noch in gefrorenere Formen zu verwandeln, die alle dem ständig gleichen Grundmuster der Natur folgen, das den Äther durchdringt. Jeder Schritt in der Bucht enthüllt dem Auge ein neues Wunder, eine Mischung von nie gesehener Kunst; einen anderen Aspekt von der Schönheit der Form, eine Durchsichtigkeit, die weitere, darunter eingeschlossene Muster erkennen lässt.« (Maclean 1981, S. 64f.)

Der Boden bestand aus Sanddünen, hartes Seegras wuchs darin, unter der Oberfläche waren nur große Kieselsteine. Keine idealen Bedingungen für das Wachstum von Pflanzen.

Dorothy kommunizierte mit den Naturgeistern, welche Devas oder auch Engel genannt werden. Diese gaben ihr konkrete Anleitungen, wie sie in dem kleinen Garten, den Peter zur Selbstversorgung angelegt hatte, eine gute Ernte erzielen würden. Und tatsächlich gediehen die Früchte in aufsehenerregender Weise.

Eileen zog sich nachts zur Meditation zurück und schrieb auf, was sie die »kleine innere Stimme«, die sich als Stimme Gottes zu erkennen gab, wissen ließ. Jahre später bekam sie dann die Weisung, diese Botschaften nicht mehr weiterzugeben. Die Leute sollten einen persönlichen Bezug zu Gott herstellen, statt sich von einer Leitfigur abhängig zu machen.

Weiterer Verlauf

Die Foundation baute in den 1960er Jahren einen Meditationsraum, einen Gemeinschaftsraum und einfache Bungalows. Einige Jahre später bekam die Gruppe Zuwachs durch den Amerikaner David Spangler. Dieser entwarf eine Struktur für die Organisation eines Seminarzentrums, welches Findhorn werden sollte. Das Ziel des Amerikaners war es, dass Menschen das Zentrum besuchen, die Entwicklung voranbringen und schließlich ihre Erfahrungen in die Welt hinaustragen und verbreiten. 1972 wurde die Foundation offiziell als gemeinnützige Organisation eingetragen. Sie kauften drei Jahre später das Cluny Hill Hotel auf und wandelten es in das

Cluny Hill College um. Dort finden seitdem die meisten Kurse statt. Durch großzügige Spenden und Erbschaften konnten sie in der darauffolgenden Zeit ebenfalls den Campingplatz und verschiedene Gebäude, sowie Grundstücke aufkaufen. Innerhalb von wenigen Jahren wuchs die Gruppe somit auf eine Größe von fast 200 Mitgliedern und einigen hundert Besuchern im Jahr. Als in den 90er Jahren der ökologische Bestandteil signifikant zunahm, entstand ein Modell für nachhaltiges Leben, Wohnen und Bauen. Dieses Modell wurde Eco-Village genannt. Hier werden die Häuser nicht nur nachhaltig gebaut, sondern auch Solaranlagen sind für die Warmwasseraufbereitung zuständig, es gibt Windräder und eine ökologische Abwasserkläranlage. Die Findhorn Foundation ist zudem seit 1997 eine staatlich anerkannte Nichtregierungsorganisation (NGO).

Prinzipien

»Erwarte, dass jedes deiner Bedürfnisse erfüllt wird, erwarte die Lösung für jedes Problem, erwarte Fülle in jedem Bereich, erwarte, spirituell zu wachsen. Du lebst nicht nach menschlichen Regeln. Erwarte Wunder und sieh, wie sie sich ereignen.« (Eileen Caddy) Einer der Grundsätze der Organisation ist auch die Antwort auf dieses bekannte Zitat, es ist zugleich ein Punkt auf welchem sie basiert. *»Co-Creation«* mit der Natur, die Mitgestaltung und die gemeinschaftliche Produktion. Der Mensch soll nicht nach Belieben pflanzen, räubern und beherrschen. Es wird mit Naturgeistern, welche Devas genannt werden, kommuniziert. In tiefer Meditation wird Verbindung aufgebaut und dadurch erspürt man, was die Erde und die Pflanzen benötigen.

Der zweite Grundsatz der Gemeinschaft, das *»Inner Listening«* bedeutet, man geht in sich hinein, in die innere Stille, um die Quelle zu finden und sich mit dieser zu verbinden. Ein weiterer Grundsatz handelt von der deutlichen Umsetzung der erlangten Erkenntnisse im Auftrag an die Welt, auch genannt: *»Work is Love in Action«*.

Co-Creation

Wenn die Menschen mit der Natur kommunizieren und arbeiten, können neue und kreative Lösungen für das Leben gefunden werden. Denn der Planet ist bewusst und lebendig. Die Mitbegründerin der Gemeinschaft, Dorothy Maclean, entdeckte in den Anfangsjahren die bewusste Kommunikation mit der Natur. Bei dem Versuch den Garten anzulegen, nahm sie Kontakt zu der Intelligenz auf, welche für die Gestalt der Pflanzen zuständig war. Die Gemeinschaft folgte den Anweisungen der Intelligenz und es kam zu einer außergewöhnlichen Pflanzenpracht auf dem armen Boden. Die ungewöhnlich großen Kohlköpfe waren daraufhin für den ersten Ruhm der Gemeinde verantwortlich. Aufbauend auf diesen frühen Erkenntnissen ist die Findhorn Foundation seither ein Wegbereiter in der Partnerschaft mit der Natur. Sie nennen es die »Co-Creation«. Jeder Mensch kann durch Begabungen oder durch Training im "Inner Listening" mit diesen schwer zugänglichen Aspekten der Welt zusammenarbeiten.

Die Gemeinschaft bringt die Praxis der Zusammenarbeit in ihrem täglichen Leben ein, beim Kochen, bei der Arbeit in den Gärten und Wohnräumen. Vor jeder Arbeitsschicht laden sie nicht-menschliche Partner zur Zusammenarbeit ein. Dies sind Pflanzen, Tiere und nicht-physische Mitglieder der Ökologie. Dadurch entstehen praktische Ergebnisse und kreative, sowie stärker verkettete Beziehungen zum Leben.

Inner Listening

Die Findhorn Foundation bezeichnet so den Prozess des inneren Zuhörens als Orientierungshilfe. Dieser entsteht dadurch, dass man still wird, nach innen geht oder meditiert. Sogar Aktivitäten in der Natur sind dafür verantwortlich, dass man tiefes inneres Wissen finden kann. In den späten 1950er Jahren begann Eileen Caddy mit dieser Praxis. Durch gezieltes Training und regelmäßige Meditation entwickelte sie später die Fähigkeit, sich jederzeit auf dieses innere Wissen einzustimmen. Dadurch konnte sie die Gemeinschaft durch die Führung in eine lebendige Beziehung mit der inneren Weisheit führen und dafür sorgen, dass diese bis heute anhält.

Am wichtigsten ist, die Stille zu finden, auf das Innere zu hören, sich darauf einstimmen und darauf zu vertrauen, darauf folgt dann das Handeln. Dieser Prozess ist ein wichtiger Bestandteil der Findhorn Foundation, sie glauben, dass es eine Lebensweise ist, welche der Menschheit helfen kann, sich optimal zu entwickeln.

Work is Love in Action

»Liebe, wo du bist. Liebe, was du tust. Liebe, mit wem du es tust.« (Peter Caddy, 1972) Dies ist eine Erklärung von dem Mitbegründer Peter Caddy über »Work is Love in Action«. Denn Arbeit gibt uns die Möglichkeit, uns selbst und unsere ganze Liebe in die praktischen Tätigkeiten des Lebens einzubringen. Wenn jede Aufgabe mit liebevollem Engagement erfüllt wird, kann man ein neues Bewusstsein für die Welt sowie sich selbst finden.

Die Gemeindemitglieder sollen jeden Tag diese Einstellung in die täglichen Arbeiten einfließen lassen. Egal ob bei Gartenarbeiten, wie Gemüse ernten oder bei handwerklichen Tätigkeiten. Die Mitglieder entdeckten durch diesen Grundsatz, dass es immer die Gelegenheit für Wachstum und Entdeckungen gibt, wenn wir unsere Liebe und unser spirituelles Streben einbringen. Das Leben begegnete ihnen mit den richtigen Ressourcen. So auch in dem Beispiel der Anfangsjahre: Peter handelte nach Führung, er kaufte mit geliehenem Geld einige Bungalows. Er handelte so, obwohl es noch nicht einmal Leute gab, welche eine Unterkunft brauchten. Nach einigen Wochen waren die Bungalows voll belegt, denn es kamen so viele Menschen, welche das Experiment von Findhorn erleben wollten. Sich auf das Richtige zur richtigen Zeit zu fokussieren wurde in der Gemeinde verbreitet und war der Auslöser dafür, dass die Gemeinschaft das Motto »*Erwarte ein Wunder*« aufgriff.

In der heutigen Gemeinde wird vor jeder Arbeitsschicht eine gemeinsame Meditation durchgeführt. So bringen sie sich mit ihrer Aufgabe in Einklang und laden ihre Partner ein, zusammenzuarbeiten. Dadurch können sie sich auf die bevorstehende Arbeit einstimmen und alles Notwendige tun, um diese Arbeit mithilfe ihrer Prinzipien durchzuführen.

Hiermit zeigen sie auch, dass alles was sie tun, egal ob große oder kleine Handlungen, die Gelegenheiten sind, über beschränkende Überzeugungen hinauszugehen und die Zukunft neu zu gestalten. Das beste Beispiel für die Macht, Liebe in die Tat umzusetzen, ist die Gemeinschaft selbst. Eine winzige Gruppe von spirituell Suchenden wurde zu einer wachsenden, international anerkannten spirituellen Gemeinschaft und einem Lernzentrum.

Ko-Kreativität

Ko-Kreativität ist eine modernere, ausgedehntere, intensivierte und verbesserte Version der beeindruckenden Ausgangsidee von freier Individualität. Außerdem ist es aber auch das Loslösen von der ursprünglichen Idee. Man kann es auch »Energie Liebe« nennen, was offensichtlich in den Grundsätzen der Findhorn Foundation zu erkennen ist. Jedoch ist das Wort »Liebe« in der heutigen Zeit viel zu oft verwendet und das in verschiedensten Kontexten. Deshalb brauchte es einen neuen Begriff, der die wichtigen Dimensionen umfasst. Ko-Kreativität wird in drei Dimensionen unterschieden.

Ich

Auf dieser Ebene geht es um die kreative Freiheit und Zusage des eigenen oder eines anderen Ichs. Die Freiheit soll sich entfalten, wenn sich die Personen ihrer besonderen Existenz und ihren Begabungen bewusst werden und diese begreifen.

Eileen und Dorothy haben in den Anfängen ihre Begabungen entdeckt, dadurch konnten sie die Gemeinschaft aufbauen, um anderen Leuten auch diese Möglichkeit zu geben. In der Findhorn Foundation kommen Menschen in das Seminarzentrum, um zu lernen und die dort gefundene Inspiration überall auf der Welt einzubringen. Manche Menschen bleiben in der Gemeinde, denn jeder kann, unabhängig von persönlichem Hintergrund oder Religion, Erfahrungen sammeln, wie sich das Leben in einer spirituellen Gemeinschaft anfühlt. Einige kommen als Besucher nur für wenige Wochen, manche kehren zurück und andere kommen eventuell erst viele Jahre später wieder. Sie bleiben teilweise auch Monate oder Jahre oder aber auch für immer.

Sie leben in Findhorn, wo sie sich frei entfalten können. Sie werden sich ihrer Existenz bewusst, durch Meditation, Ruhe, Zeit in der Natur oder durch die Gemeinschaft. Dadurch können sie sich und ihre Begabungen akzeptieren, diese begreifen und bewusst verwenden. Die Mitglieder sind in der Lage die Konzentration auf das "Ich" zu richten und sich dadurch kreativ zu entfalten und zu befreien.

Gesellschaft

Auf der Ebene der Gesellschaft geht es um das Individuum als solches und die Resonanz der anderen Individuen. Es geht um die Verbundenheit und darum, dass aus der Kreativität eines Einzelnen im Zusammenspiel mit einer Gemeinschaft etwas ganz Neues, Großartiges entstehen kann.

In Findhorn ist man als Einzelner Teil der Gruppe, aber trotzdem selbstständig. Man kann für sich die Stille suchen, Aufgaben alleine erledigen und sich entfalten. Es gibt aber trotzdem die Möglichkeit, dies alles in der Gruppe zusammen mit anderen Individuen zu erledigen. Dadurch entwickelt sich eine ganz andere kognitive Kreativität. Die Kommune arbeitet zusammen, sie kocht, isst und lebt miteinander. Es können sich dadurch ganz neue Ideen entfalten. Auch gemeinsame Mediationen, Veranstaltungen und Diskussionen sorgen dafür.

Die Foundation lädt zudem regelmäßig Menschen aus aller Welt zu Workshops und Seminaren ein, auf welchen sich ebenso gemeinsame Kreativität durch das Zusammenfügen der Einzelnen entwickelt.

Betrachtet man es genau, gibt es aber in Findhorn nicht nur das

Zusammenspiel zwischen Menschen, sondern wie schon erwähnt das Zusammenspiel zwischen Mensch und Natur. Sie haben durch die Zusammenarbeit großartige Gärten geschaffen und wollen dies natürlich ausbauen, wodurch es in die dritte und letzte Ebene der Ko-Kreativität geht.

Universum

Die dritte Ebene der Ko-Kreativität handelt von dem tieferen Sinn jeglicher Kreativität. Durch sie sollen einzigartige, neue Ideen, Werke und Schöpfungen entstehen. Diese sollen aber als besonderer Anteil am Entwicklungsprozess der Welt betrachtet werden, sie sollen gefühlt und umgesetzt werden.

Hier liegt der Schwerpunkt der Ko-Kreativität in der Arbeit in den Gärten, er liegt in der Verbindung mit den Devas und der Natur.

Durch die Intelligenz der Natur wuchs das erweiterte Bewusstsein für die komplexe und vielfältige Natur der Welten. Die Foundation will die aufkommenden Potenziale der nächsten Ebene für die Zusammenarbeit erkunden und ko-kreative Partnerschaften etablieren. Sie wollen Gastgeber sein, um das gemeinsame Feld durch Kunst, Ritual, Dialog, Plenarsitzungen, Zeit in der Natur und Meditation zu erforschen. Hierbei wollen sie auch auf verschiedene Aspekte der eigenen und subtilen, spirituellen Natur des Planeten eingehen.

Die Gemeinschaft möchte in die Welten von Naturpartnern wie Pflanzen, Tieren, elementaren und devischen Intelligenzen und anderen Wesen eintauchen. Außerdem suchen sie den Kontakt zu subtilen Partnern, wie Mitgliedern der nicht-physischen Ökosysteme unseres Planeten, beispielsweise Engelreiche und zu dem Reich der Sidhe, also der Feen und Elfen.

Durch diese Art des zukünftigen Zusammenarbeitens entstehen ganz neue Werke, welche für die Entwicklung der Welt und Menschheit stehen.

Diskussion

Man kann mittlerweile die Findhorn Foundation in einer sogenannten Erfahrungswoche kennenlernen. Diese findet in Findhorn selbst statt. Sie erfolgt nicht nur in Englisch, sondern auch in anderen Sprachen, wie zum Beispiel auch Deutsch. Man kann jedoch auch Englischkurse in Findhorn besuchen. In den sieben Tagen lernt man die Prinzipien der Gemeinschaft und deren Umsetzung kennen. Die Menschen zeigen den Alltag in der Gruppe, die Atmosphäre sowie Arbeiten und Meditationen. Es soll den

Teilnehmern die Möglichkeit geben, sich zu öffnen. Sie sollen die Liebe zulassen und ihre inneren Grenzen loslassen. Ebenso kann man aber auch Tagesausflüge und Gruppenexkursionen nach Findhorn planen und buchen.

Dort sind Touren und verschiedene Aktivitäten möglich. Genauso werden auch regelmäßig Kurse, Vorlesungen und Workshops angeboten. Seit einigen Jahren bietet die Foundation auch direkt Häuser und Wohnungen zum Mieten an. Somit kann man dort auch seinen Urlaub verbringen.

Mit Kommilitonen habe ich darüber geredet, ob sie es in Erwägung ziehen würden, in dieser Gemeinschaft oder ähnlichen zu leben.

Zuerst einmal ging es darum, wer überhaupt Interesse daran hätte, in so einer Gemeinschaft zu leben. Dabei war deutlich zu erkennen, dass es sich nur ein bis zwei Personen vorstellen könnten. Dies aber nicht jetzt, sondern nur in einigen Jahren oder wenn sich etwas in ihrem Leben so stark verändern würde, dass sie dazu bereit wären, hier alles aufzugeben und in so einer Gemeinschaft neu anzufangen. Der Großteil der Studenten, also ungefähr 80 Prozent, könnte sich mit dieser Lebensphilosophie nicht identifizieren. Möglicherweise käme für sie ein Urlaub oder eine Art Erfahrungsaustausch für eine begrenzte Zeit in Frage. Einige fügten ebenso hinzu, dass sie gerne einmal drei bis sechs Monate dort leben würden, dies wäre ideal. Es wäre nicht zu kurz, um alles kennenzulernen, aber auch nicht zu lange. In dieser Zeit ist es möglich, sich in die Gemeinschaft zu integrieren und einzufühlen, sowie ein Gespür für das Leben und die Arbeit in der Foundation zu bekommen.

Allgemein waren alle sehr offen für diese Idee des Zusammenlebens. Es ist eine interessante und andere Alternative zu dem bekannten Leben in Deutschland. Ebenso waren alle der Meinung, dass sie die Prinzipien und Ideen von Findhorn gut finden und nicht ablehnen würden, zumindest wenn sie dort leben würden. Mit Abstand betrachtet, wurden die Prinzipien der Foundation als »sehr speziell« bezeichnet. Einige Ideen waren ihnen zu abgedreht, so zum Beispiel die Kontaktaufnahme zu Elfen und Feen. An solche Dinge konnten die Studenten nicht ernsthaft glauben und meinten, sie sehen mit einem Schmunzeln darüber hinweg. Es wäre natürlich etwas schwierig, die Leitlinien am Anfang umzusetzen und zu verinnerlichen, jedoch würde die Zeit die Erfahrung bringen. Sie meinten, dass man durch das Leben in dieser Gemeinschaft vermutlich auch einen ganz neuen Blick auf das ganze Bild werfen würde. Wahrscheinlich würde man in vielen Situationen anders denken und handeln. Die Studenten fanden diese Ideen des Zusammenlebens in der Gruppe aber sehr spannend. Nicht nur bei Findhorn, sondern auch bei anderen Projekten. Sie stehen diesen allen sehr offen gegenüber und würden sie gerne testen, beispielsweise durch einen Urlaub in Findhorn. Leider ist dies nicht bei vielen anderen

Gemeinschaften möglich. Deshalb fanden es alle super, dass Findhorn so viele Angebote zum Kennenlernen hat.

Viele meinten auch, dass die Foundation eine starke Geschichte und ein enormes Wachstum hinter sich hat und dass sie denken, dass die Gemeinschaft es noch weiter nach oben schaffen wird. Nach der heutigen Entwicklung vieler Menschen und deren Denkweise wird die Foundation wohl noch sehr viele Mitglieder und Besucher gewinnen können und somit ein ganz anderes Level der Ko-Kreativität schaffen. Dies ist auch nur durch die Organisationsstruktur und die Gemeinschaft an sich möglich. Denn diese setzt sich immer wieder neue Ziele, welche sie erreichen will. So wie auch mit dem Ausbau der Kommunikation mit anderen Wesen. Ohne diese ständigen Ziele wäre Findhorn nicht das, was es ist. Sie haben diesen Erfolg aber auch der ständigen Modernisierung zu verdanken. Die Foundation hat sich am Zeitgeist orientiert. Ökologische Bauten genau dann, wann sie gebraucht wurden, aber ebenso Internetauftritte mit ständigen Aktualisierungen und Inspirationen. Nur durch solche Medien können sie die ganze Welt erreichen und inspirieren.

Die Diskussion war also grundsätzlich positiv. Es gab nur einzelne Anmerkungen bei Punkten, die schwierig gesehen wurden. So konnten sich einige das Leben in der Gruppe nicht vorstellen, da sie keine eigenen Erfahrungswerte haben. Deshalb standen sie der Sache nicht negativ gegenüber, denn dies könnten sie erst, wenn sie es ausprobiert und für nicht gut befunden haben.

Ich persönlich finde das »Experiment« Findhorn, als welches es begonnen hat, sehr gut gelungen. Ich habe Respekt gegenüber den Gründern und Erschaffern des heutigen Findhorns. Sie mussten hart arbeiten und vieles ertragen um so etwas Tolles zu erschaffen. Durch ihr Durchsetzungsvermögen ist etwas gegründet wurden, was noch viele Menschen nachhaltig beeinflussen wird. Ich selbst könnte mir nicht vorstellen, ein Leben lang in der Gemeinschaft Findhorns zu leben. Einen Urlaub würde ich dort aber gerne einmal verbringen, um mir ein eigenes Bild von der Foundation, ihrer Gemeinschaft und deren Leben zu machen.

Fazit

Als Fazit ist zu sagen, das metaphysische Zentrum, zu welchem sich die Findhorn Foundation entwickelt hat, war so nie geplant. Die drei Gründer hatten nicht daran gedacht, dass sich so etwas entwickeln könnte. Geht man jedoch nach den Regeln der Gemeinschaft, so kann man sagen: Es war so gewollt, nicht etwa von den Gründern oder Mitgliedern, nein, es war von einer höheren Macht so gewollt, denn diese sorgte dafür, dass an diesem Ort eine solche Gemeinschaft in dieser Lebensweise wohl am besten aufgehoben ist. Denn aus diesem Selbstverständnis der Gemeinschaft hat sich alles entwickelt. Auch Eileen Caddy durfte in einer Meditation erfahren, dass sich aus der Familie eine Gemeinschaft und dann eine »Stadt des Lichts« entwickeln würde. Heute lebt von den drei Wegbereitern nur noch Dorothy Maclean. Mit ihren 98 Jahren geht sie gerne im Park spazieren, immer ein Lächeln im Gesicht und in Begleitung eines Klappstuhls zum Hinsetzen. Die tägliche Meditation am Morgen wird so gut wie nie ausgelassen. Sie selbst bezeichnet sich als „gewöhnliche Mystikerin" und so ist auch der Titel ihrer Autobiographie: »Memoirs of an Ordinary Mystic«. Es herrscht eine ganz besondere Kraft und Lebendigkeit in Findhorn. Jeder, der den Ort besucht, spürt die Energien. Auch aus diesem Grund können sie so viele Menschen erreichen und sie die höheren Dinge des Lebens spüren lassen.

Man könnte auch sagen, irgendetwas ist in dieser Gegend zwischen dem Meer und den Dünen auf sandigen Grund anders als woanders. Es ist ein Gefühl der Geborgenheit zwischen den Menschen und der Natur gegeben. Eine ganz besondere Art und Weise der Geborgenheit. Egal wer, wann und wo man über Findhorn spricht, es wird immer das Wort »Herz« fallen. Denn irgendeine besondere Kraft hilft den Menschen in dem kleinen Fischerdorf, ihr Herz zu öffnen. Nur dort kann man es erfahren.

Literatur

- Caddy, E.; Platts, D.(1996): Bring mehr Liebe in dein Leben, du hast die Wahl, J. Kamphausen Verlag.
- Maclean, D. (2010): Memoirs of an Ordinary Mystic, Lorian Press.
- Maclean, D.(1918): Du kannst mit Engeln sprechen. Ein Wegweiser zu den Lichtwesen um uns Wilhelm Heyne Verlag, München.

Internetquellen
- Backhaus, G.: Die Findhorn Foundation. [http://www.gbackhaus.de/findhorn/foundation.php].
- BBC (2012): Findhorn eco-community marks 50 years. [http://www.bbc.com/news/uk-scotland-north-east-orkney-shetland-20358557].
- Findhorn Deutschland. [https://www.findhorn.org/deutsch/].
- Findhorn Foundation. [https://www.findhorn.org/].
- Findhorn Foundation. [https://de.wikipedia.org/wiki/Findhorn_Foundation].
- Pahr, M. (2015): Die Findhorn Foundation: Mutter der spirituellen Lebensgemeinschaften. [https://www.sein.de/die-findhorn-foundation-mutter-der-spirituellen-lebensgemeinschaften/].

EILAND VON ALDOUS HUXLEY

ROLLE DER KO-KREATIVITÄT

GABRIEL NOBIS

Einleitung

Diese Arbeit dreht sich um das Buch *Island* des britischen Autors Aldous Leonard Huxley, welches 1962 erschien. Die deutsche Übersetzung *Eiland* wurde im Jahr 1973 veröffentlicht. Grundlage für diese Arbeit bietet die deutsche Ausgabe des Piper-Verlags aus dem Jahr 1995.

Das Werk beschreibt das Utopia Pala, eine fiktive tropische Insel in Polynesien. Dieser Ort ist zwar nicht völlig von der Außenwelt isoliert, jedoch ganz anders als der Rest der Erde. So ist er frei von Krieg, Missgunst, ohne kapitalistische Strukturen. Es geht um eine Gesellschaft, welche Hand in Hand arbeitet, um ein friedliches Leben zu führen und in der sich jeder als Teil des Ganzen sieht. Freie Verbundenheit unter den Einwohnern, die nicht erzwungen, sondern von jedem Einzelnen gewollt ist. Ko-Kreatives Zusammenleben, welches durch die Individualität und intellektuelle Spiritualität eines jeden Inselbewohners geprägt ist, in dem sich dennoch alle der demokratischen Gemeinschaft unterordnen. Eine schöne Vorstellung, die jedoch am Ende durch eine individuelle Entscheidung einer einzelnen Person zerstört wird, die zu viel Macht besitzt und den Gedanken der ko-kreativen Liebe nicht in sich trägt.

Inhaltliche Zusammenfassung des Buches

Am Anfang des Buches trifft man den Journalisten Will Farnaby gestrandet an der Küste Palas. Nicht zufällig erleidet er Schiffbruch nahe der Insel, um sich so unauffällig Zutritt zur Insel zu verschaffen. Er soll die Königin von Pala, im Folgenden Rani genannt, überzeugen, die Ölvorkommen der Insel an den Baron Joe Aldehyde zu verkaufen. Offensichtlich traumatisiert von seinem Erlebnis, wird er von zwei Kindern aufgefunden, welche sogleich Hilfe holen. Der Großvater der Kleinen, Dr. Robert MacPhail, und ein junger Mann namens Murugan tragen den Fremden in das Haus des Dr. MacPhail.

Will und Murugan kennen sich bereits von einem Treffen mit Oberst Dipa. Dieser ist Diktator des nahegelegenen Militärstaats Redang-Lobo und ebenfalls an den Ölvorkommen Palas interessiert.

Es stellt sich heraus, dass Murugan der Sohn der Rani ist und somit bald als Radscha die Macht über Pala in seinen Händen halten wird. Da er aber außerhalb Palas aufgewachsen ist, hat er die gesellschaftlichen Werte der Insel nicht verinnerlicht. Er verkörpert die gegenteiligen Werte wie Habgier und Materialismus, was Pala später stark verändern wird.

Im Hause MacPhail angekommen, wird Will medizinisch versorgt. Bereits hier spürt er am eigenen Leib, dass so manche Dinge in Pala anders ablaufen. Susila, MacPhails Tochter, heilt die Verletzung des Spions mittels Hypnotherapie. Diese Methode wird hier praktiziert seit der erste MacPhail (Andrew), ein Chirurg aus Edinburgh, vom „Alten Radscha" (König von Pala) nach Pala geholt wurde, um den damaligen Herrscher der Insel von einem schweren Tumor zu befreien. Dies gelang ihm mittels dieser Methode. Nach der Genesung des Alten Radscha machte er Andrew zu seinem Assistenten. Gemeinsam machten sie Pala zu dem Ort, welchen Will nun als Paradies empfindet.

Pala ist eine Nation, welche das Beste aus westlicher Medizin und fernöstlichem Mahayana-Buddhismus vereint. Sie besitzt kein Militär und alles, was man zum Leben braucht, ist reichlich vorhanden.

Da es staatlich bereitgestellte Verhütung gibt, wird das Land vor den gefährlichen Folgen der Überbevölkerung geschützt. Kinder werden nicht ausschließlich von ihren leiblichen Eltern erzogen, sondern wachsen in „Kinderpflegevereinen aus Gegenseitigkeit" (KAG) auf. Das bedeutet, Kinder haben bis zu 20 verschiedene Familien, bei denen sie Zuflucht finden können. Das fördert die Freiheit der Kinder und verhindert eine einseitige Erziehung.

Der englische „Eindringling" verliert seinen eigentlichen Auftrag aus den Augen, als er mehr über die Insel und ihre Bewohner lernt. Er bemerkt, dass dies ein Ort ist, an dem auch er Leben möchte und den es vor den kapitalistischen Machenschaften seines Auftraggebers zu schützen gilt.

Auch gegen die Rani und Murugan, mit denen er sich anfangs noch verbünden wollte, um seinen Auftrag zu erfüllen, entwickelt er Antipathien.

Will wird nach der Verbesserung seines Zustandes von Dr. MacPhail über die Insel geführt und mit den wichtigsten Aspekten der Pala-Kultur vertraut gemacht. Der Doktor erklärt, wie sein Vorfahre die englische Sprache in der palanesischen Kultur etablierte, um so das Beste aus Literatur, Philosophie, Techniken und Medizin der westlichen Welt verstehen und verarbeiten zu können. Sie übernahmen, was gut war und ersetzten das Schlechte durch eigene Erfahrungen und Methoden. Außerdem sorgte die englische Sprache dafür, dass die Bürger Palas in die Welt hinausgehen konnten, um sich ein eigenes Bild zu machen. Die meisten kamen zurück und empfanden den Rest der Welt als schrecklich.

Auch die Arbeitsweise der Palanesen ist von jedem frei zu gestalten. Jeder ist sich bewusst, etwas leisten zu müssen. Allerdings sind sie nicht an eine spezielle Arbeit gebunden. Die abwechselnden Tätigkeiten führen zwar nicht zu einem Maximalertrag, aber zu größerer Ausgeglichenheit der Individuen.

Zudem wird mit dem Thema Sex sehr offen umgegangen und es wird als wichtiger, alltäglicher Bestandteil des Lebens gesehen. Es wird oft als „Yoga der Liebe" bezeichnet. Auch der Tod wird als notwendiger Bestandteil des Lebens angesehen.

Will fallen die Myna-Vögel auf, welche überall auf der Insel herumfliegen und immer wieder „Gib acht!" und „Hier und jetzt!" rufen. Dies wurde den Tieren beigebracht und soll die Leute ermahnen, im Jetzt zu leben und ihre Umgebung bewusst wahrzunehmen. Das ist der zentrale Bestandteil der palanesischen Gesellschaft. Dem Fremden wird die Einnahme der Mokscha-Medizin erklärt. Dabei handelt es sich um eine psychedelische Substanz, welche die Konsumenten in einen Zustand der Erleuchtung versetzt. In der Kultur ist verankert, dass Kinder diese Medizin das erste Mal mit 14 Jahren zu sich nehmen, was als wichtiger Bestandteil ihrer Entwicklung angesehen wird.

Susila möchte, dass Will sich mit seiner Vergangenheit auseinandersetzt und mit sich ins Reine kommt. Er befasst sich mit seiner Kindheit, in der er keine Liebe erfuhr, und mit dem Tod seiner Frau Molly, für den er sich die Schuld gibt. Die beiden kommen sich näher und bauen eine starke Bindung zueinander auf. Er ist auch dabei, als Susilas Mutter ihrem Krebs erliegt und bekommt einen Eindruck, wie die Familie die Sterbende durch ihren Prozess des Sterbens begleitet. Will ist nun spürbar anders, als bei seiner Ankunft auf der Insel und bereit, selbst die Medizin einzunehmen. Dabei hat er Visionen philosophischer Natur und erfährt einen „Ich-Tod", bei dem sich sein Geist von dem Vergangenen befreit. Er verfällt in einen Zustand der Selbstbewusstheit im Hier und Jetzt. Er ist seiner spirituellen Leiterin Susila sehr dankbar und küsst sie.

Sie hören in den Morgenstunden eine Kolonne von Panzern, angeleitet von Murugan, der durch Lautsprecher „Fortschritt, höhere Werte, Öl, Wahre Geistigkeit" (Huxley 1995, S. 344) verspricht. Er ruft das neue vereinigte Königreich Pala und Redang aus. Das Ende des Paradieses ist gekommen.

Sozikultureller Hintergrund des Werkes

Eiland erscheint in einer Zeit, in der sich kaum ein intellektuell anerkannter Mensch eine Besserung der Welt vorstellen kann. Aldous Huxley ist seit längerer Zeit der erste nüchtern denkende Schriftsteller, der eine derartig positive Welt darzustellen vermag.

1962, im Jahr der Veröffentlichung, ist die Gefahr eines nuklearen Erstschlages greifbar. In der Türkei werden bereits stationierte Atomraketen der USA, welche auf die UdSSR gerichtet sind, einsatzbereit gemacht. Auch die Sowjets stationieren ihrerseits Soldaten, Atombomben und Mittelstreckenraketen auf Kuba – die sogenannte Kubakrise. US-Präsident Kennedy droht damit, diese Stationierung notfalls mit Atomwaffen zu verhindern. Der Kalte Krieg ist auf seinem Höhepunkt und die Welt steht vor einem Dritten Weltkrieg.

Informationen zum Autor

Aldous Leonard Huxley wurde am 26. Juli 1894 in Godalming, etwa 70 Kilometer südwestlich von London, geboren. Er gilt als einer der bedeutendsten britischen Schriftsteller, der vor allem durch seine Gesellschaftskritik viel Aufsehen erregte. Oft wird er auch als Moralist bezeichnet.

Aus einer Intellektuellenfamilie aus Wissenschaftlern und Schriftstellern stammend, bahnte sich Aldous seinen Weg zu einem Literaturstudium nach Oxford. Dabei wollte er nach dem Tod seiner Mutter, welche verstarb, als Aldous 14 Jahre alt war, eigentlich Arzt werden.

Als der Erste Weltkrieg ausbrach, meldete sich Huxley als Freiwilliger für den Wehrdienst, wurde aber aufgrund einer Erkrankung am Auge abgelehnt. Stattdessen schloss er 1916 sein Studium mit Exzellenz ab und unterrichtete ein wenig später Französisch. Allerdings war er trotz seiner sprachlichen Gewandtheit als Lehrer nicht geeignet.

Ab 1919 arbeitete er als Journalist und Kunstkritiker und schrieb eigene Romane. Im Jahre 1932 veröffentlichte er sein bekanntestes Buch *Brave New World* (*Schöne neue Welt*), welches eine Zukunftsvision für das irdische Leben beschreibt. Es ist eine Dystopie, welche durch die Folgen von technologischer Übermacht und der automatisierten Gesellschaft entsteht. Er beschreibt die Vernichtung der individuellen Freiheit durch fortschreitende technische Entwicklung. Der technische Fortschritt lässt keinen Raum für individuelle Entwicklung, was zur Folge hat, dass jeder kontrolliert werden muss. Außerdem verdeutlicht er, wie sehr sich die Last der Schnelllebigkeit negativ auf den Charakter der Menschen auswirkt. Er prangert die damit verbundene Verschwendung natürlicher Ressourcen an, welche sich aus einer massiven Überbevölkerung ergibt.

Als sich 1937 der Zweite Weltkrieg abzeichnet, entschließt sich Huxley mit seiner Familie in die USA auszuwandern. Mit ihm ging auch Gerald Heard (Henry Fitzgerald Heard), welcher folglich großen Einfluss auf Huxley hatte. Heard war ein metaphysischer Anthropologe und wissenschaftlicher Mentor vieler berühmter Amerikaner. Beide verstanden sich als Pazifisten und befassten sich in Amerika vermehrt mit philosophischen Themen wie geistiger Freiheit, Mystik und Universalismus, einhergehend mit buddhistischen Lehren und nicht zuletzt Yoga. Für viele Leute war Huxleys religiöse Zuwendung zum Buddhismus skandalös, denn er hatte religiöse Systeme als von Menschen ausgearbeitete Konstrukte bezeichnet.

Huxley und Heard ließen sich zudem auf die psychedelische Substanz Meskalin, später auch LSD, ein. Beide waren der Ansicht, dass diese bewusstseinserweiternden Substanzen den Menschen helfen können, die Gesamtheit der Dinge zu sehen, welche über das eigene „Ich" hinausgeht. Heard beschreibt es als ein Empathie-Empfinden für seine Umwelt, welches tiefer geht als die subjektiven Interessen.

Diese Aussage bildet eine Grundlage für Huxleys Buch Island (zu Deutsch Eiland), in welchem er die Positivität mystischer Erfahrungen des Drogenkonsums erläutert. Das Buch ist in gewisser Weise sein Lebenswerk. Nachdem er sein Leben lang Kritik an sozialen Institutionen geäußert hat, schlägt er in Eiland eine bessere Welt vor, die Utopie eines harmonischen Zusammenlebens wie es in der realen Welt unmöglich scheint. Es ist gleichzeitig seine letzte Veröffentlichung. Ein Jahr danach stirbt Aldous Huxley im Alter von 69 Jahren in Los Angeles. Kurz vor seinem Tod bat er seine Frau, ihm LSD zu verabreichen, um eine letzte metaphysische Erfahrung machen zu können.

Einflüsse seines Lebens auf die Handlung

Viele Indizien sprechen dafür, dass sein letztes Werk auch sein persönlichstes Werk ist. Es ist möglich, zahlreiche Brücken zu seinem realen Leben zu schlagen, mit dem Unterschied, dass er sie nach seinen Vorstellungen anpasst. Beispielsweise ist seine typisch englische Erziehung stark von den wünschenswerten Methoden der Bürger Palas zu unterscheiden. Aufgewachsen in einer Intellektuellenfamilie hätte er sich vielleicht als Kind über die Möglichkeit gefreut, dieser ab und an zu entfliehen. Einfach für ein paar Tage zu einem anderen Elternpaar flüchten, wie es den Kindern auf Pala durch ihre KAGs ermöglicht wird. Zur Zeit Huxleys war es noch üblich, Disziplinarmaßnahmen in Form von Prügelstrafen zu erteilen. Diese typisch englische Schulausbildung wird im Buch gegenteilig behandelt. Kinder werden nicht versucht an das System anzugleichen, indem ihre Individualität zerstört wird, sondern der Unterricht wird individualisiert und auf die Charaktertypen der Kinder zugeschnitten. Es gibt auch keine Geschlechtertrennung, wie es damals gängige Praxis in vielen Teilen Europas war, denn eine Trennung von Geschlechtern habe eine „unnormale" Entwicklung der Kinder zur Folge. Es ergibt eine einseitige sexuelle Entwicklung und kann zu psychischen Störungen führen.

Auch die Figuren könnten teilweise von realen Personen inspiriert sein, die den Autor in seinem Leben begleitet haben. Angefangen damit, dass es möglich ist, Will als eine Manifestierung seines jüngeren Selbst zu betrachten. Ein zivilisationsgeplagter Journalist, der in Pala sein Paradies vorfindet. Ähnlich verhält es sich mit Huxley selbst auch: Er entflieht aus seiner Heimat, in welcher die Menschlichkeit zusehends verloren geht. Die Wandlung Wills im Verlaufe des Buches zeigt somit eventuell den Wandel, den Aldous Huxley nach seiner Emigration nach Amerika durchschritten hat. Eine Hinwendung zu buddhistischen Lehren und der Spiritualität des Hier und Jetzt.

Zudem ist vorstellbar, dass Gerald Heard im Buch als Dr. Robert MacPhail verkörpert wird. Dieser führt den britischen „Eindringling" auf der Insel umher und macht ihn mit den Lehren Shivas vertraut. Der Doktor ist eine Art Mentor, erklärt Will Farnaby die Welt und wie Dinge funktionieren können, wenn man sich der Ko-Kreativität bewusst wird und sein Leben nach diesem Gedanken ausrichtet. Eine ähnliche Rolle soll auch Heard im Leben von Aldous gespielt haben, nämlich die eines Lehrmeisters. Nicht zuletzt, weil die Mokscha-Medizin im Buch eine zentrale Rolle spielt und das LSD symbolisieren kann, welches Gerald und Aldous in der Realität nutzten, um spirituelle Erfahrungen zu machen. Eiland nimmt in der Reihe ihrer Meskalin-Experimente eine wichtige Rolle ein.

Vielleicht hat Huxley den frühen Tod seiner Mutter auch verarbeitet, indem er im Buch das friedliche Sterben von Susilas Mutter beschreibt. Diese ging im Kreise der Familie und strahlte dabei eine gewisse Leichtigkeit und Zufriedenheit aus.

Grundideen des Werks

Das Buch ist eine Manifestierung über das Leben des Autors. Nachdem er sein Leben lang die Gesellschaft kritisiert und angeprangert hat, zeigt er allen seine Art einer Lösung. Eine Welt, die er wirklich mögen und ich welcher er gern leben würde. Die Idee von Frieden und Moral, dem miteinander Wirken, anstatt gegeneinander zu kämpfen. Doch geht die Vorstellung weit weg von dem, was in der Zeit der Veröffentlichung mit der Welt passiert.

Pala besitzt keine Staatsreligion, lebt aber nach Vorstellungen des Mahayana-Buddhismus, der als höchstes Ziel das Heil aller Wesen hat. Er beschreibt, dass jedes einzelne Individuum im Inneren selbst Buddha ist. Durch Meditationen stärken die Bewohner der Insel ihr Mitgefühl für ihr Umfeld. Es geht darum, dieses Mitgefühl so zu vertiefen, dass man eine Liebe, wie sie eine Mutter für ihr Kind empfindet, für ausnahmslos jedes Lebewesen entwickelt. Dies beschränkt sich nicht nur auf Freunde und Verwandte, sondern gilt für die komplette Umwelt.

Huxley spricht von „Freien Menschen" im Zusammenhang mit der Religion, denn Menschen sollen lieber eigene Erfahrungen machen, anstatt irgendwelchen Dogmen zu folgen. Jeder Mensch ist individuell und hat subjektive Weltansichten, die sich über die Zeit aus Erfahrungen entwickeln. In Pala werden niemandem Ansichten aufgedrückt, weil sie nur echt von den Individuen gelebt werden, wenn sie durch Selbsterkenntnis erlangt worden sind. Es bedeutet nicht, dass Kinder komplett anti-autoritär erzogen werden. Vielmehr bedeutet es, dass man Kinder schon ab einem sehr jungen Alter als selbstständige Wesen betrachtet. Wenn sie in einem freien und sicheren Umfeld aufwachsen, ist es für sie auch ungefährlich, mehr Verantwortung für sich selbst zu tragen. So können sie beispielsweise frei wählen, bei welchen Eltern sie essen, schlafen oder spielen wollen und wo sie sich am wohlsten fühlen. Nur so können sie als freie Menschen aufwachsen, die nicht an eine bestimmte Art der Erziehung gebunden sind und somit verschiedene Einflüsse erfahren. Genauso verhält es sich mit ihrer schulischen Ausbildung, bei der die Kinder schon sehr früh mit den schwierigen Bereichen der Wissenschaft vertraut gemacht werden. Hier gilt: Das, was am schwersten zu verstehen ist, muss auch als erstes behandelt werden, damit die Kinder genug Zeit haben, diese Dinge zu erforschen. Daher kommt es, dass die Kinder sich sehr früh mit Fächern wie Physik, Chemie, Biologie und wichtigen Lehren der Philosophie und Psychologie beschäftigen. All das natürlich in einer kindgerechten Art und Weise. Die Ausbildung passiert mit der Berücksichtigung der verschiedenen Typen der Kinder hinsichtlich Körperbau, Temperament, Talent und Unzulänglichkeiten. Die Kinder werden analysiert und erst einmal systematisch getrennt, um dann Schritt für Schritt zusammengemischt zu werden. Nach einigen Monaten des überwachten Zusammenseins verstehen die Kinder, dass „anders veranlagte Kinder genauso ein Recht haben zu existieren wie sie selber" (Huxley 1995, S. 247). Die zentrale Frage in den Schulen der Insel ist: „Wofür sind Knaben und Mädchen eigentlich da?" (Huxley 1995, S. 242), nämlich für die Erhaltung des Staats, sodass genug für alle vorhanden ist und die Kinder im Laufe des Lebens herausfinden können, was für eine Rolle sie spielen.

Durch diese Methoden werden auf Pala Kinder aufgezogen, welche in der Lage sind, selbstständig zu denken und gut von schlecht zu unterscheiden, auch ohne die Autorität eines Gottesbildes, welches das Denken für sie übernimmt.

Daraus folgen ein Verständnis der Welt und ein friedvolles Zusammenleben, das aus subjektiver Überzeugung heraus praktiziert wird. Aus diesem Verständnis ergeben sich dann alle anderen Grundideen, die im Buch praktiziert werden, wie auch die Selbstversorgung der Menschen. Jeder hat aufgrund der Erziehungsweise verstanden, dass er eine Aufgabe hat, welche zum Wohle aller erledigt werden muss. Dabei handelt es sich nicht um eine spezielle Aufgabe, sondern es geht darum, seinen Teil zum Gemeinwohl beizutragen. Auch hier rückt die Idee der Palanesen, nämlich die Individualität der Menschen, wieder in den Vordergrund. Jedes Individuum weiß aus eigener Erfahrung heraus, dass es seinen Teil leisten muss und tut dies auch. Im Zusammenspiel mit frei wählbaren Tätigkeiten, welche die Menschen beschäftigen, führt dies zwar nicht zu einem Maximalertrag, dafür aber zu einer Zufriedenheit durch heterogene und abwechslungsreiche Arbeit.

Alles in Pala wird der Zufriedenheit untergeordnet. Aus ihr resultieren Liebe und Empathie für die Mitmenschen. Ist ein Individuum unzufrieden, kann es das ganze System des friedlichen Zusammenlebens stören. Deshalb sind nicht nur staatliche Methoden entscheidend, sondern auch Methoden, welche die Bürger für sich selbst entwickeln. Um dies zu tun, muss man sich selbst gut kennen. Aufgabe jeden Bürgers ist es, im Sinne der Ko-Kreativität zu handeln und sich nicht von Emotionen und schlechten Gedanken davon abbringen zu lassen. „Das Prinzip ist sehr einfach. Man kanalisiert gewissermaßen die Energie, die durch Furcht oder Neid oder zu viel Noradrenalin erzeugt wird, oder auch durch einen angeborenen Drang, der im Augenblick fehl am Ort ist, und statt dadurch jemandem etwas anzutun, statt ihn zu unterdrücken und dadurch sich selbst etwas anzutun, lenkt man diese Energie bewußt in eine Richtung, wo sie Nützliches oder zumindest nichts Schädigendes vollführen kann." (Huxley 1995, S. 249). Sinngemäß bedeutet es, dass jeder Mensch eine Methode braucht, um negative Gedanken und Gefühle verarbeiten zu können. Selbstbeherrschung und Kontrolle über seinen Geist sind in diesem Zusammenhang sehr wichtig und auch erforderlich für ein friedvolles

Zusammenleben. Denn wer die Kontrolle über sich besitzt, dem gelingt es anstatt überschwänglich zu reagieren, tief zu atmen und seine Verkrampfungen loszuwerden. Diese Art der Selbstbeherrschung in solchen Situationen wird den Kindern ebenfalls früh beigebracht.

Ein weiterer Schwerpunkt ist die Liebe und ihre Praxen. In Pala wird mit Sexualität sehr offen umgegangen und auch vor den Kindern nicht tabuisiert. Es ist Huxleys Antwort auf die christliche Staatskirche, welche Sex als etwas Verbotenes darstellt und es dadurch noch interessanter macht. So sei das Christentum eigentlich als eine Religion des Sexes zu verstehen, da diese den Sex auslasse, ihn aber damit noch viel reizvoller mache.

Im Buch wird oft vom „Maithuna", dem „Yoga der Liebe", gesprochen. Es beschreibt „was die Oneida-Leute »männliche Enthaltsamkeit« nannten" (Huxley 1995, S. 91), auch Karezza genannt. Eine Sexpraktik, bei der Männer wissentlich und willentlich auf einen Orgasmus verzichten. Mit dieser Form des Liebesaktes wird die Zuneigung der Partner gestärkt und sie verspüren eine höhere Stufe der Liebe. Mittels sinnlicher Bewegungen und eines sehr bewussten und kontrollierten Verschmelzens der Körper erlangen die Partner eine tiefere Befriedigung, welche das Zusammengehörigkeitsgefühl enorm stärkt. Maithuna hilft den Bürgern Palas dabei, eine glückliche Beziehung zu führen, den Ko-Kreativ-Gedanken zu leben und gegenseitig das Beste aus sich herauszuholen. Es hilft auf dem Weg der Selbstfindung und reduziert Liebe nicht auf eine physische Ebene, sondern legt den Fokus mehr auf die mentale Ebene. Die Idee ist, eine innige Bindung zu seinem Partner aufzubauen, ohne diese dabei auf die Geschlechtsteile zu beschränken. Daraus folgt ein bewussterer Umgang mit ihm, welcher mehr wert sei als jeder Orgasmus.

Ein positiver Nebeneffekt dieser tantrischen Sexpraktik ist der Verhütungsgedanke, denn eine Überbevölkerung ist, laut Huxley, die Wurzel allen Übels. Erst wenn es zu viele Menschen an einem Ort gibt und nicht jedermanns Überleben gesichert werden kann, fangen Menschen notwendigerweise an zu kämpfen. Um dies zu verhindern sind die Palanesen angehalten, nicht mehr Kinder in die Welt zu setzen, als sie versorgen können. Das bedeutet kleiden, ernähren und ein Heim bieten. Da Frieden ein unbedingter Wunsch eines jeden auf Pala ist, halten sich auch alle an diese Vorgabe. Daraus folgt, dass alles reichlich vorhanden ist und der Mensch im Einklang mit der Natur ein zufriedenstellendes Leben führen kann. „Elektrizität minus Schwerindustrie plus Geburtenbeschränkung ist gleich Demokratie und Fülle. Elektrizität plus Schwerindustrie minus Geburtenbeschränkung ist gleich Elend, Totalitarismus und Krieg." (Huxley 1995, S. 174)

Nicht zuletzt spielt die Erweiterung des eigenen Bewusstseins durch die sogenannte „Mokscha-Medizin", auch genannt „Wirklichkeits-Enthüllerin", oder „die Pille der Wahrheit" (Huxley 1995, S. 164), eine zentrale Rolle.

Eine Substanz, die aus gelben Pilzen gewonnen wird, welche in Pala in Fungusbeeten auf einer Höhenstation kultiviert werden. Durch die Einnahme der Substanz haben die Konsumenten mystische Erfahrungen und grenzenloses Mitgefühl. Sie fühlen einen Zustand von „Einer in Allem und Alles in einem" (Huxley 1995, S. 166), welcher das Ziel des Mahayana-Buddhismus widerspiegelt. Kontrolliert eingesetzt kann die von Murugan als „Droge" bezeichnete Substanz das harmonische Zusammenleben der Menschen erhalten. Sie bringt die Konsumenten ihrem inneren Selbst näher und erweitert ihre Sicht auf und das Wissen über die Dinge. Alle Palanesen bekommen diese Substanz mit 14 Jahren zum ersten Mal verabreicht. Es ist für die Teenager der Schritt in die Erwachsenenwelt, in etwa vergleichbar mit einer Konfirmation, jedoch ohne theologische Inhalte, sondern durch eine „Erfahrung des Wirklichen". Sie bekommen die Medizin allerdings nicht einfach so verabreicht, sondern müssen vorher eine steile Bergwand erklimmen. MacPhail sagt, es ist „eine Prüfung, welche die erste Stufe der Einweihung aus dem Kindesalter ins Erwachsensein bildet. Eine Prüfung, die jungen Leuten dazu verhilft, die Allgegenwart des Todes zu erkennen, die wesentliche Gefährdung aller Existenz. Aber nach der Zerreißprobe kommt die Enthüllung. In ein paar Minuten werden diese Jungen und Mädchen ihre erste Erfahrung mit der mokscha-Medizin erleben. Sie werden sie alle miteinander nehmen, und nachher wird im Tempel eine religiöse Zeremonie stattfinden." (Huxley 1995, S. 192) Das ist die palanesische Art, die Kinder „die tiefsten Wahrheiten der Religion" erfahren zu lassen, wodurch sie „das Wie und das Was" verstehen lernen sollen. Sie finden Befreiung von ihrem irdischen Ich und beginnen zu begreifen, wofür sie am Leben sind. Dieses Ritual komplettiert somit, worauf die Erziehung der Kinder seit Jahren zugeschnitten ist. Es erklärt ihnen all die Praktiken, mit denen sie von Beginn an aufgewachsen und konfrontiert worden sind, welche alle dazu beitragen, dass sie die Welt, in der sie leben müssen, wahrnehmen und akzeptieren. Die Teilnehmer der Zeremonie erfüllt ein Glücksgefühl, resultierend aus dem Ende des Leidens, das zu sein, was man zu sein glaubt und dem Bewusstsein des tatsächlichen Ichs.

Dr. MacPhail spricht auch darüber, dass seine Frau ihn bat, noch ein letztes Mal vor ihrem Tod gemeinsam mit ihm die Medizin nehmen zu wollen. Dies haben sie in 37 Jahren Ehe regelmäßig ein bis zwei Mal im Jahr getan. Er spricht von einer „Umwandlung ihres Geistes" (Huxley 1995, S. 165), die in ihr stattfand und sie bereit gemacht hat zu sterben. Es ist also keine Droge, im herkömmlichen Sinne, nach westlichem Verständnis. Vielmehr kann man es als Lehrmittel sehen, welches den Leuten hilft, das größere Bild zu sehen.

Die Idee Aldous Huxleys ist also, ein völliger Frieden unter allen Menschen und vollkommene Glückseligkeit durch ein Bewusstsein des eigenen Ichs auf einer höheren Ebene. Die Welt, wie er sie sich wünschen würde, aber in dieser Form nie zu sehen bekommen hat. Denn Krieg und Fortschritt haben sein Leben maßgeblich bestimmt und ihn am Ende seines Lebens eine solche Welt zeichnen lassen. Auch Pala, diese schöne Traumwelt, wurde davon zerstört. Somit kann man das Buch als Warnung Huxleys an die Menschheit werten. Nur wenn sich jeder seiner Aufgabe auf dieser Welt bewusst wird und sich selbst im Einklang mit der Umwelt sieht, dann ist ein friedliches Leben möglich. „Hier und Jetzt", wie es die Myna-Vögel den Inselbewohnern immer wieder zurufen und sie daran erinnern, sich ihrer selbst bewusst zu sein. Aus diesem Gefühl heraus kann und wird der Mensch Gutes tun, weil er sich bewusst dazu entscheidet. So ist es eine Entscheidung aus Liebe zu sich selbst und aus Verbundenheit zu seiner Umgebung. Allerdings ist diese Art des Denkens in den Sechzigerjahren weit von der Realität entfernt, denn vielen Politikern im Kalten Krieg war Macht wichtiger als Frieden. Es ist irgendwie passend, dass Eiland das letzte Buch Huxleys war, doch ist es schade, dass er eine solche Welt nur in seinem Kopf zu sehen bekam, während es in der Realität weitestgehend wesentlich anders zuging. Eine Vorstellung von der man auch in der heutigen Zeit noch einiges lernen kann.

Bedeutung der Ko-Kreativität
Begriff der Ko-Kreativität

Der Begriff der Ko-Kreativität beschreibt Liebe, die aus Freiheit und Verbundenheit folgt – ein neuer Begriff für die starke Kraft, die von der Liebe ausgeht, da Liebe als Begriff sehr inflationär benutzt wird. Prinzipiell ist es ein Wechselspiel aus Engagement und Reflexion, bei dem man seine Talente und Fähigkeiten einbringt, um die Gemeinschaft voranzutreiben und die Welt zu verbessern. Man reflektiert Probleme und Handlungen und verbessert diese mit Engagement, welches durch Liebe motiviert ist.

Ko-Kreativität wird unterschieden in drei verschiedene Dimensionen. Die erste ist die Ich-Ko-Kreativität (Ko-Kreativität zum „Ich selbst") – was bedeutet, sich seines eigenen „Selbst" bewusst zu werden, zu sehen wozu man selbst fähig ist und einen Sinn in jeder Handlung zu sehen, eigene Stärken zu nutzen, um auch andere positiv zu beeinflussen.

Als Zweites gibt es die Ko-Kreativität zu anderen. Eigenes Verhalten bringt einen Effekt auf Individuen in der Umgebung mit sich. Aus dieser Kraft der Liebe heraus resultiert eine tiefe Verbundenheit, welche wiederum gemeinsame Kreativität entstehen lässt. Diese gilt es zu nutzen, um etwas Gutes zu erschaffen.

Als Drittes geht es um die Ko-Kreativität zum Universum. Alle Entscheidungen, die ein Individuum trifft, haben unweigerlich einen

Einfluss auf den Verlauf der Welt, mag er noch so klein sein. Es geht darum, dies zu erkennen und sich dessen bewusst zu sein, was ebenfalls dazu führen soll, dass man Entscheidungen nicht für sich allein, sondern für das Wohl des ganzen Universums trifft.

Das Potenzial, welches in dieser Liebe liegt, ist grenzenlos. Ko-Kreativität darf somit auch als Chance für eine Verbesserung der Welt verstanden werden. Resultierend aus gesellschaftlichen Problemen, können und werden durch dieses Denken Innovationen geschaffen, die dem Wohl des Menschen dienen. In der modernen Gesellschaft wird oft eher gegeneinander oder nebeneinander gedacht und nicht kollektiv. Das eigene Ego steht über dem gemeinschaftlichen Wohl oder besser, es steht ihm entgegen, denn Egoismus und Machtstreben sind Feinde des Ko-Kreativ-Gedanken. Dabei bieten neue technische Errungenschaften der letzten 30 Jahre reichlich Potenzial für eine Verbesserung der weltlichen Lage. Dennoch werden sie oft für eigensinnige Interessen verwendet.

Aus diesem Potenzial heraus entstehen aber auch sehr viele Errungenschaften, welche dem Menschen von heute ermöglichen, ein relativ unbeschwertes Leben zu führen. Die Aufgabe wird sein, bewusst ko-kreativ zu wirken, sodass alte Probleme gelöst, gleichzeitig aber neue verhindert werden, nicht nur persönliche Probleme, sondern auch jene, die das Leben aller beeinflussen. Diese Weise des Zusammenlebens und die sich daraus ergebende Entwicklung der Menschheit kann man auch als „Ko-Evolution" bezeichnen.

Dimensionen der Ko-Kreativität im Buch
Dimension zum „Ich-Selbst"

In der ersten Dimension zum „Ich-Selbst" geht es um die Beziehung eines Individuums zur eigenen Person und seinem Handeln. Jede Person besitzt bestimmte Begabungen und Eigenschaften, die in genau dieser Kombination einzigartig sind. Es geht um das Bewusstsein der Einzigartigkeit und darum, diese Fähigkeiten umzusetzen. Nur wer sich seiner Begabungen bewusst ist, kann diese in vollem Umfang ausschöpfen.

„Befähige deinen Körper, vielerlei Dinge zu tun […] Das wird dir dazu verhelfen, deinen Geist zu vervollkommnen und so die geistige Liebe zu Gott zu erlangen." (Huxley 1995, S. 93). Es geht um die vielseitige Nutzung der körperlichen Fähigkeiten. Denn der menschliche Körper ist zu erstaunlichen Leistungen in der Lage und eine breite Nutzung des Körpers erweitert automatisch auch den Geist. Wird der Körper befähigt etwas anderes zu tun, so eröffnen sich gleichzeitig neue Möglichkeiten, Dinge handzuhaben oder zu verstehen. Aus neuen Erkenntnissen über den Körper können gegebenenfalls neue Arbeitsweisen oder Techniken hervorgehen, die zu besseren und effizienteren Ergebnissen führen.

Teil dieser vollen Nutzung des Körpers ist es auch, ein Ventil als Ausgleich zu schaffen. Im Buch stellt Huxley Klettern als einen wichtigen Bestandteil der körperlichen Ertüchtigung, sogar als finalen Höhepunkt der kindlichen Ausbildung vor. Dabei arbeiten Körper und Geist eng miteinander verbunden. So ist Klettern nicht nur körperliche Ertüchtigung, sondern gleichzeitig Überwindung von Angst und bewusste Koordination jeder einzelnen Körperpartie. Arbeiten Körper und Geist nicht im Einklang, stürzt man ab. Die Gefahr, welche von dieser Tätigkeit ausgeht, ist jedoch keineswegs schlecht, sondern bereichernd. Weiterer elementarer Teil der Balance von Körper und Geist ist Yoga. Es hilft den Inselbewohnern dabei, ihren Körper bewusst zu nutzen und ihn gesund zu erhalten. Die Menschen verstehen Körper und Seele als zwei Dinge, die eng miteinander verknüpft sind und nicht getrennt voneinander funktionieren können. Deshalb gilt es, die körperliche Unversehrtheit zu erhalten, damit auch der Geist gesund und aktiv bleiben kann.

Yoga ist jedoch nicht ausschließlich als körperliches Training zu betrachten. Vielmehr ist Huxleys Idee im Buch, sich selbst in allen Lebensbereichen zu vergegenwärtigen, was man tut. Nur wenn man Dinge ganz bewusst vollführt, macht man sie richtig. Selbst wenn man einen Fehler begeht, kann man nur aus ihm lernen, muss dann aber voll bei der Sache sein. Durch das völlige Gewahrsein dessen, was man tut, werden selbst alltägliche Handlungen zum Yoga.

Aber auch Meditation ist im Bereich der persönlichen Ko-Kreativität entscheidend. Hierdurch vergewissern sich die Menschen nicht ihrer eigenen Handlungen, sondern verbinden sich mit allem um sie herum. Zur Hilfe wird die Mokscha-Medizin eingenommen, welche ein Glücksgefühl, resultierend aus unendlicher Empathie und Selbsterkenntnis, hervorruft. Die Einnahme hilft den Konsumenten alle Zweifel über sich selbst zu vergessen und lässt ihnen mit der Wahrhaftigkeit der Persönlichkeit zurück. Dies führt dazu, dass ein Individuum die Glückseligkeit des Moments genießen kann, ohne darüber nachdenken zu müssen, wer man selbst ist. Es befreit sie von dem, was sie glauben zu sein beziehungsweise sein zu müssen. Akzeptanz und Liebe für sich selbst sind das Resultat. Folglich können die Menschen nach der Einnahme besser reflektieren und ihre Entscheidungen und Taten im Sinne der Ko-Kreativität mit ihrem eigenen Ich vollziehen.

Zusammengefasst geht es also bei der Ich-Ko-Kreativität um Selbstliebe, auf welcher die anderen beiden Dimensionen der Ko-Kreativität fußen. Ohne Bewusstsein über sich selbst und ein daraus resultierendes Vertrauen, kann ein Mensch auch keine Liebe für andere Individuen empfinden und diese bewusst ausleben. Wer sein eigenes Leben nicht wertschätzt, kann auch das Gesellschaftsleben nicht fördern und vorantreiben, indem er es mit Liebe bereichert. Selbst einzuschätzen, wer man ist und wozu man existiert sind der Grundstein für sinnvolle Handlungen, die nicht nur, aber besonders das eigene Leben betreffen. Die Liebe zur eigenen Person und das damit einhergehende Selbstbewusstsein lassen Menschen neue Dinge probieren und tragen zur Erfüllung ihrer Ziele wesentlich bei. Selbstverwirklichung ist nur mittels dieser Ko-Kreativität möglich.

Dimension zu „Anderen"

Hierbei handelt es sich um gemeinsame Kreativität zwischen Individuen, eine gegenseitige Inspiration, ausgehend von der Unterschiedlichkeit dieser. Zwei oder mehrere Personen, die ihre Unterschiede nutzen, um etwas Neuartiges zu schaffen, von dem viele profitieren können. Von dieser Art der Ko-Kreativität finden wir zahlreiche Beispiele im Buch.

Die größten Wellen schlägt jedoch die Verbindung des „ersten MacPhail in Pala" Andrew mit dem „Alten Radscha", welche das Land Pala grundsätzlich reformierten. Beim Besuch des palanesischen Anführers, welcher an einem Tumor litt, begab sich der Doktor aus Edinburgh auf die „verbotene Insel". Die Größe des Tumors, welcher sich über sein ganzes Gesicht bis in die Kehle erstreckte, machte eine Operation so gut wie unmöglich. Doch ein hilfesuchender Blick änderte die Meinung des Doktors und er beschloss, eine Methode anzuwenden, von der er vorher in einem Magazin gelesen hatte. Eine Operation, bei welcher der Patient mittels magnetischer Streichbewegungen in Trance versetzt wird und völlig frei von Schmerzen bleiben soll. Selbst skeptisch über die Wirkung dieser Methode und trotz des vollen Vertrauens, dass es gelingen werde, operierte er den Radscha nach langer Vorbereitungszeit.

Er heilte ihn, ohne dass dieser Schmerzen verspürt hatte. Die von Andrew belächelte Methode aus einem Magazin wirkte und der Radscha konnte nach seiner Genesung die königliche Herrschaft wieder aufnehmen und machte Andrew zu seinem ersten Ratgeber. Das war der Beginn einer Revolution des Königreichs, denn beide hatten die Vorstellung aus Pala einen Ort zu machen, welcher frei von Leid und durch ein harmonisches und friedvolles Zusammenleben geprägt ist. Andrew MacPhail und der Alte Radscha waren grundverschieden: Auf der einen Seite der schottische Atheist und auf der anderen der fromme Mahayana-Buddhist. Doch ihre Unterschiedlichkeit wurde zu einer großen Verbundenheit in Freundschaft und Liebe. Sie ergänzten sich und glichen sich in Temperamenten und Talenten, in Wissen und Philosophien aus. Hatte der Radscha seinerseits keine Ahnung von der Welt, welche jenseits des Wassers lag, das die Insel umgibt, konnte er doch dem Doktor viel über Philosophie, Kunst und den menschlichen Geist beibringen. Sie waren sich gegenseitig Schüler und Lehrer zugleich und hatten ein gemeinsames Ziel: Vollkommenheit. Sie hatten sich vorgenommen das Beste aus ihren beiden verschiedenen Welten zu nehmen, welches unverwirklichte und neue Möglichkeiten zur Folge hatte. Pala hatte die Möglichkeit, Dinge aus diversen Kulturen zusammenzufassen und sie zu optimieren, „Ja" und „Nein" miteinander zu verknüpfen und so „eine Vermählung zwischen Himmel und Hölle herbeizuführen." (Huxley 1995, S. 156)

Sie führten „Schmerzstiller" ein, welche die Bevölkerung Palas für weitere Reformen zugänglich machte, denn so drastische Änderungen einer Kultur plötzlich einzuführen, ohne einen Aufstand des Volkes, will wohl überlegt sein. Als nächstes führten sie die englische Sprache ein. Das war ein entscheidender Schritt für die Freiheit der Palanesen, welchen es so möglich war, die Insel zu verlassen und sich ein eigenes Bild von der Welt zu machen. Es machte außerdem Weltliteratur und wissenschaftliche Schriften für die Inselbewohner zugänglich, wodurch sie sich weiter reformieren und sich das Beste aus anderen Kulturen aneignen konnten.

Die Ko-Kreativität zwischen dem Alten Radscha und Andrew MacPhail war also, trotz der gewaltigen Unterschiede der beiden, der Grundstein für das paradiesische Zusammenleben auf der Insel. Dies wird uns im Buch beschrieben. Es beschreibt eine Welt, in der man gerne leben möchte, wo Werte wie Frieden, Liebe und Freiheit noch etwas wert sind und für alle gleichermaßen gelten. Sie sind der Beweis, dass aus Liebe zueinander über alle Barrieren hinweg etwas Großes entstehen kann, das die Welt positiv verändert.

Ein weiterer wichtiger Bestandteil in der Ko-Kreativität zwischen Individuen ist Vertrauen. Sie können nur zusammenwirken, wenn sie untereinander eine Vertrauensbasis haben, die so stark ist, dass sie nichts erschüttern kann. Nur dann können Individuen sich völlig öffnen und das Beste ineinander zum Vorschein bringen. Vertrauen darauf, dass eigene Schwächen ernst genommen werden und man gemeinsam versuchen kann diese auszumerzen.

Dimension zum „Universum"

Inhalt dieser Dimension ist, dass man alle seine Handlungen reflektiert und als Teil der Evolution ansieht. Man handelt nicht aus Egoismus heraus, sondern zum Wohle des Universums und der Umwelt. Kerninhalt ist, sich dessen bewusst zu werden, dass jede Aktion einen Einfluss auf den Ablauf des Lebens vieler anderer hat und den Verlauf der Geschichte mitbestimmen kann. Jedes Individuum hat einzigartige Möglichkeiten und ein Aktionspotenzial, welches in der Form, in der es dieses vereint, einmalig ist.

Die Bürger Palas sind sich jederzeit bewusst im „Hier und Jetzt" zu sein. Dies prägt die Kultur des Inselstaates so stark, dass sie sogar die Myna-Vögel so erzogen haben, dass diese sie stets daran erinnern. Mynas sind auf der ganzen Insel verbreitet. Ihnen wurde beigebracht, dass sie „Gib Acht!" und „Hier und Jetzt!" rufen. Dies soll eine ständige Ermahnung darstellen, sich seiner Rolle im Universum bewusst zu sein und dementsprechend zu handeln. Nur durch bewusste Entscheidungen aus Liebe zu allen Individuen heraus ist ein friedliches Leben möglich.

Die Folge dieser Art des Bewusstseins ist ein besserer Umgang mit den Mitmenschen und vor allem auch mit der Natur. Ohne die Natur ist der Mensch nichts und eine lebenswerte Existenz ist nur im Einklang mit ihr möglich, nicht nur für einen selbst, sondern für alle und besonders folgende Generationen. Ko-Kreativität in Bezug auf das Universum bedeutet, das Gesamtbild zu sehen.

Aus dieser Motivation heraus funktionieren alle elementaren Lebensabläufe der Insel. Der Wohlstand der Gemeinschaft muss gesichert sein, sodass alle ein zufriedenes und friedvolles Leben in gemeinsamer Harmonie führen können. „Es besteht aus einer Föderation sich selbst verwaltender Einheiten, geographischer, beruflicher, ökonomischer – daher ist ein weites Feld da für Initiative im kleinen Rahmen und demokratische Führung, aber kein Platz für einen Diktator an der Spitze einer zentralisierten Regierung." (Huxley 1995, S. 177) Dieses Prinzip der Selbstregulierung ist Ko-Kreativität im Sinne des Universums, da hierbei gemeinsame Entscheidungen getroffen werden, die dem Wohle des Landes dienen. Es betrifft alle Inselbewohner unmittelbar und hat Einfluss auf ihre Leben.

Die Selbstversorgung der Insel ist ein weiterer Punkt für diesen Gedanken. Beutet man die Natur aus, um Bodenschätze und Ernteerträge zu maximieren, so zerstört man sie und wird folglich mehr Schwierigkeiten haben, die für ein Überleben benötigten Ressourcen zu gewinnen. Achtet man aber darauf, welche Auswirkungen das Handeln der Bevölkerung hat, so kann man auf lange Sicht die Versorgung der Bevölkerung sichern, ohne auf Importgeschäfte angewiesen zu sein. Sie können alles, was sie für ein zufriedenstellendes Leben benötigen, auf der Insel herstellen und ernten. Das alles geschieht durch die Arbeit der Leute, welche nicht arbeiten, um ihren Reichtum zu stärken, sondern aus Liebe zu ihrer Umwelt. Denn jeder Palanese versteht sich als Teil des Universums, in dem jeder seinen Anteil zum Wohle aller beiträgt. Daraus beziehen sie ihre Motivation zu tun was nötig ist, um das Glück aller zu bewahren.

Zusammenfassung

Eiland ist ein Werk, in dem man den Gedanken der Ko-Kreativität oft finden kann. Es zeigt, was die Kraft in der Lage ist auszurichten, wenn alle den Gedanken der Ko-Kreativität verinnerlichen. Es zeigt aber auch, wie einfach dies wieder zerstört werden kann.

Die Welt, welche Huxley uns beschreibt, ist durchaus wünschenswert, wenngleich an einigen Stellen undenkbar. Dennoch stellt sich die Frage, was es überhaupt heißt, Mensch zu sein. In der heutigen Welt ist alles auf persönlichen Reichtum ausgerichtet. So gerät die Bedeutung des Menschen als ko-kreatives Wesen immer weiter ins Hintertreffen. Außerdem verzeichnet die westliche Welt immer mehr psychische und seelische Störungen in der Bevölkerung, welche durch Druck und steigenden Reichtum hervorgerufen werden. Huxley beschreibt eine Sehnsucht in der Tiefe der Seele, welche von Wirtschaftskultur nicht befriedigt werden kann. Wir alle haben die Chance etwas Gutes zu erschaffen, indem wir uns unserer Fähigkeiten bewusst werden und diese in Verbindung mit Liebe zu anderen Individuen und der Umwelt richtig einsetzen. So können wir unser eigenes Glück und die Selbstverwirklichung bestimmen und zu einer lebenswerteren Welt für alle beitragen.

Literatur

- Huxley, A. (1995): Eiland. Piper, München.
- Eiland (Roman). [https://de.wikipedia.org/wiki/Eiland_%28Roman%29; 13.01.2018].
- Gerald Heard. [https://everipedia.org/wiki/Gerald_Heard/; 14.01.2018].
- Hosang, M. (2017): 3. Philosophie Festival der Liebe: Ko-Kreativität. [https://www.sein.de/3-philosophiefestival-der-liebe-ko-kreativitaet/; 13.02.2018].
- Huxley, A. (1949): Die Ewige Philosophie, Steinberg, Zürich. [https://zitate-aphorismen.de/zitat/die-religioesen-systeme-der-welt-sind/; 15.02.2018].
- Ross, W. (1973): Kritik in Kürze, Zeitverlag, Hamburg. [http://www.zeit.de/1973/44/kritik-in-kuerze; 21.01.2018].

SIMONE DE BEAUVOIR

UND DER EXISTENZIALISMUS

CHRISTINA STADLER

Einführung

Jean-Paul Sartre und Simone de Beauvoir, Namen die jeder für sich ikonisch und doch untrennbar miteinander verbunden sind. Dieser Aufsatz soll die Ursachen für die anhaltende Faszination um das Philosophenpaar ergründen. Dafür soll ihr Schaffen und Wirken anhand der ko-kreativen Dimensionen untersucht werden. Welche Rolle spielt die Bejahung des eigenen Selbst beim Entstehungsprozess des Existentialismus? Was bedeutet der gegenseitige Austausch für ihr schriftstellerisches und politisches Schaffen? Inwiefern ist die Mitschöpfung der Evolution ein Ziel ihrer philosophischen Einstellung und ihres persönlichen Lebensentwurfes?

Ko-Kreativität I: Ich-Selbst
Begriffsdefinition Existentialismus

Der Zugang zu sich selbst und ihrer persönlichen Freiheit liegt für Jean-Paul Sartre und Simone de Beauvoir zunächst in der Be- und Ergründung einer revolutionären philosophischen Strömung: Dem Existentialismus.

Der Begriff Existentialismus bezeichnet zum einen die allgemeine Geisteshaltung, welche den Menschen als freies, zur Eigenverantwortung verurteiltes Wesen versteht, der die Bedeutung seines Lebens selbst entwickeln muss.[8] Von diesem gemeinsamen Grundboden aus entwickeln sich unterschiedlichste Positionen, die sich in einem komplexen Gerüst aus widersprüchlichen Lebensmodellen manifestieren. So finden sich innerhalb des Existentialismus im weiteren Sinne atheistische, christliche, marxistische, humanistische aber auch nationalsozialistische Vertreter.

Meist ist, wenn vom Existentialismus gesprochen wird, jedoch explizit die französische Strömung der Existenzphilosophie gemeint, die sich zu Beginn des 20. Jahrhunderts aus der Pariser Studentenkultur heraus entwickelte. (Alberts 2017) Inspiriert von literarischen Vorbildern sowie gesellschaftspolitischen Ereignissen stellen die jungen Intellektuellen Frankreichs institutionelle Autoritäten, bürgerliche Moral und somit auch die Existenz einer kosmischen Ordnung infrage. Auf dieser Basis konzipieren Beauvoir und Sartre als zwei der Vorreiter eine Weltanschauung, die völlig neue Antworten auf die großen philosophischen Fragen der Menschheit gibt und somit auch neue Wege zur Ergründung der eigenen Persönlichkeit eröffnet.

Der Essenzialismus und seine Auswirkungen auf das Paris des 19. Jahrhunderts

Beide werden in einem Paris geboren, dem der Begriff Existentialismus noch unbekannt ist. Stattdessen herrscht mit dem Essenzialismus eine Geisteshaltung vor, die sowohl Widerspruch als auch Wegbereiter für den Existenzialismus ist. Der Essenzialismus hat seine Wurzeln im antiken Griechenland und geht auf die Philosophen Platon und Aristoteles zurück, die sich erstmals mit existenzorientiertem Denken beschäftigten. (Landau u.a. 2011, S. 268f) Die Grundthese des Essenzialismus ist, dass die Essenz vor der Existenz steht. Demnach besitzt jede Daseinsform schon vor der Geburt eine innere Natur beziehungsweise eine wesensbestimmende Eigenschaft oder ein distinktives Merkmal, welches die Lebensaufgabe und den Sinn der Entität definiert. Wie die Klinge eines Messers die Aufgabe des Schneidens in sich trägt, haben auch Menschen nach der essentialistischen Auffassung eine präformative Pflicht in sich. Nach dieser Ideologie ist das Ziel des Lebens die Zweckerfüllung. Glückseligkeit ist nach Aristoteles nur möglich, wenn der Mensch alle ihm gegebenen Eigenschaften im Streben nach Tugend einsetzt. (Landau u.a. 2011, S. 268f)

Im Frankreich des 19. Jahrhunderts äußert sich diese Weltanschauung im bürgerlichen Streben nach Konformität und Pflichterfüllung. Der Glaube an ein präformatives, unveränderliches Schicksal macht die Menschen empfänglich für Kontrolle durch höhere Gewalten wie dem Staat

---

[8] Educalingo: Existentialismus. https://educalingo.com/de/dic-de/existenzialismus (18.02.2018)

und der Kirche. Sie bestimmen, wie das Leben der Bevölkerung auszusehen hat, was richtig und was falsch ist. Von den Menschen wird erwartet früh zu heiraten und eine Familie zu gründen. Der Mann sollte der Alleinverdiener sein, während die Frau sich um Haushalt und Erziehung kümmert.

Kindheit & Jugend

Jean-Paul Sartre kommt 1905 in Paris zur Welt. Obwohl er eine großbürgerliche Erziehung genießt, ist seine Kindheit beschwerlicher als die Beauvoirs. Diese behauptet später in einem ihrer autobiographischen Romane, sie hätte einen leichten Start ins Leben gehabt. Hingegen muss Sartre sehr früh den Verlust seines Vaters miterleben. Bevor er mit zehn Jahren auf das prestigeträchtige Gymnasium Lycée Henri IV kommt, wird er von wechselnden Lehrern privat unterrichtet und hat kaum Kontakt zu anderen Kindern.[9] Sein engster Vertrauter ist sein Großvater, denn auch die Beziehung zu seiner Mutter ist schwierig, nachdem diese neu heiratet. Zudem leidet Sartre unter seinem Äußeren, dass dank seiner geringen Körpergröße und einem angeborenen Schielen nicht gängigen Schönheitsidealen entspricht. Dennoch ist der junge Sartre selbstbewusst und ist sich seiner außergewöhnlichen Fähigkeiten sicher.[10]

Simone de Beauvoir wird drei Jahre nach Sartre ebenfalls in Paris in einer zeittypischen, normkonformen, großbürgerlichen Familie geboren. Obwohl ihr Vater Agnostiker ist, hält er es für selbstverständlich, seine Kinder streng katholisch zu erziehen. Diese Divergenz beschreibt Beauvoir später als eine geistige Herausforderung, welche mitverantwortlich für ihr späteres Schaffen als Philosophin sei. Eine Zeit lang ist sie selbst streng gläubig und plant Nonne zu werden. Später bricht sie radikal mit jeglicher Form der Religiosität. Kultur spielt in ihrem Elternhaus, dank dem theaterinteressierten Vater, eine große Rolle. Simone blüht in dem stimulierenden Umfeld auf und zeigt schon früh große Begabung und Wissbegierde, welche sich besonders im literarischen Bereich zeigt. Schon mit vier Jahren lernt sie zu lesen.[11] Doch auch für Beauvoir wird das Leben mit

---

[9] Who is who, the people lexicon: Jean-Paul Sartre. http://www.whoswho.de/bio/jean-paul-sartre.html (06.02.2017)

[10] Stern: Der Ekel und der Existentialismus. 2010. https://www.stern.de/kultur/buecher/jean-paul-sartre-der-ekel-und-der-existenzialismus-3296302.html (06.02.2018)

zunehmendem Alter komplizierter. Ihre Jugend ist trotz guter Schulnoten geprägt von Unsicherheit. Die temperamentvolle Simone entspricht nicht der Rolle des anständigen Mädchens, welche ihr vom katholischen Mädchen-Institut, das sie besucht, vorgeschrieben wird. Zeitgleich verlieren ihre ursprünglich wohlhabenden Eltern aufgrund von Fehlspekulationen einen Großteil ihres Vermögens und die Familie muss als Sparmaßnahme umziehen. So kann Beauvoirs Vater es sich auch nicht leisten, seine Töchter zu verheiraten. Dass sie stattdessen selbst für ihren Lebensunterhalt sorgen, studieren und arbeiten soll, kommt der wissbegierigen Simone jedoch gelegen. In der Studienzeit bringt ihr ihr Lerneifer sogar den Spitznamen „Beaver" (dt. „fleißiger" Biber) ein, den auch Sartre später für sie nutzt.[12]

Die Verarmung der Familie Beauvoir ist kein Einzelfall. Die Folgen des Ersten Weltkrieges und die sich anbahnende Finanzkrise haben existenzgefährdende Auswirkungen für viele Franzosen. Zur Jahrhundertwende geht ein Ruck durch Paris. Vorbei sind die Zeiten der

Belle Époche, in der Paris seine wirtschaftliche und kulturelle Blütezeit erlebte. Nun wecken die wachsende Armut und politische Instabilität (die sich im Zweiten Weltkrieg durch die Besatzungssituation dramatisiert) eine tiefgreifende Unsicherheit in der Bevölkerung. Der feste Glaube an die bestehende Ordnung wird durch die einschneidenden historischen Ereignisse erschüttert.

Der französische Existentialismus und seine Wegbereiter

Genau in dieser turbulenten Zeit, im Jahre 1929, zwischen den Weltkriegen, treffen die junge Simone de Beauvoir (21) und Jean-Paul Sartre (24) aufeinander. Das Kennenlernen findet im Rahmen der Vorbereitungen zur agrégation statt, einer Lehramtsprüfung, die beide nach einigen Jahren Studium (Sartre studierte Psychologie, Philosophie und Soziologie; Beauvoir Psychologie und Philologie) ablegen. Ineinander, sowie im studentischen Umfeld, finden die beiden Gleichgesinnte. Die Erfahrung des Sicherheitsverlustes im Privaten und Gesellschaftlichen, sowie

---

[11] Lernhelfer.de: Simone de Beauvoir: https://www.lernhelfer.de/schuelerlexikon/deutsch-abitur/artikel/simone-de-beauvoir, 2010 (08.02.2018)

[12] Doloris Blume. LeMO-Biografien: Biografie Simone de Beauvoir. Lebendiges Museum Online, Stiftung Haus der Geschichte der Bundesrepublik Deutschland. https://www.hdg.de/lemo/biografie/simone-de-beauvoir.html#jpto-top (07.02.2018)

literarische Inspiration lassen Zweifel an den gängigen Normen wachsen und neue Ideen aufkeimen.

Ein wichtiger Treibstoff für die Entstehung des französischen Existentialismus ist die Auseinandersetzung mit früheren Impulsen der Existenzphilosophie. Wichtige Einflüsse sind die deutschen Existenzphilosophen wie Heidegger, Hegel, Husserl und Nietzsche. (Bollnow) Einige von ihnen lernt Sartre sogar persönlich kennen. Doch auch der dänische Philosoph und Dichter Søren Kierkegaard, der als Begründer der modernen Existenzphilosophie gilt, muss genannt werden. Er war der Erste, der den Begriff „Existenz" im Sinne einer spezifisch menschlichen Seins-weise wieder aufnimmt. Für ihn ist Existenz nicht nur das faktische Vorhandensein, sondern auch mögliche Handlungen des Individuums. Er beschreibt in seinen poetischen Werken den Seelenzustand der kosmischen Verlorenheit und die unvermeidliche Konfrontation des Menschen mit seiner Sterblichkeit und Einsamkeit. Der Schlüssel zu innerem Frieden liegt für den Theologen in der Zuwendung zum Glauben. (Assheuer 2013) Diese christliche Interpretation unterscheidet sich in vielem von den Ansichten der französischen, atheistischen Existentialisten zu denen auch Sartre und Beauvoir gehören. Gemeinsam haben sie jedoch den revolutionären Gedanken, dass der Mensch die Freiheit hat, zu wählen.

Der Existentialismus als Schlüssel zur Freiheit

Der Mensch wird nun also als freies und somit nicht durch eine vorgegebene Essenz definiertes Wesen angesehen. Für Sartre, Beauvoir und ihre Zeitgenossen steht die Existenz vor der Essenz.

Was das bedeutet, wird unter anderem in Beauvoirs Buch „Das andere Geschlecht", welches noch heute als feministisches Manifest gefeiert wird, klar. Der wohl berühmteste Satz daraus lautet: „Man kommt nicht als Frau zur Welt, man wird es." Damit kritisiert Beauvoir herrschende Geschlechterrollen, die sich einschränkend auf die Persönlichkeitsentwicklung von Frauen auswirken. Die Existentialistin stellt in ihrem Buch fest, dass das, was bisher als typisch „menschlich" definiert wurde, nur die männliche Perspektive auf das Menschsein abdeckt. Das „Selbst" wird an einem männlichen Maßstab ausgelotet, das „Andere", das „Weibliche", spielt dabei nur eine passive, fremdbestimmte Rolle. Frauen werden in einer männlichen Welt an konstruierten Weiblichkeitsmythen gemessen, ihre Individualität wird unterdrückt und ihre Realität bleibt unerhört. Beauvoirs Ziel ist es, Frauen aus der Passivität zu holen. Sie will in der Gesellschaft ein Bewusstsein für die offenen Möglichkeiten des Frauseins schaffen, zeigen, dass Persönlichkeitsbildung nur unabhängig von männlichen oder sonstigen äußeren Definitionen authentisch ist. Im

Erschaffen einer selbstbestimmten Repräsentationsfläche, die ohne Stereotypen auskommt, öffnet Beauvoir zugleich den Zugang zu einer tiefgründigeren Freiheit für sich selbst und alle Frauen. Die Entscheidung, sich nicht innerhalb einer Weiblichkeitsdefinition einzurichten, sondern deren Grenzen bewusst neu auszuloten und neues Terrain zu erschließen, ist sicher auschlaggebend auf ihrem Weg zur persönlichen Freiheit. (Landau u.a. 2011, S. 276ff)

Der existentialistische Freiheitsgedanke wirkt sich jedoch nicht nur auf den feministischen, sondern auf alle Bereiche des Lebens aus. Die Entfernung vom Glauben an eine vorbestimmte Essenz schließt auch die Existenz einer kosmischen Ordnung in jeglicher Form aus. Für Beauvoir und Sartre gibt es also kein Richtig oder Falsch, stattdessen ist der „zur Freiheit verurteilte" (Sartre 1989) Mensch, einmal in die Welt geworfen, für jede seiner Taten verantwortlich. Daraus entsteht die Notwendigkeit einer individuellen Wertebildung. Ohne das Bestehen einer höheren Versicherungsinstanz muss der Mensch sich mit seiner Begrenztheit und seiner Fehlerhaftigkeit vor sich selbst verantworten. Er kann niemanden als sich selbst verurteilen, wenn er in Entscheidungssituationen zwangsläufig auf eine Alternative verzichten muss oder gar eine Entscheidung mit negativen Konsequenzen wählt. Der Mensch im Existentialismus ist als Summe seiner Handlungen die alleinige Kraft für das Gelingen oder Misslingen seines Lebensentwurfes.

Sartre erklärt dies an einem Beispiel. Er erzählt von einem seiner Philosophiestudenten, der ihn nach Rat gefragt haben soll. Der Student muss sich entscheiden, ob er in den Krieg gegen die deutschen Nationalsozialisten zieht oder in Frankreich bleibt, um seine kranke Mutter zu pflegen. Er steht also vor der Wahl, entweder einen kleinen Beitrag zum großen Guten zu leisten, oder einen großen Beitrag zum kleinen, persönlichen Guten. Sartre antwortet dem Studenten, dass er ihm nicht sagen kann, welche der beiden Optionen richtig ist. Jedoch ist die Wahl des Studenten immer richtig, solange sie diesem richtig erscheint. (Ziegler 2016) Existentialismus heißt also weitergehend, sich selbst in die Verantwortung zu holen. Ein Prozess der die Konfrontation mit ureigenen Werten, Wünschen, Zwiespälten und Grenzen erfordert. Das Leben im existentialistischen Lebensmodell setzt demnach das Befragen und Kennenlernen des eigenen Ichs voraus.

Wir werden geboren und begeben uns auf die Suche nach Antworten in einer antwortlosen Welt. Alle Menschen befinden sich unausweichlich in dieser Situation und werden sich zu irgendeinem Zeitpunkt ihres Lebens auch darüber bewusst. Dieses Erkennen ist ein universelles und nichtsdestotrotz höchstpersönliches Phänomen. Im Existentialismus werden verschiedene Gefühle, Seinszustände oder Ereignisse als Auslöser für die existentielle Seins-Erfahrung beschrieben. Beauvoir und Sartre sprechen im Besonderen von den so genannten Existentialen. Subjektive Gefühle wie Angst, Langeweile, Ekel oder Absurdität vermitteln die Erkenntnis von Geworfenheit, Freiheit und Selbstbestimmung. Dabei ist es wichtig, diese Grunderfahrungen als universelle Emotionen zu verstehen. So geht es nicht um die Furcht vor zum Beispiel einem wilden Tier, sondern um die unkonkrete, auf nichts gerichtete Angst, die angesichts der freien Entscheidungsmöglichkeiten eines Individuums auftritt. Ein anderer Beweggrund kann im Erfahren von Grenzsituationen wie Tod, Kampf, Schuld, Verzweiflung, Scheitern oder Enttäuschung liegen.[13] Es zeigt sich, dass der Existentialismus also nicht als ein Dogma begriffen werden kann, sondern viel mehr auf persönlicher Erfahrung basiert.

So gibt es auch für Sartre und Beauvoir neben der allgemeinen soziopolitischen Instabilität andere, persönliche Auslöser für das Erfahren des Existentialismus. Für Beauvoir wichtige Erlebnisse sind sicher der Vermögensverlust ihrer Familie verbunden mit gesellschaftlichem Abstieg, das Anecken an gesellschaftlichen Normen, das Frau sein, sowie der Tod ihrer guten Freundin Zaza im Jahre 1929. Existentiale in Sartres Leben könnten der Tod seines Vaters, seine Zeit als Soldat und auch Anecken aufgrund seiner Äußerlichkeiten darstellen. Lässt man die Konfrontation mit seinen Grunderfahrungen bewusst zu und akzeptiert die Absurdität des Lebens, erreicht man die Freiheit über sein Leben.

Jedoch ist der Weg von essentialistischer Pflichterfüllung zur existentialistischen Pflichterschaffung kein einfacher. Nicht jeder kann oder will die Geworfenheit in ein Leben ohne höhere Macht hinnehmen. Schließlich setzt der Existentialismus der urmenschlichen Sehnsucht nach Sinnhaftigkeit zunächst mehr Fragen als befriedigende Antworten entgegen. Kein Wunder also, dass der Mensch als träges Wesen Moralbildung und Sinnsuche scheinbaren Autoritäten wie der Kirche oder der Regierung überlässt. Sartre tauft dieses Verhalten das mauvaise foi Phänomen – die bewusste Verdrehung von Fakten. Er beschreibt damit den Bewältigungsmechanismus der Menschen, die ihre eigene Freiheit leugnen und sich der Illusion von höheren Mächten oder Werten hingeben. Sie ordnen sich unter, um der Absurdität des Seins zu entkommen und sich ihre Passivität zu behalten. (Schönherr-Mann 2005, S. 78ff)

Sartre und Beauvoir verurteilen dieses Verhalten als schwach und unauthentisch. Sie sehen die Konfrontation mit der Absurdität und aktive Hinnahme der fehlenden Sinnhaftigkeit als einzigen Ausweg aus der kosmischen Verlorenheit. Beauvoirs und Sartres Weg zu sich selbst und der inneren Freiheit liegt zunächst im Erkennen der Freiheit, in seiner Größe und Folgenschwere. Im Weiteren dann in der Hinnahme und

---

[13] Peter Möller: Existenzphilosophie – Existentialismus. Berlin. http://www.philolex.de/existent.htm (17.02.2018)

Bemächtigung dieser Freiheit. Der Existentialismus versichert die alleinige Bestimmungsgewalt über das eigene Leben, indem die Schuldabwälzung auf andere kategorisch ausgeschlossen und Passivität verurteilt wird. Existentialismus ist also Bemächtigung über lebensdefinierende Entscheidung, sowie Ermutigung, sich selbst und seine Rezeption als den einzig relevanten Maßstab zum Weg ins Glück zu erkennen.

Ko-Kreativität II: Ich – Andere
Der Andere als Identifikationsstifter

Über den Beginn ihres Paarlebens mit Sartre schreibt Simone de Beauvoir: „Der Mensch musste neu geschaffen werden und diese Erfindung würde zum Teil unser Werk sein." (de Beauvoir 1961) In diesem Zitat wird deutlich, dass die Umbruchsstimmung zwischen den Weltkriegen auch Umwälzungen der Sozialstrukturen und Lebenskonzepte hervorruft. Auf den Ruinen des alten Denkens beginnt eine Diskussion darüber, wie man leben will oder soll. (Knetsch 2010) Sartre und Beauvoir zeigen am Beispiel ihres Lebens die Möglichkeit eines neuen, ko-kreativen Miteinanders.

Ihr Beziehungskonzept beruht dabei sicher auch auf den existentialistischen Untersuchungen zum „Anderen" als Identifikationsstifter. Zwar ist das Erschaffen der existentialistischen Freiheit ein individueller Prozess, jedoch kann diese Freiheit sich erst in der Resonanz mit anderen Individuen realisieren. Die erfolgreiche Auseinandersetzung mit den eigenen Existentialen und das Schaffen eines unabhängigen Daseins ist nur die Voraussetzung für den eigentlichen, in der Lebenspraxis verankerten Existentialismus. Dieser wird demnach erst im sozialen Kontext sichtbar. Erst durch Außeneinwirkung bekommt der Mensch die Chance, sich seiner Errungenschaft bewusst zu werden und sich immer wieder mit sich selbst neu in Verbindung zu setzen.

Wie passt dies nun mit Sartres berühmtem Ausspruch: „Die Hölle, das sind die Andern." (Sartre 1944) zusammen? Das Zitat aus dem Theaterstück „Geschlossene Gesellschaft" muss hinsichtlich des Phänomens der Intersubjektivität verstanden werden. Sartre beschreibt damit die aufkommende Scham eines Menschen, der sich dem Blick eines anderen ausgesetzt fühlt. Dabei spielt es keine Rolle, ob dem derzeitigen Tun der Person etwas Schamhaftes anhaftet oder nicht. Allein das unter Beobachtung zum Objekt werden wird von Menschen als schmerzhaft empfunden. Wir sind in diesem Moment der Wertung des anderen unmittelbar ausgesetzt. Durch die Außenbetrachtung entsteht also Beschränkung der eigenen Freiheit, Entfremdung von sich selbst. Der Schmerz entsteht aus der Bürde, sich selbst als das starrgewordene Objekt zu sehen, das man für das Gegenüber in diesem Moment ist. Da man selbst den anderen aber als freies und bewusstes Subjekt einschätzt, erkennt der Mensch, dass auch er im Rückschluss dem objektivierenden Blick des anderen etwas entgegensetzt. In der Beziehung des Sehens und Gesehenwerdens erfasst der Mensch sich selbst als ein ebenfalls aktives Wesen. Das kann jedoch nur gelingen, wenn dem Menschen selbst seine Möglichkeiten im Kontrast zu ihrer Entfremdung durch den anderen bewusst werden und er sie sich als seine Möglichkeiten aneignet. (Lailach-Hennrich 2003, S. 8ff)

Somit zeigt sich, dass das Selbstbild nur im sozialen Raum gebildet werden und funktionieren kann. Erst durch den Verlust der Seinsfreiheit durch Kontakt mit anderen erlernt der Mensch das Sein an sich als sein persönliches Sein zu erkennen. Oder in Sartres Worten: „Der Andere ist der, der mir mein Sein gestohlen hat und zugleich der, der bewirkt, dass es ein Sein gibt, welches mein Sein ist." (Ziegler 2016)

Auch der soziale Raum an sich ist entscheidend. Schließlich ist der Mensch weder absoluter Herrscher über, noch passiver Teilhaber am Geschehen. Erst in der unüberschaubaren Praxis zwischen Widerfahren und Machen bringen wir das eigene Leben hervor. (von Rossum 1998, S. 13) Erst durch das Erleben von Handlungsoptionen, kann man sich seiner Entscheidungskraft bewusst werden. Dies ist nur im Kontext möglich. Erst in der Teilhabe an einer sozialen Struktur, kann der Mensch sich als ewiges Projekt erkennen. (Alberts 2017) Somit hängt die Freiheit der Menschen voneinander ab. Leben bedeutet, sich an ein Sozialgebilde zu binden und damit verpflichtend mit seiner Freiheit die Freiheit aller zu wollen.

Der Pakt

Doch für Sartre und Beauvoir ist das Miteinander nicht nur ein Mittel zur existentialistischen Praxis. Die beiden sind beispielhaft dafür, wie mehrdimensionale Verbundenheit das Schaffenspotenzial des Einzelnen vergrößern kann. Nicht nur wäre ihr jeweiliges schriftstellerisches beziehungsweise philosophisches Schaffen ohne den anderen wohl nicht möglich gewesen, sondern auch ihre Beziehung selbst wird wichtiger Teil ihres umfassenden Lebenswerks.

Der existentialistische Liebesbegriff sagt zunächst, dass es keine Möglichkeit von Liebe gibt, außer der, die in einer liebenden Beziehung verankert ist. Nach dem Grundsatz „Existenz vor Essenz" ist nur existente Liebe wahrhaftig. Sartre erklärt die erfüllte Liebe außerdem zu einem Paradoxon. Er definiert das Ziel der Liebe für den Menschen darin, dass seine Existenz für den anderen wertvoller erscheint als die der anderen. Dieses Eifern beinhaltet jedoch Eifersucht, welche Sartre wiederum als

Störfaktor empfindet. Doch ebenso ist nur mit der Eifersucht Anerkennung aus freier Subjektivität möglich. Denn Anerkennung ohne Eifersucht wird zu Hörigkeit, welche wiederum eine Anerkennung ist, die den Menschen nicht erfüllen kann. (Ziegler 2016)

Die Liebe zu Beauvoir jedoch beschreibt Sartre als eine Notwendigkeit. Aus der Ablehnung gegenüber der bourgeoisen Ehe entwickelt er mit Beauvoir eine Alternative. Sie wollten Liebe ohne Verträge, eine Beziehung aber Freiheit, Sexualität ohne Besitzergreifung. All das in der bourgeoisen Ehe scheinbar Unmögliche ermöglichen sie sich durch die Entwicklung ihrer eigenen Beziehungsform. Statt eines Ehevertrags schließen sie eines Liebespakt. Dieser ist zunächst auf zwei Jahre begrenzt. Später verlängern sie ihn und er währt 51 Jahre lang bis zu Sartres Tod. Trotz oder wie de Beauvoir vermutet gerade wegen ihrer Freiheiten. (Hahn 2005)

Der Pakt sichert den beiden eine gegenseitige Sonderrolle in der Beziehung zu. Gleichzeitig gestehen sie sich die Freiheit zu anderen Liebes- und Sexualbeziehungen zu. Außerdem versprechen sie gnadenlose Offenheit voreinander, sowie sich einander ständig mitzuteilen. Sie streben einen ständigen Austausch über Fortschritte in ihrer literarischen und philosophischen Arbeit, aber auch über Gefühle und private Ereignisse an. Dahinter steht der Wunsch, sich vom anderen voll und ganz in die Karten schauen zu lassen. Nach der Veröffentlichung des privaten Briefaustausches beziehungsweise der Tagebücher Beauvoirs und Sartres, zeigen sich Journalisten und Zeitforscher erstaunt. Man ist verwundert, dass sich das berühmteste Philosophenpaar des Jahrhunderts in großen Teilen über Banalitäten wie Schlaf, Arbeit, Essen und Klatsch austauscht. Sie erwarten Literatur und finden stattdessen die Banalität des Alltags. Doch gerade darin zeigt sich nur, welche große Bedeutung dem sich Austauschen zugeteilt werden muss. Aus ihm entspringt eben nicht nur Philosophie und Literatur, sondern es stellt im gleichen Maße eine wichtige Stütze ihres Beziehungsmodelles da. Ihre Korrespondenz ist ungefiltert und nicht nur dem Inhalt nach, sondern auch als Aktion selber bedeutsam. (von Rossum 1998, S. 21ff) Wie aber passt es zu den Freiheit liebenden Existentialisten, sich das Leben ständig und in allen Details aufzwängen zu wollen? Warum gibt es Raum dafür in dieser Beziehung zweier Menschen, die nie zusammen unter einem Dach leben und sich ihr Leben lang siezen, um der Lähmung der Ehe zu entgehen? (Hahn 2005) Das Mitteilungsvermögen passt zu Sartre und Beauvoir, solange es nicht als Synchronitätsbestreben verstanden wird. Denn wer miteinander spricht, ist eben nicht eins. Nur wo es Trennung gibt, ist Austausch möglich und auch sinnvoll. Die Kommunikation ist die unendliche Bearbeitung des Abstandes und die unendliche Wiederherstellung desselbigen. In diesem Sinne muss auch Simone de Beauvoirs Aussage „Sie sind ich" interpretiert werden. Im ebenbürtigen Partner erkennt Beauvoir die Qualität eines Echoraumes, der die eigenen Gedanken modifiziert zurückwirft. Die Freude, auf dem Grund des Partners sich selbst hören zu können und auf dem eigenen, wie der andere ihn bespricht. Die Methodik des Austausches kann somit als wichtiger Treibstoff für ihre Schaffenskraft gesehen werden, sowohl als Paar, als auch für das Werk des Einzelnen. Ihnen gelingt es, sich durch einen immerwährenden Strom an Informationsaustausch zu ergänzen und ihre Gedanken zu komplettieren. Dabei begegnen sie sich stets auf Augenhöhe und ohne Vorbehalte. (Knetsch 2010)

Neben dem sich Mitteilen ist die Freiheit zu kontingenten Affären parallel zu ihrer Hauptbeziehung ein wichtiger Pfeiler ihres Beziehungsgerüstes. Sowohl Sartre als auch Beauvoir haben während ihres gemeinsamen Lebens eine Vielzahl an Liebes- und Sexualpartnern. Dabei handelt es sich oft um SchülerInnen der Philosophieprofessorin Beauvoir. Diese sind deutlich jünger als Sartre und Beauvoir und sehen zu dem berühmten Paar auf. Diese jungen Leute werden von ihnen geistig und beruflich gefördert, manchmal auch finanziell unterstützt. Oft haben Sartre und Beauvoir Verhältnisse mit denselben Personen, immer tauschen sie sich bis ins kleinste Detail über die jeweiligen Parallelbeziehungen aus. Es entsteht der Begriff der „Mitrede plasier" (dt: „kleine Familie"). Damit bezeichnen die kinderlosen Philosophen, ihre Freunde/Freundinnen, Bewunderer/Bewunderinnen und (Ex-)LiebhaberInnen, die sich im Laufe ihres Lebens um sie herum scharen. Einige Namen, wie etwa Bianca, Olga, Natascha, Bost, finden sich immer wieder im schriftlichen Austausch des Paares und sind somit auch Bestandteil Sartres und Beauvoirs Biografien geworden. Kritiker schließen aus der Korrespondenz des Paares, dass viele ihrer gemeinsamen Geliebten unter der Beziehung leiden. Nicht wenige äußern sich selbst im Nachhinein negativ über ihre Erfahrungen mit dem Philosophenpaar. Bianca Bienenfeld, die sowohl mit Sartre als auch mit Beauvoir eine romantische Beziehung pflegte, veröffentlicht sogar das Buch „Die Memoiren eines getäuschten Mädchens", in dem sie mit der angeblichen Skrupellosigkeit des Paares abrechnet. Auch Beauvoir selber gesteht ein, dass die notwendige Liebe zu Sartre oft auf die Kosten Dritter ging. (Schwarzer 1997) Gerade, dass das Philosophenpaar alles teilt (also auch die intimsten Momente Dritter), gemeinsam Lügen konzipiert, leidenschaftliche Liebesbriefe als literarische Versuche betrachtet, scheint kühl und berechnet. Gerade in jungen Jahren scheinen die parallelen Liebschaften für das Paar nicht mehr zu sein als Spiel und Eigennutz. (Mitscherlich 1985) In anderen Fällen, gerade in fortgeschrittenem Alter, kommt es vor, dass die beiden längere Beziehungen von emotionaler Tiefe entwickeln. Simone de Beauvoir führt beispielsweise über Jahre eine intensive Liaison mit dem amerikanischen Schriftsteller Nelson Algren. Sartre hat über lange Zeit ein Verhältnis mit Dolores Vanetti, die ebenfalls Amerikanerin ist. (Hahn 2005) In Fällen wie diesen ist auch dem modernen

Paar Eifersucht nicht fremd. Es zeigt sich also, dass die oft als intellektuelle Ehe bezeichnete Beziehung zwischen den beiden alles andere als makellos ist. Sieht man hinter die mythisch-romantischen Begrifflichkeiten des Doppel-Ichs, der notwendigen Liebe und des Zwillingszeichens, das laut Beauvoir metaphorisch die Stirne der beiden Existentialisten zeichnet, findet man allzu menschliche Improvisation und Imperfektion des Versuchens. Die Bemühungen zweier Menschen, die einen philosophischen Anspruch an ihre Beziehung stellen und die Utopie eines neuen Zusammenseins wagen und austesten wollen. (Rowley 2007) Wie die Beziehung zwischen Sartre und Beauvoir wirklich aussah, ist anhand ihrer Briefe und Memoiren nur teilweise zu beantworten. Obgleich es umfassendes literarisches Material gibt, bleibt vieles doch ungreifbar. Spekulationen darüber, wer der Unter- oder Überlegene innerhalb des Liebespaktes ist, wer als Gewinner oder Verlierer aus der Paarbeziehung hervorgeht, halte ich daher für genauso irrelevant und schwer beweisbar wie die kontrovers diskutierte Frage, wer wen in größerem Maße schriftstellerisch beeinflusst hat. (Schwarzer 1997)

Will man Sartres und Beauvoirs Liebesleben von einem soziologischen Standpunkt aus betrachten, reicht der voyeuristische Blick durchs Schlüsselloch, vor dem sich all die intimen Details ihrer Liebschaften ausbreiten, nicht. Bei der Analyse ihres Paarlebens sollte vielmehr der gesellschaftliche Kontext einbezogen werden. Unter diesem wird ihre Art des partnerschaftlichen Lebens zu einem Akt der Befreiung und Sartre und Beauvoir zu Weichenstellern eines vielfältigeren Beziehungsbegriffes. Ihre experimentelle Zwischenmenschlichkeit zeigt für die damalige Zeit neue Wünsche und Möglichkeiten des Paarlebens auf. Was uns ihre Lebensgemeinschaft unabhängig von umstrittenen Intimdetails bieten kann, ist ein neues Paradigma des Zusammenlebens, welches die Eindimensionalität des damaligen bourgeoisen Beziehungsbegriffes aufzeigt. Zwar hat keiner der beiden den eigenen Pakt je als Modell für andere bezeichnet. Trotzdem ahmten Anhänger der linken Protestbewegung die moderne Zweierbeziehung à la Sartre und Beauvoir dogmatisch nach. Noch heute ist ihre Beziehung zueinander einer der bekanntesten Nachlasse ihres schöpfungsreichen Lebens. Die Idee des offenen Liebens und gemeinsamen, mehrdimensionalen Schaffens begeistert. Ein Paar, das nicht in Idylle, sondern in Aufruhr lebt, auf nichts verzichten will und füreinander doch Kompromisse schafft. Die Beziehung Beauvoir-Sartre ist bis heute verbunden mit dem Traum eines schöpferischen, selbstbestimmten und bewegten Lebens. (Hahn 2005)

Ko-Kreativität III: Ich – Das Universum
Ist der Existentialismus egozentrisch?

Die dritte ko-kreative Ebene bezieht sich auf den tieferen Sinn, der hinter jedem kreativen Handeln steht, das über eigennützliche Zweckerfüllung hinausgeht und die Mitgestaltung der Evolution zum Ziel hat. (Hosang 2017) Da der Existentialismus zur selbstständigen Moralbildung und einem Lebensentwurf nach eigenen Maßstäben aufruft, könnte man zu dem Schluss kommen, er propagiere eine egomanische Weltanschauung, oder sei gar gemeinschaftsfeindlich. Wie passt ein überpersönliches Miteinander zu einer Philosophie, die die Existenz eines allgemeingültigen Sinns abspricht und den Menschen damit die gemeinsame Lebensbasis nimmt?

Zunächst muss in Betracht gezogen werden, dass die Bewusstwerdung über die eigene Freiheit nur den ersten Teil des existentialistischen Lebensentwurfes (insofern man von so etwas wie einem einheitlichen existentialistischen Lebensentwurf sprechen kann) darstellt. Sie ist also der Nullpunkt des freigewordenen Menschen. Ein Mensch, der im Angesicht seiner persönlichen Freiheit in katatonische Starre verfällt, war sicher nicht Sartres und Beauvoirs Idealbild des existentialistischen Menschen. Anstatt sich in passiven Zuständen einzurichten, soll der Mensch zum Handeln zurückkehren. Der Mensch kann sich nicht durch Rückwendung auf sich selbst verwirklichen, sondern nur im Kontakt mit anderen. Der existentialistische Mensch erfreut sich also nicht egozentrisch an seiner Freiheit, sondern sucht nach Zielen außerhalb seiner selbst.

Dass der existentialistische Lebensentwurf eben nicht abgespalten, egozentrisch, funktionieren kann, zeigt sich auch im sartreschen Freiheitsgedanken. Dieser besagt, dass der Mensch in absoluter Freiheit über sein Schicksal bestimmt. In Anbetracht psychoanalytischer Konzepte zur Fremdeinwirkung und Prägung des Menschen scheint dieser Glaube an die Absolutheit der Freiheit fraglich. Nach Freud ist der Charakter einer Person schließlich durch die Eltern, Erziehung und im Allgemeinen die Umstände seines Lebens determiniert. Doch für Sartre hat Freiheit nichts mit Willkür zu tun. Zwar ist die Freiheit immer mit Grenzen konfrontiert, die aus dem Leben heraus entstehen, doch diese stellen für Sartre kein Hindernis dar. Im Gegenteil; erst durch sie wird die eigene Freiheit für den Menschen sichtbar. Nur in der Konfrontation mit objektiver Unfreiheit wird die Freiheit realisierbar. Sartre verdeutlicht dieses Phänomen an seinen persönlichen Erfahrungen. Er verweist auf die Menschen, deren Freiheit durch die Unterdrückung des Besatzungsregimes gefährdet scheint und die trotzdem in der Lage sind, sich dagegen aufzulehnen. Sartre sieht die unabdingliche, immer wiederkehrende Entscheidungssituation des Menschen als Beweis für seine unumstößliche Freiheit. Der Existentialismus geht davon aus, dass die Menschen zu jedem Zeitpunkt ihres Lebens die Wahl haben anders zu handeln. Sie stehen mit jeder Handlung erneut vor der Entscheidung zwischen verschiedenen Optionen.

Die Umstände für sein Handeln verantwortlich zu machen, halten die Existentialisten für Selbstbetrug. Auch hier verfällt der Mensch dem moviment fois-Phänomen, um sich in seiner jeweiligen Lage zu arrangieren und nichts ändern zu müssen. Er wählt den aktiven Selbstbetrug, um sich aus der Verantwortung zu ziehen. In dieser Unaufrichtigkeit vor sich selbst sehen die Existentialisten einen Habitus, der weit durch die zivilgesellschaftliche und soziologische Historie reicht und das Fortschreiten von Individualisierungsprozessen und Kriegssituationen mitbegründet. (Schönherr-Mann 2005, S. 78ff) Die einzige Möglichkeit, um der Beliebigkeit des Lebens und seinen Schrecken entgegen zu wirken, ist die Freiheit, zu der wir verurteilt sind nicht nur zu erkennen, sondern auch zu nutzen. Darin besteht die Aufgabe des Menschen im Existentialismus. Wie dieser Nutzen aussieht, ist wiederum dem Individuum freigestellt.

Existenzorientierte Philosophie versteht sich also nicht allein als ein Werkzeug für Erkenntnis und Untersuchung, sondern vor allem als in das eigene Leben integriertes Handeln. (Alberts 2017) Gerade die französischen Vertreter wie Sartre, Beauvoir und Camus bringen die Theorien der deutschen Existentialisten mit politischen und sozialen Themen in Verbindung. Sartre betont diese Betrachtung in seiner 1945 uraufgeführten Rede „Ist der Existentialismus ein Humanismus?", die später in Buchform veröffentlicht wurde. Darin erklärte er, inwieweit die existentialistische These „Existenz kommt vor Essenz" das Verankern der Philosophie in konkrete Lebenspraxis voraussetzt. Sartre stellt also die Frage nach der Verantwortung des (erwachten) Individuums für das politische und soziale Geschehen seiner Zeit. Wie kann eine Gesellschaft funktionieren, in der Sozialität nicht durch höhere Mächte (wie Glauben) eingefordert werden kann, da diese nicht länger Teil der Kultur sind? Ist Moralität und Sozialbewusstsein möglich, ohne an diese gebunden zu sein, ohne einen Maßstab für Richtig und Falsch zu haben? Sicher ist, dass sie eine neue humanistische Kultur erfordert – eine, die offen ist für Diskussion und verschiedene weltanschauliche Grundlagen zum Ziel des Friedens zusammenbringen kann. (Grünwald 1990, S. 1f) Diese führt zwar nicht unbedingt zu einer schnelleren und einfacheren Lösungsfindung. Dafür ist sie aber aufrichtig, vielschichtig, inkludierend und zielt auf Langlebigkeit. Dieses Handeln ist für die Existentialisten ein besseres Handeln, da es nicht länger vom unauthentischen Streben nach der Erfüllung falscher Ideale geleitet ist, sondern im Wissen um Freiheit und Selbstbestimmung geschieht. Wer handelt, weil er an den Nutzen der Handlung glaubt, wird in seinem Tun erfolgreicher sein und mehr Erfüllung finden als der, der nur handelt, weil er denkt es zu müssen.

Soziales und politisches Engagement

Auch an Sartres und Beauvoirs Biografien zeigt sich die Bedeutung der

Mitgestaltung aus den philosophischen Betrachtungen heraus. Während Sartre sich unter dem Krieg noch durch apolitische Zurückhaltung auszeichnet, gründete er 194, nach seiner Rückkehr nach Paris, eine Widerstandsgruppe. Außerdem fällt er durch seine Teilhabe am Kampf gegen den Kolonialismus, insbesondere für die Unabhängigkeit Algeriens, auf. Wie differenziert er in seinem politischen Engagement vorgeht, kann man an seiner Haltung zum Marxismus erkennen. Er verteidigt sowohl Joseph Stalin, Fidel Castro als auch die terroristische Rote Armee Fraktion. Zwar kritisiert er sie, gleichzeitig ist er bewusst auf der Suche nach dem Dialog. Bis heute gibt es unterschiedlichste Interpretationen zu Sartres zeitweiser Nähe zum Marxismus, der oft im Widerspruch zu den existentialistischen Thesen steht. Die Antithetik innerhalb seines langjährigen Politengagements lässt sich durch sein Authentizitätsbestreben begründen, das für Sartre über jeglicher Dogmatik steht. Sie macht Sartre zu einem der meist diskutierten und zugleich umstrittensten Intellektuellen des 20. Jahrhunderts.[14] Auch Simone de Beauvoir ist nicht nur als Sartres Partnerin in seinem politischem Handeln aktiv, sondern sagt auch über sich selbst ihr Hauptbestreben als Schriftstellerin sei anderen mittzuteilen, wie sie ihr Leben empfand. Sie sieht es als ihr Anliegen, andere durch die Mitteilung ihrer Erfahrungen zu bereichern. Sie behält ihr Erleben also nicht für sich, sondern stellt es als kulturellen Nachlass der Allgemeinheit zur Verfügung.

Existentialismus heute

Auf die französischen Existentialisten geht nicht nur der Mythos einer Jugendkultur, die in Caféhäusern sitzt, schwarze Rollkragenpullover trägt, Jazz hört, viel trinkt, liest, raucht und denkt, zurück, sondern auch heute selbstverständliche Normen unseres Alltags. (Radisch 2017) Der Lebensstil des Philosophenpaares, der zu ihrer Lebenszeit außerhalb aller Konventionen liegt, ist heute eine Grundlage des gesellschaftlichen Zusammenlebens. In unserer Verfassung ist verankert, dass jeder Mensch das Recht auf seinen eigenen Lebensentwurf hat und jeder Entwurf grundsätzlich seine Berechtigung. Spricht man heute von Lebenspartnerschaften, ist nicht mehr ausschließlich die ehelige Mann-Frau-Bindung gemeint. Polygamie, Patchworkfamilien, Selbstfindungsprozesse – all das ist heute Teil unseres alltäglichen Vokabulars. Gerade weil Jean-Paul Sartre und Simone de Beauvoir trotz ihrer Radikalität nie dogmatische Forderungen stellen, sondern ihr

---

[14] Fokus Online: Vom Ekel zum Engagement. 2005. https://www.focus.de/wissen/mensch/jean-paul-sartre_aid_95847.html (14.01.2018)

Menschenbild immer die Individualität und Authentizität des Einzelnen betont, ist es in seiner Ubiquität bis heute relevant. (Betschart 2015) Ihr jeweiliges Werk wäre ohne den jeweils anderen wohl nicht in seiner Großartigkeit möglich gewesen. Im Austausch aktualisieren, relativieren und intensivieren die beiden Ausnahmedenker ihr Schaffen. Gemeinsam gehen die beiden neue Wege, philosophisch, gesellschaftlich und auch privat. Wege, die alleine nicht möglich gewesen wären.

Literatur

- Bollnow, O.: Deutsche Existenzphilosophie und Französischer Existentialismus, Mainz, S.2ff.
- De Beauvoir, S. (1961): In den besten Jahren, Paris.
- Grünwald, S. (1990): Das Individuum, die Politik und die Philosophie. Zu den innertheoretischen Voraussetzungen von Entwicklungstendenzen im Existentialismus Jean-Paul Sartres, Berlin, S.1.
- Lailach-Hennrich, A. (2003): Der Begriff „Intersubjektivität". Ein Begriffsmerkmal, Berlin, S.8ff.
- Landau, C.; Szudek, A.; Tomley, S. (2011): Das Philosophie Buch, München, S.276ff., S.61.
- von Rossum, W. (1998): Paare: Simone de Beauvoir. Jean-Paul Sartre, Berlin.
- Rowley, H. (2007): "tête-à-tête". Leben und Lieben von Simone de Beauvoir und Jean-Paul Sartre.
- Sarte, J. (1944): Geschlossene Gesellschaft, Paris.
- Sartre, J. (1989): Ist der Existentialismus ist ein Humanismus? Frankfurt.
- Schönherr-Mann, H. (2005): Sartre: Philosophie als Lebensform. München, S.78ff.

Internetquellen
- Alberts, J.: Die Philosophie als Lebensform. [http://philopedia.net/2017/05/07/existentialismus/#31_Philosophie_als_Lebensform; 06.02.2018].
- Assheuer, T. (2013): Die Zeit: Der große Bluff. 32/2010. [http://www.zeit.de/2010/32/KI-LUCHS-Existentialismus; 08.02.2018].
- Betschart, A. (2015): Politik und Moral bei Jean-Paul Sartre. [http://sartre.ch/Politik%20und%20Moral%20bei%20Sartre.pdf; 20.01.2018].
- Blume, D.: LeMO-Biografien: Biografie Simone de Beauvoir. Lebendiges Museum Online, Stiftung Haus der Geschichte der Bundesrepublik Deutschland. [https://www.hdg.de/lemo/biografie/simone-de-beauvoir.html#jpto-top; 07.02.2018].
- Der Ekel und der Existentialismus (2010). [https://www.stern.de/kultur/buecher/jean-paul-sartre-der-ekel-und-der-existenzialismus-3296302.html; 06.02.2018].
- Existentialismus. [https://educalingo.com/de/dic-de/existenzialismus; 18.02.2018].
- Hahn, D.(2005): Taz: Eine gnadenlos offene Beziehung. [http://www.taz.de/!623909/; 20.02.2018].
- Hosang, M. (2017): 3. Philosophiefestival der Liebe: Ko-Kreativität. [https://www.sein.de/3-philosophiefestival-der-liebe-ko-kreativitaet/; 10.01.2018].
- Jean-Paul Sartre. [http://www.whoswho.de/bio/jean-paul-sartre.html; 06.02.2017].
- Knetsch, G. (2010): BR: Zwischen Utopie und Frust.

[https://www.youtube.com/watch?v=JE0PR1DDsqM; 19.02.2018].
- Mitscherlich, M. (1985): EMMA: Das Traumpaar: Beauvoir & Sartre. [http://margarete-mitscherlich.de/das-traumpaar-simone-de-beauvoir-jean-paul-sartre/; 22.02.2018].
- Möller, P.: Existenzphilosophie – Existentialismus, Berlin. [http://www.philolex.de/existent.htm; 17.02.2018].
- Radisch, I. (2017): Zeit Online: Genug dekonstruiert! Das Café der Existentialisten. [http://www.zeit.de/2017/01/das-cafe-der-existenzialisten-sarah-bakewell; 12.01.2018].
- Schwarzer, A. (1997): Zeit Online: Der Preis der Freiheit. [http://www.zeit.de/1997/07/Der_Preis_der_Freiheit; 09.02.2018].
- Simone de Beauvoir. [https://www.lernhelfer.de/schuelerlexikon/deutsch-abitur/artikel/simone-de-beauvoir, 2010; 08.02.2018].
- Vom Ekel zum Engagement. (2005). [https://www.focus.de/wissen/mensch/jean-paul-sartre_aid_95847.html; 14.01.2018].
- Ziegler, W. (2016): Sartre. [https://www.youtube.com/watch?v=TJjM4EiSdDg; 10.10.2017].

Abbildungen

- Abbildung 1: [http://tvtropes.org/pmwiki/pmwiki.php/Creator/JeanPaulSartre; 23.02.2018].
- Abbildung 2: [https://www.biography.com/people/simone-de-beauvoir-9269063; 23.02.2018].

DIE WALT-DISNEY-STORY

AUFSTIEG DES GRÖSSTEN VISIONÄRS ALLER ZEITEN

VIKTORIA DUDYCH

Einleitung

Der Name Walt Disney steht wie kein anderer für Fantasie, Kreativität und Ideenreichtum. Wer kennt sie nicht: die zahlreichen Disney-Figuren wie Donald Duck, Goofy, Daisy Duck, Pluto und Micky Maus. Sogar über 90 Jahre nach der Entstehung der Zeichentrick-Figuren kennen selbst die ganz Kleinen sich noch gut mit ihnen aus, vielleicht sogar besser! Disney machte seine Träume zur Wirklichkeit. Träume, oder auch besser Visionen genannt, sind die Inspiration für ihr Tun. Denn sie wirken wie ein Leitstern, der ihnen den Weg zu ihren Zielen zeigt. Eine Vision davon, wie die Zukunft aussehen sollte, hat nahezu jeder. Doch spätestens beim Nachdenken über die benötigten Ressourcen zerplatzen oftmals die schönsten Pläne. Dass Geld- und Personalmangel kein Hindernis auf dem Weg zur Realisierung großer Ziele oder Lebensträume ist, hat schon vor knapp 90 Jahren Walt Disney bewiesen. Vom Tellerwäscher zum Millionär, solche Geschichten gibt es viele. Doch Disney hat viel mehr geschafft, als nur reich und berühmt zu werden. Ihn hat nicht nur die Art, wie wir Informationen verarbeiten, revolutioniert. Er hat unsere Art der Realitätswahrnehmung verändert. Mit dem Modellieren Disneys – das heißt dem methodischen Analysieren und Aufschlüsseln seiner spezifischen Vorgehensweise und seines Talents – machte Disney diese Methode für persönliche und professionelle Zwecke nutzbar. Damit zeigte er gleichzeitig, dass Disneys Erfolg eine Strategie zugrunde lag, die auch von anderen Menschen erfolgreich genutzt werden kann und nicht ein singuläres Zufallsprodukt ist. Der Ursprung für Disneys Erfolg lag in einer Quelle unerschöpflicher Kreativität und Freude an visionären Ansätzen. „Träume nicht dein Leben – lebe deinen Traum", brachte Walt Disney seine – ihm selbst unbewusste – Methodik auf den Punkt. Doch wie kam der junge Mann aus Chicago zu dem Zeichentrickfilm-Imperium, dass wir alle so schätzen und lieben und was ist dran an den Antisemitismus-Vorwürfen und wie viel hat er selbst eigentlich in Wahrheit entworfen? Die vorliegende Arbeit soll die Verknüpfbarkeit von Ko-Kreativität anhand der Wald-Disney Story untersuchen und seine Wirkung herausfinden. Um das zu ergründen, wird zunächst ein Blick auf das Leben, Erschaffen und Vermächtnis, sowie das Walt-Disney Imperium heute geworfen. Dabei spielen Disneys Visionen und seine Methoden eine Rolle. Im Anschluss daran werden die drei Dimensionen der Ko-Kreativität angesprochen und ein Fazit gezogen.

Der Mann hinter Mickey Mouse
Anfangsjahre

Walter Elias Disney wurde am 5.12.1901 in Chicago geboren. Seine Eltern Elias Disney, ein kanadischer Farmer und Unternehmer, und Flora Call haben insgesamt fünf Kinder. Als Walt 7 Jahre alt ist, zieht die Familie nach Kansas City. Die Disneys leben auf einer Farm und der Nachwuchs muss bei der Arbeit regelmäßig mitanpacken. Der Vater war sehr streng zu seinen Kindern. Auch wenn ihnen ein wenig Extra-Geld beim Zeitungsaustragen zugesteckt wurde, mussten sie dies zu Hause abgeben, sie bekamen kein Taschengeld, keine freien Tage und kein Spielzeug. Oft wurden die Kinder vom Vater geschlagen und so war es auch nicht verwunderlich. dass der kleine Walter oft in seine eigene Welt eintauchte, um so dem Alltag zu entfliehen. Und schon in seiner Kindheit war Walt ein sehr begabter Zeichner. Mit 16 Jahren verließ er die Schule und wollte eigentlich zum Militär, aber da das nicht klappte schloss er sich dennoch mit einem Kumpel dem roten Kreuz an, für das er dann ein Jahr in Frankreich verbrachte. Er kam jedoch schon ein Jahr später zurück, da der Krieg schon vorbei war. Nach seiner Rückkehr erhält er ein Stipendium für das Kansas City Art Institute, wo er auf den Künstler Ub Iwerks trifft. Das Duo schließt sich zusammen und kreiert bereits erste animierte Werbekurzfilme.

Erschaffen von Legenden

Anfang der 20er Jahre zieht Walt Disney nach Hollywood. Hier arbeitet er weiter mit Ub Iwerks zusammen und Walts Bruder Roy steigt in die Firma mit ein und verantwortet die Finanzen. So wird am 16. Oktober 1923 die legendäre Walt Disney Company gegründet. Die erste Zeichentrickserie, die sie kreieren und produzieren, ist „Alice Comedies". In dem Film wurde zum ersten Mal die reale Welt mit der magischen Welt des Zeichentrickfilmes verbunden. Die kleinen Filme verloren aber über die Jahre ein wenig ihre Anziehungskraft, das Publikum wollte viel lieber die gezeichnete Katzenfigur sehen. Ab 1927 entstehen Walt Disneys berühmte Charaktere und Zeichentrickfiguren, die bis heute auf der ganzen Welt bekannt und beliebt sind. Es beginnt mit „Oswald der lustige Hase". Schnell wuchs das Studio und somit kam auch die Anerkennung und der Erfolg – und mit dem Erfolg auch das Geld. Nur einen Fehler machte Disney damals, weil er sich noch nicht so gut im Filmbusiness auskannte. Er sicherte sich nicht die Urheberrechte an seinem Film und so musste er nach einer gerichtlichen Auseinandersetzung die Rechte hierfür an den Filmverleih übergeben. Noch auf dem Weg nach den Verhandlungen überlegte sich Walt Disney dann eine neue Figur, mit welcher er die bekannteste und erfolgreichste Zeichentrickfigur aller Zeiten erfand. Ub Iwerks überarbeitete die Figur noch einmal, so dass sie einfacher zu animieren war. Und so war Micky Maus geboren. Die Lustige Maus hieß zunächst aber Mortemer Maus, Walt Disneys Frau jedoch überredete Ihren Mann dazu, einen netteren Namen zu finden und so entstand Mickey Maus. Der Erste Film mit Mickey Maus und auch mit Minnie Maus war relativ unbekannt am Anfang, weil Disney einfach keinen Verleiher finden konnte. Somit beschloss Disney, einen animierten Film mit Ton zu kreieren und Steamboad Willie war geboren. Der Film war ein voller Erfolg. Ab 1935 wurden die Filme dann auch in Farbe produziert und beinhalten nach und nach weitere Figuren wie Pluto, Goofy und Donald Duck. 1932 erhielt Disney einen Ehren-Oscar für die Erfindung von Micky Maus. Doch die wirklich goldene Zeit des Zeichentrickfilms stand erst noch bevor. Übrigens sollte Disney mit seinen 59 Oscar-Nominierungen Rekordhalter werden. Und in seinem Leben gingen insgesamt 26 Oscars an ihn. Disney hatte bisher nur Kurzfilme produziert, doch nun sollten die ersten abendfüllenden Filme erscheinen. „Schneewittchen und die sieben Zwerge" wurde 1938 veröffentlicht. Die Disney Studios standen zu dem Zeitpunkt kurz vor dem Ruin, aber dank „Schneewittchen und die sieben Zwergen" konnte man das Unternehmen retten. Für den Film bekam er einen extra angefertigten Oscar, bestehend aus einem Großen und sieben kleinen Oscars. In den folgenden Jahren erschafft Walt Disney sowohl kurze Cartoons als auch längere Zeichentrickfilme und legendäre Klassiker wie

„Pinocchio", „Dumbo" und „Bambi". Walt Disney gilt als Pedant und jemand, der alles bis ins Detail kontrollieren muss, dass bestreitet keiner und dass er oft Ideen seiner Mitarbeiter als seine eigenen ausgab, auch das weist Walt Disney nicht ab. Aber wie groß jedoch sein Rassismus oder Antisemitismus war, steht auf einem anderen Blatt Papier. Disneys feines Gespür für Trends und Neuerungen beweist er auch, als er Mitte der 50er Jahre in das Fernsehen investiert und erste Sendungen für den Bildschirm produziert. Dabei tritt er in der Erfolgsshow „Disneyland" (1954) selbst vor die Kamera und wird als Präsentator neuester Filme zum Liebling der Nation. Schon zu seinen Lebzeiten leitet er ein milliardenschweres Imperium, welches ihm nicht nur in der Filmbranche eine außerordentliche Macht verleiht. Er versucht, als Anhänger der Republikanischen Partei politischen Einfluss zu nehmen und unterstützt 1966 seinen Freund Ronald Reagan bei den kalifornischen Gouverneurswahlen. Walt Disneys Kritiker werfen ihm vor, in der Zeit des Kalten Krieges Mitarbeiter seines eigenen Konzerns bespitzelt und Informationen über kommunistische Aktivitäten an das FBI geliefert zu haben.

Vermächtnis

Walt Disney starb am 15. Dezember 1966. Kurz zuvor wurde bei ihm Lungenkrebs festgestellt. Kurz nach seinem Tod kursierten Gerüchte durch die Klatschspalten, dass der Filmemacher seinen Körper einfrieren ließ – durch Kryotechnik. Doch diese urbane Legende ist nicht wahr. Disney wurde nach seinem Tod eingeäschert. Seine Überreste befinden sich in einem Mausoleum auf dem Forest Lawn Friedhof im kalifornischen Glendale. Nach seinem Tod büßt Walt Disney nichts von seiner Popularität ein und hinterließ ein gewaltiges Erbe. Sein Bruder Roy Disney übernahm die Leitung der „Walt Disney Productions". Bis heute setzt sie ihre Arbeit erfolgreich fort, wenn auch an die Zeit angepasst und auf Animationstechnik weiterentwickelt. Allein über hundert Trick- oder Animationsfilme aus dem Hause Disney erschienen bereits in den Kinos und begeistern die Generationen.

Das Walt Disney-Imperium

Bereits unter Gründer Walt Disney wurde eine starke Markenphilosophie entwickelt. „Onkel Walt", der auf einer Farm in Missouri in ärmlichen Verhältnissen aufgewachsen war, liebte die heile, puritanische Welt, die ihm nicht vergönnt gewesen war. Entsprechend schuf er die Marke Disney, die sehr auf der Reinheit der Produkte beruhte und zu einem amerikanischen Mythos wurde. Bis zu seinem Tod hatte Walt Disney das Unternehmen durch seinen Ideenreichtum geprägt. Später hemmte jedoch der stets präsente „Geist Walts" die Entwicklung Disneys. Die Konzernführung war durch das übermächtige Vermächtnis des Firmengründers wie gelähmt und vor allem anderen darauf bedacht, nichts zu unternehmen, was das herausragende, makellose Firmenimage hätte verändern können. Während die anderen großen Hollywoodstudios in den siebziger Jahren schwungvolle Komödien und Actionfilme produzierten, versuchte Disney erfolglos mit Filmen im altbackenen Stil der 50er Jahre seine herausragende Stellung als Filmstudio zu verteidigen. So durchlief der Disney-Konzern in den 80er Jahren eine tiefe Krise. Mit dem „Team Disney", dem neuen Management um Michael Eisner und Frank Wells, begann, verbunden mit einem Wiederaufblühen des Filmstudios Ende der 1980er Jahre, die Modernisierung des Unternehmens. Die Walt Disney Company expandierte zur heutigen Größe. Ein entscheidender Schritt war die Übernahme der Capital Cities/ABC-Gruppe 1997, die dem Disney-Konzern die Kontrolle über zahlreiche TV-Sender sicherte, darunter das landesweite Network ABC und der Sport-Kabelsender ESPN. Mit Eifer und eigenwilligen Management-Methoden führte Eisner Disney aus dem Tal der Bedeutungslosigkeit und machte es erneut zum Powerhouse der Entertainment-Industrie. Doch in den letzten Jahren seiner Amtszeit kämpfte Disney vergeblich gegen sinkende Gewinne. Hinzu kamen Management-Fehler wie etwa die miserable Planung des Prestige-Objekts Eurodisney. Ende 2004 kam es zur Revolte unter den Aktionären, angeführt vom Disney-Neffen Roy E. Disney. Verbissen kämpfte Eisner um seinen Verbleib im Amt, musste aber nachgeben und nach über 20 Jahren an der Konzernspitze als Chairman und später auch als CEO abtreten. Als Eisners Nachfolger wurde mit Robert Iger im März 2005 ein Disney-Insider der Öffentlichkeit vorgestellt. Igers erste Amtshandlung bestand darin, auf Versöhnungskurs mit dem Pixar-Chef Steve Jobs zu gehen und mit ihm gemeinsam Strategien zu entwickeln. Durch die Fusion mit Pixar wurde Steve Jobs, dem Pixar zu 50,1 Prozent gehörte, mit ca. 7 Prozent zeitweise stärkster privater Anteilseigner am Disney-Konzern. Deshalb traf der Tod von Steve Jobs am 5. Oktober 2011 auch Disney hart. Igers Gesamtstrategie steht vor allem dafür, die Kernmarke Walt Disney zu stärken. Die wohl wichtigste Amtshandlung von Iger war jedoch die Übernahme von Marvel Entertainment (2009) und LucasArts (2012). Neben Mickey Mouse, Donald Duck und Co. hält der Konzern nun auch die Rechte an sämtlichen Marvel-Superhelden, dem Star Wars-Universum und Indiana Jones. Nach dem Erwerb der Firmen begann Disney umgehend ein aus bislang 22 Kinofilmen und diversen TV-Serien bestehendes „Marvel Cinematic Universe" zu etablieren und Sequels, Prequels und Spin-Offs der Sternenkrieger-Saga zu produzieren.

Disneys Vision

Walt Disney hatte einen Traum. Er wollte einen Platz erschaffen, wo Eltern und Kinder genug Platz haben, um sich gemeinsam zu amüsieren. Was er sich ausmalte, sollte schöner und vor allem größer sein als die kleinen, schmutzig-miefigen Vorstadtparks, die er kannte. Einen ersten Anlauf in diese Richtung hatte er bereits unternommen. Neben den Disney-Fernsehstudios in Burbank hatte er auf einer Fläche von rund 3200 Quadratmetern einen kleinen Park anlegen lassen. Hier sollten seine Angestellten zusammen mit ihren Familien ihre Freizeit genießen könne. Doch Disney träumte von Größerem. Je mehr er träumte, desto konkreter wurde seine Vorstellung von Disneyland. Auf dem Weg zur Verwirklichung seines Traums blieb er einem Motto treu: „Wenn du es erträumen kannst, dann kannst du es auch verwirklichen."

Disneys Freizeitpark

Als am 17. Juli 1955 das Disneyland im kalifornischen Anaheim eröffnete, konnte noch keiner ahnen, dass es der meistbesuchte Vergnügungspark der Welt werden würde. Nicht zuletzt, weil die Eröffnung im halbfertigen Zustand stattfand – der Asphalt war noch so frisch, dass die geladenen Damen mit ihren High Heels darin steckenblieben. 1952 beginnt Walt Disney mit der Planung eines Vergnügungsparks. In einem sechzig Hektar großen Orangenhain in Anaheim, relativ nah zu/von Los Angeles, findet er nach längerer Suche einen idealen Standort. Wichtig ist ihm der Schnellstraßenanschluss, denn er rechnet mit einem Massenpublikum. Der „Mickey-Maus-Park", wie Disney sein Projekt zunächst nennt, soll kindliche Spielzeugwelt sein. Diese Idee entwickelte sich zu einem Freizeitpark für die Öffentlichkeit. Neben der Frage nach dem passenden Gebiet war es vor allem das Geld, welches Anlass zur Besorgnis gab. Die Studios waren zwar durch Filme und Comics zu einem gewissen Erfolg gekommen, jedoch offenbarte sich schnell, dass für ein solches Großprojekt auch finanzielle Hilfe von außen notwendig sein würde. So war Disneyland während der ersten fünf Jahre seines Bestehens Besitz der Disneyland Inc., deren Aktien gleichermaßen Walt Disney Productions, Western Publishing und ABC gehörten. Nachdem sich der Park als großer Erfolg herausstellte, verkaufte Western seine Anteile an Disney zurück. Die gesamte Bauphase, mitsamt dem Gelände und den Plänen, hatte die damals riesige Summe von siebzehn Millionen US Dollar verschlungen. So war aus Disneys ursprünglichem Unterhaltungszentrum eines der größten Bauvorhaben der damaligen Zeit geworden. Disneyland expandiert bis heute. Es gibt mittlerweile Ableger in Paris, Tokio und Hongkong. Das Walt Disney World Resort in Florida,

1971 eingeweiht, ist mit 15.000 Hektar Fläche der größte Freizeitpark der Welt. Walt Disney, der 1966 gestorben ist, betrachtete Disneyland stets als offenes Projekt und sagte kurz vor seinem Tod: „Solange es noch Fantasie in der Welt gibt, wird Disneyland niemals fertig sein."

EPCOT

Glaubt man den Plänen seines letzten Projekts, träumte Disney aber von mehr als prall gefüllten Kinosälen und Achterbahnen. Mit Epcot, der sogenannten Experimental Prototype Community of Tomorrow, wollte er im US-Südstaat Florida die Stadt von morgen bauen. Er zeigte Pläne einer futuristischen, kreisförmig angelegten Metropole, in der Familien befreit von Autoverkehr in klimakontrollierten Hallen leben und arbeiten und sich von Elektro-Shuttles befördern lassen. Walt Disney war der Überzeugung, die Probleme unserer Städte könnten durch respektvolle, auf zeitlosen Prinzipien gründende Stadtplanung und technische Innovationen gelöst werden. EPCOT würde Unternehmen die Gelegenheit geben, ihre Erzeugnisse unter realistischen Bedingungen zu testen und deren Vorzüge einer großen Öffentlichkeit vorzustellen. Alle Wohnungen in dieser Modellstadt wären bestens mit den neuesten Geräten ausgestattet. Die Einwohner würden sich in „Fokus-Gruppen" beteiligen, um die Marktchancen der neuen Technologien zu bewerten. Disneys „Experimentierstadt" sollte eine Welt ohne optische Widersprüche werden, in der Besucher die chaotische Betriebsamkeit des Alltags hinter sich lassen konnten. Diese Architektur der Versicherung war das Markenzeichen des Disney-Designs, das in Disneyland entwickelt wurde. Sie bewirkte, dass Besucher sich entspannen und offen sein konnten für alles, was vor ihnen lag. Leider konnte Walts Vision einer futuristischen Stadt mit Verkaufsflächen in der Mitte, Straßen, die im Untergrund verlaufen und Wohnsiedlungen am Rand, nie ganz umgesetzt werden. Die Originalpläne des Parks zeigen die Uneinigkeit darüber, was der Park eigentlich sein sollte. Einige Ingenieure wollten den Park als Repräsentation für kommende Technologien bauen, wobei andere ihn als Ausstellungsfläche für internationale Kultur errichten wollten. Beide Gruppen erarbeiteten eigene Parkmodelle. Keines dieser Modelle wurde aber zugunsten des anderen verworfen, sondern sie wurden beide zusammengesetzt zu einem einzigen Park und so besteht das heutige EPCOT aus zwei geografischen und thematischen Hälften, World Showcase und Future World. Durch die Themensetzung internationale Kultur und innovative Technologie wirkt der Park nun wie eine kleine Weltausstellung. Heute lockt das zu Disney World gehörende Epcot durch Simulatoren und Fahrgeschäfte. Interaktive Spiele sollen den Forschergeist junger Besucher wecken, auch wissenschaftliche

Bereiche wie Medizin und Chirurgie und der Energiebedarf von Städten sind Thema. Doch neben dem für sein Dornröschen-Schloss bekannten Magic Kingdom, den als Konkurrent zu den Universal Studios hastig gebauten Hollywood Studios und der Zoo-Welt Animal Kingdom ist Epcot heute nur noch eine Attraktion unter vielen.

Die Disney Methode

Walt Disney stand auch regelmäßig vor der Frage, was realistisch ist, wenn es darum ging, neue Ideen zu entwerfen. Durch seine Fähigkeit, Kreativität und erfolgreiche Business Strategien miteinander zu verknüpfen, ist es Walt Disney gelungen, eine neue Ära der Unterhaltung einzuläuten und andere damit in seinen Bann zu ziehen. Die Walt-Disney Methode ist eine Kreativitätstechnik, die der Amerikaner Robert Dilts durch Modellieren von Walter Elias Disney entwickelt hat, die auf dem Konzept des Rollenspiels basiert. Zielstellung ist das Betrachten eines Problems aus unterschiedlichen Perspektiven. Die Technik zwingt die Teilnehmer, einen Sachverhalt aus einem anderen Blickwinkel zu betrachten, als es ihrer üblichen Persönlichkeitsstruktur entspricht. Im ersten Schritt wird die Fragestellung, das Problem oder das Ziel möglichst konkret formuliert. Anschließend wird es aus unterschiedlichen Sichtweisen näher beleuchtet. Bei der Walt-Disney-Methode versetzt sich eine Einzelperson oder auch eine Gruppe gemeinsam nacheinander in eine von drei Rollen: Träumer, Realist oder Kritiker. Der Träumer generiert und spielt mit Ideen ohne sich Gedanken über deren Realisierbarkeit zu machen – „Alles ist erlaubt!". Er orientiert sich an der Zukunft und Potenzialen bzw. Möglichkeiten. Der Realist orientiert sich an der aktuellen Situation und sucht pragmatische Handlungsmöglichkeiten. Er überlegt sich, welche Dinge zu tun sind, welche Ressourcen schon verfügbar sind und welche Hilfsmittel noch zu beschaffen sind. Der Kritiker überlegt Stärken und Schwächen von Ideen. Er versucht Aspekte zu identifizieren, an die noch nicht gedacht wurde und fragt sich, was noch verbessert werden könnte. Disney unterstützte das Rollenspiel, indem er für jede Rolle einen eigenen Raum herrichten ließ. Der Raum des Träumers war zum Beispiel groß, hell, bunt und mit Bildern geschmückt. Der Realist bekam ein Zimmer mit einem großen Zeichentisch und viele modernen Hilfsmitteln. Der Kritiker musste dann in einem kleinen, engen Zimmer die Entwürfe des Realisten bewerten. Der Kerngedanke der Walt-Disney-Methode ist, sich zu einem Problem oder einer Fragestellung aus Perspektive aller drei Rollen Gedanken zu machen, Ideen zu generieren und zu verfeinern. Mit dieser Herangehensweise kann es leichter fallen, auch größere Ideen umzusetzen, da es am Ende immer etwas gibt, das man als realistisch betrachtet. Und das ist die Voraussetzung, um ins Tun zu kommen. Als Realist nutzt man die Überzeugungen des Träumers genauso wie die Argumente des Kritikers. Durch den bewussten Rollenwechsel kann man vermeiden, unbewusst in nur eine Rolle abzudriften. Selbst wenn man auch als Träumer ins Handeln kommt, ist man in dieser Rolle eher für Fehler anfällig. Deshalb kann es klug sein, auch den Kritiker in die Konferenz zu holen. Diese Technik hilft einzelnen Personen im Rahmen eines Selbstcoaching, aber auch Teams im Moderationsverfahren dabei, eine ausgewogene Balance zwischen den Perspektiven herzustellen und die gesteckten Ziele in strukturierter Weise zu erreichen.

Die Ko-Kreativität

Nichts ist mehr überschaubar. Zwar sind wir über soziale Medien immer näher aneinandergerückt, aber die Globalisierung hat Verflechtungen und Wirkungsmechanismen so stark ineinander verzahnt, dass alles, was wir tun, unzählige Auswirkungen haben kann, teilweise sogar unbemerkt. In solch einer komplexen Umwelt zu agieren, erfordert Denkweisen und Arbeitsstrukturen, die mit diesen Verflechtungen zusammenpassen. Wer Innovationen aufbauen und fördern will, kann nicht eingleisig denken, sondern muss einen systemischen Blick entwickeln, der erfassen kann, welches Ende sich bewegt, wenn man am Faden zieht. Die Fülle an Informationen bietet aber auch die Chance, verschiedene Aspekte zu verknüpfen, obwohl sie aus getrennten und scheinbar nicht zusammenhängenden Bereichen kommen. Genau an diesen Schnittstellen entstehen oft überraschend Innovationen. Die Zukunft gehört der Ko-Kreativität, die im offenen Austausch von Menschen entsteht, die sich und ihr Gegenüber nicht mehr länger als Objekt von Urteilen, Bewertungen und Vergleichen sehen, sondern als einzigartiges, gestaltungsfähiges und selbstwirksames Subjekt. Kein anderer Begriff integriert die drei Dimensionen so deutlich wie die Dimensionen der Ko-Kreativität: zum „Ich-Selbst", zu „Anderen" und zum „Universum". Ko-Kreativität ist eine moderne Aktualisierung der Ursprungsideen von freier Individualität, sowie sozialer Marktwirtschaft und Demokratie.

Dimensionen zum „Ich-Selbst"

Perfektionist, Träumer, großes Kind, Visionär – Walt Disney schuf nicht nur eine Welt, sondern eine Ikone. Er erschafft im Laufe seines Lebens Filme und Geschichten für die Ewigkeit, setzt Trends und sorgt für Neuerungen im Film- und Fernsehgeschäft, wird zum cleveren

Geschäftsmann und letztendlich selbst zum Mythos. Sein Markenzeichen ist nicht nur der markante Schnurrbart und die dunkle Stimme, sondern auch seine Beharrlichkeit, seine Liebe zum Showgeschäft und unerschöpfliche Kreativität. Damit wird er zu einer der prägenden Persönlichkeiten des 20. Jahrhunderts. „Ich mache keine Filme, um Geld zu machen. Ich mache Geld, um Filme zu machen.", soll Disney gesagt, oder zumindest nach dieser Maxime gelebt haben. Kein Wunder, dass er öfter bankrott war. War Walt Disney also „der gute Mensch von Hollywood"? Wohl nicht. Bei genauerem Hinschauen zeigt die Fassade des erzkonservativen Patrioten Risse. Der Mythos Märchenonkel gerät ins Wanken. Ein manischer Kontrollfreak soll er gewesen sei, in seiner Firma ein eisernes Regiment geführt haben, schelten die Kritiker. Seinen Zeichnern habe Disney angeblich kaum Anerkennung gezollt, sie nach Belieben gefeuert. Auch kein Geheimnis ist: Disney mochte keine Kommunisten, keine Juden und keine Schwulen. Seinem Hass auf die „Roten" ließ der Zaubermeister 1947 vor dem McCarthy-Ausschuss freien Lauf. Hier denunzierte er genüsslich persönliche Feinde. Doch so widersprüchlich die Person Walt Disney auch gewesen sein mag. Sicher ist, ohne seine Phantasie hätten wir so manchen magischen Moment unserer Kindheit verpasst.

Dimensionen zum „Anderen"

Walt Disney war eine komplexe Persönlichkeit, die sowohl gefeiert als auch verdammt wurde. Für seine Familie war Walt Disney ein guter Vater, ein liebevoller Vater, ein verspielter Vater. Er war ein Gigant, aber zu Hause hat er sich immer zuerst um seine Kinder gekümmert. Für seine Mitarbeiter war er ein Tyrann, Visionär und vor allem Geschäftsführer. Er nötigte seine Angestellten, ihn mit „Walt" anzureden und ließ sie gleichzeitig unter einer ans krankhafte grenzenden Kontrollwut leiden. Für sein Publikum war er ein Zauberer, der gute Märchenonkel. Walt war die Lücke zwischen ihm und der Persönlichkeit, die er selber erschaffen hat, bewusst. „Ich bin nicht Walt Disney" soll er einem Freund einmal gesagt haben. „Ich mache viele Dinge die Walt Disney niemals machen würde: Walt Disney raucht nicht – ich rauche, Walt Disney trinkt nicht – ich trinke."

Dimensionen zum „Universum"

In den über 40 Jahren seines beruflichen Lebens erschafft Walt Disney einen gigantischen Medien- und Unterhaltungskonzern. Die Walt Disney Company zählt bis heute zu den größten, erfolgreichsten und einflussreichsten der Welt – mit diversen Studios, zahlreichen

Fernsehsendern, Radio-Vertrieb sowie den Themenparks und Ferienresorts. Den großen Erfolg verdankt Disney nicht nur technisch und künstlerisch hohem Niveau, sondern auch dem Gespür für zeitlich relevante Themen und damit vereinbare Rahmengeschichten. Im vergangenen Jahrhundert hat die westliche Gesellschaft einige der gravierendsten politischen und sozialen Umwälzungen der Geschichte vollzogen. In vielen Teilen der Welt war einer der größten Durchbrüche dieser Zeit wohl die Emanzipation der Frau aus der jahrhundertealten hierarchischen Ordnung, in der die Männer an erster Stelle standen und die Frau in allen Lebensbereichen dominierten. Auch Disney konnte sich diesen Entwicklungen nicht entziehen und so sehen die Kinder und Jugendlichen von heute einen ganz anderen Typus von Kinderfilmen, als damals. Disney Filme versetzen uns zurück in unsere Kindheit und erinnern uns an die magischen Abendteuer unserer Lieblingshelden. Der klassische Kampf zwischen Gut und Böse ist Antriebskraft so vieler Erzählungen und Geschichten. So beginnen zum Beispiel die meisten Märchen, die von einem schönen und makellosen Leben eines jungen Mädchens erzählen. Jene Geschichten, in denen die Prinzessin von ihrem Märchenprinzen gerettet wird und beide gemeinsam glücklich bis an ihr Lebensende sind. Mit Hilfe von Magie und Zauberei entkommt sie ihrem Elend und findet den Weg zum Glück. Doch Disney versucht moderner zu werden, sich dem Lauf der Zeit anzupassen und neue Wege hinsichtlich des Rollenbildes zu gehen. Neuere Filme wie „Rapunzel – Neu verföhnt" oder „Die Eiskönigin" verdeutlichen, dass sich die konservative und stereotype Rollenverteilung bei Disney in einem Wandel befindet und den gesellschaftlichen Veränderungen Rechnung getragen wird. Denkt man nur an Elsa („Die Eiskönigin"), in deren Geschichte es keine Liebesbeziehung gibt, sondern die Reise zu sich selbst im Mittelpunkt steht. Und im Lied „Fixer Upper" desselben Filmes geht es darum, dass Liebe nicht heißt, jemand Perfekten zu finden, sondern, dass wir alle noch an uns arbeiten müssen.

Fazit

Walt Disney – ein Name, eine Marke. Und was für eine, denn was sich hinter dieser verbirgt, sind eine jahrzehntelange Erfolgsgeschichte, einzigartige Ideen und ein Imperium, ohne das sich sowohl Groß als auch Klein die Medien- und Unterhaltungsbranche nicht mehr vorstellen können. Nicht nur unzählige Filme, sondern auch eine Reihe von Themenparks gehen auf das Konto von Walt Disney. Walt Disney war und ist noch immer der König des Kinderreichs. Er schuf viele Filme und Freizeitsparks, in denen er den Traum von einer heilen Welt vermittelt, die er als Kind nicht erleben durfte. Die Definition von Disneys

Zeichentrickfilmen lässt sich nur schwer klar begrenzen, ist dazu doch eine klare Positionierung der eigenen Meinung den Filmen gegenüber erforderlich. Fakt ist, dass die Zeichentrickfilme, die aus Disneys Schmiede stammen, Kino regelmäßig zu dem machen, was es eigentlich ist: ein Ort zum Träumen, ein Ort für Fantasie, ein Ort fernab der Realität. Die Disney-Filme tragen ihren Teil zur liebevollen Imagination von diversen Geschichten bei. Und alles ist möglich! Ob sprechende Tiere, fliegende Teppiche oder singende Kerzenständer – der Fantasie sind keine Grenzen gesetzt. Zwar waren Disney-Filme zeichnerisch und technisch ihrer Zeit voraus. Doch gleichzeitig propagieren sie klare Hierarchien und ein konservatives Familienbild – Happy End inklusive. Der männliche Held ist die Personifikation des American Dream, Erwachsene lehren Kinder die sozialen Benimmregeln und Außenseiter werden schließlich erfolgreich in die Gesellschaft integriert – jeder findet seinen Platz, keiner bleibt zurück. Kein anderes Studio symbolisierte so sehr den Mief der 50er Jahre und beginnenden 60er Jahre wie Disney. Seine Ansichten brachen sich aber nicht nur in der Unterhaltung oder Politik Bahn. Er entwickelte auch großes Interesse an stadtplanerischen Konzepten. Wie zum Beispiel seine Konzernpläne für eine Stadt der Zukunft. Walt strebte nicht nur effiziente Gemeinden und funktionierende Infrastrukturen an. Die „Disneyfizierung" dreht sich um Ideale – um amerikanische Werte. Walt Disney ging es um ein Gesellschaftskonzept, das den American Dream verwirklichen sollte. Soziale Probleme und gesellschaftliche Pluralität hatten da keinen Platz. Obdachlosigkeit, Drogenkonsum und Sex fanden nicht statt. Disneys Modell folgte einem Ideal, das alle ausgrenzt, die aus den verschiedensten Gründen nicht dazugehören können oder wollen. Walt Disney betrachtete Disneyland stets als offenes Projekt und sagte kurz vor seinem Tod: „Solange es noch Fantasie in der Welt gibt, wird Disneyland niemals fertig sein."

Quellen

Filme
- Colt, S.; Jennings, T.; Zwonitzer, J. (2015): Walt Disney – Der Zauberer, Zweiteilige Fernsehdokumentation, 222 Minuten.
- Isbouts, J.; Greene, K.; Greene, R. (2001): Walt. The Man Behind the Myth, Fernsehdokumentation 119 Minuten.
- Sekulow L. (2015): Ein Mann und seine Maus – Die Walt Disney Story, Film, 121 Minuten.

Literatur
- Dilts, R. B.; Epstein, T. & Dilts, R. W. (1994): Know-how für Träumer: Strategien der Kreativität, NLP & modelling, Struktur der Innovation, Junfermann Verlag, Paderborn.
- Eisner, M.; Schwartz, T. (2000): Von der Micky Maus zum Weltkonzern. Der Disney-Chef über sein Erfolgsrezept. Aus dem Amerikanischen von Bernhard Liesen und Erwin Unkrieg. Heyne, München.
- Eisner, M. (1998): Work in Progress. New York: Random House.
- Platthaus, A. (2001): Von Mann und Maus. Die Welt des Walt Disney, Henschel, Berlin.

Internet
- Gennawey, S. [http://www.bauwelt.de/das-heft/Die-Traumstadtfabrik-Walt-Disney-Experimental-Prototype-Community-of-Tommorow-2364058.html; 02.12.2017].
- [http://www.justdisney.com/disneyland/history.html; 08.12.2017].
- [http://www.ideenfindung.de/Walt-Disney-Methode-Kreativit%C3%A4tstechnik-Brainstorming-Ideenfindung.html; 08.12.2017].
- [http://www.freizeitparkfun.de/walt_disney.html; 20.02.2018].
- [https://diepresse.com/home/techscience/internet/5332598/2019-wird-ein-spannendes-StreamingJahr-mit-Walt-Disney; 20.02.2018].

MONTE VERITÀ

NUR EIN TRAUM VOM ALTERNATIVEN LEBEN?

SARAH BREZAK

Einleitung

In der Geschichte der Menschheit belegt das menschliche Bestreben, die optimale Lebensweise zu finden und schließlich zu leben, die zahlreichen vorliegenden Epochen und Strömungen. Jeder fragt sich, was man wirklich braucht, was der Sinn seiner Existenz ist und was das Bestreben nach Gewinnmaximierung in allen Lebensbereichen mit einem als Wesen und besonders als Seele macht. Genau diesem inhumanen Kreislauf der menschlichen Abstumpfung versuchten die Gründer des Monte Verità zu entfliehen.

Monte Verità ist ein 321 Meter hoher Hügel, der einen halben Kilometer nordwestlich der Altstadt von Ascona im Schweizer Kanton Tessin liegt und an den Lago Maggiore grenzt. Der Berg hieß bis 1900 Monte Monescia, wurde dann aber umgetauft in Monte Verità, was sinngemäß  «Wahrheitsberg» oder «Berg der Wahrheit» heißt. In den ersten Jahrzehnten des 20. Jahrhunderts war dieser Ort ein bekannter Treffpunkt von Visionären und Reformern aller Art.

Sozio-kultureller Hintergrund
Gesellschaft

In der mitteleuropäischen Gesellschaft des 19. Jahrhunderts entwickelte sich die Industrialisierung zum dominierenden Lebensbestandteil und zur Quelle der Existenz sowie der Sorgen jedes Einzelnen. Mit Fortgang der Industrialisierung kam die Soziale Frage auf, welche die nicht menschenwürdigen Zustände hinterfragte und kritisierte, in welchen die Arbeiter lebten und arbeiteten, sowie in gewisser Weise die gesamte Gesellschaft verwickelt war.

Ort

Parallel dazu siedelten sich im 19. Jahrhundert eine ganze Reihe auswärtiger Intellektueller rund um den Lago Maggiore an und schufen dort ihren zeitweiligen oder festen Wohnsitz. Die Gegend wurde zunehmend ein Zufluchtsort für politische, religiöse und soziale Rebellen.

Schon vorher gab es Pläne für den späteren Berg der Wahrheit. 1889 war der Monte Monescia ein von Rebläusen befallener Weinberg, dessen Kuppe unbewachsen war. Alfredo Pioda, Politiker und Theosoph und Franz Hartmann, ebenfalls Theosoph sowie Freimauer und Rosenkreuzer, entwickelten zu dieser Zeit zusammen mit Gräfin Constance Georgina Louise Wachtmeister, einer französisch-englischen Theosophin, den Plan, auf dem Hügel ein theosophisches Kloster namens »Fraternitas« zu gründen.

Der ehemalige Weinberg, auf dem lediglich ein kleines Steinhäuschen stand, welches zuletzt als Stall genutzt wurde, war verwildert und die Spitze kahl. Man soll einen atemberaubenden Blick auf den Lago Maggiore und nach Italien gehabt haben.

Personen

Ida Hofmann (1864 in Freiberg geboren; 1926 in São Paulo, Brasilien verstorben), später Ida Hofmann-Oedenkoven, war Pianistin, Musikpädagogin und Autorin. „Lebensreform" und Frauenrechte waren neben Esoterik große Themen in ihren Schriftwerken.

Henri Oedenkoven (1875 in Antwerpen geboren; 1935 in São Paulo verstorben), Sohn eines sehr wohlhabenden belgischen Industriellen und selbst von Beruf Kaufmann.

Karl Gräser (1875 in Kronstadt, Siebenbürgen, geboren; 1918 in Ascona verstorben), war Oberleutnant der habsburgischen Armee und in der österreichischen Festungsstadt Przemyśl (Galizien) stationiert. Dort gründeten er und Leopold Wölfling, der ehemalige Erzherzog Leopold Ferdinand von Österreich-Toskana, die Vereinigung «Ohne Zwang». Karl wurde neben Leopold als Präsident Geschäftsführer der Vereinigung, die den soldatischen Drill und Abstumpfung ablehnte.

Gustav Arthur Gräser (1879 in Kronstadt, Siebenbürgen, geboren; 1958 in München verstorben), genannt Gusto, war ein deutsch-österreichischer Künstler. Er ging früh vom Gymnasium ab um eine Lehre zu beginnen und gewann 1896 mit seiner Schnitzarbeit eine Goldmedaille der Weltausstellung von Budapest. Ab 1897 studierte Gustav Kunst in Wien. 1898 schloss er sich bei Wien der Künstlergemeinschaft «Humanitas» des Lebensreformers und Malers Karl Wilhelm Diefenbach an, welche großen Einfluss auf ihn nahm. 1899 brach er alle sozialen und gesellschaftlichen Bindungen und lebte fortan auf Wanderschaft quer durch Europa, bei der er zahlreiche Bekanntschaften zu Reformern, Philosophen und Künstlern machte. Die Brüder Gräser kamen aus einer bescheidenen, gelehrten Familie und ihr Vater war Bezirksrichter und Senator. Die beiden hatten einen weiteren Bruder namens Ernst (1884–1944), welcher Maler und Grafiker war.

Eugenie Hofmann, die große Schwester von Ida Hofmann, genannt Jenny, später Jenny Gräser, absolvierte eine Ausbildung zur Opernsängerin. Sie und Ida hatten noch zwei weitere Geschwister, einen älteren Bruder, Justus, und eine jüngere Schwester, Julia, die Lilly genannt wurde.

Pauline Charlotte Babette Hattemer, genannt Lotte, Bürgermeistertochter aus Stettin, war Lehrerin und mit Jenny Hofmann eng befreundet.

Im damaligen österreichischen Veldes (heute Bled, Slowenien) trafen sich 1899 Ida Hofmann, die dort ihren schwer erkrankten Vater besuchte, und Henri Oedenkoven bei einem Kuraufenthalt in der Naturheilanstalt Rikli und entwickelten schnell starke Sympathie füreinander. Ebenfalls dort lernten die beiden Karl Gräser kennen und sie alle drei verband die Ablehnung der wilhelminischen Gesellschaft, in der sie lebten, in welcher die Herkunft und das Vermögen entscheidend waren. Es folgte ein intensiver Briefwechsel zwischen Ida und Henri, welcher schließlich in einem Treffen in München mündete. Die Wohnung der Hofmanns in München-Schwabing war der Treffpunkt. Bei dem Treffen stoßen Ida und Henri erneut aufeinander, sowie Jenny Hofmann, Karl und Gustav Gräser, Lotte Hattemer und deren Freund Ferdinand Brune aus Graz, ein theosophisch geprägter Gutsbesitzersohn. Ferdinand Brune durfte letztlich nicht mitkommen, da ihn außer Lotte Hattemer keiner der angehenden Kolonisten für nützlich hielt oder als Unterstützung sah. Auch Gusto durfte sich der Gruppe nur anschließen, weil Bruder Karl sich für ihn einsetzte. Sie beschlossen «Henris Plan», die Gründung einer „vegetabilen Kooperative", umzusetzen, was am Ufer eines der oberitalienischen Seen geschehen sollte. Sie sollen sich außerdem sofort zu Fuß auf den Weg gemacht haben, einen Ort zu finden, der all diese Anforderungen erfüllte. Die kleine Schwester Ida Hofmanns, Jenny Hofmann, blieb vorerst in München zurück, um für die kranke Mutter zu sorgen.

Grundidee

Im Zentrum der Idee der Aussteiger stand ein Leben abseits von Industrialisierung, Materialismus und Kapitalismus, welcher sich in der industrialisierten Gesellschaft etabliert hatte. Dies war die Basis jeder weiter entstehenden Idee, die auf dem Monte Verità fruchten sollte. Ebenso sollten die Gebundenheiten der wilhelminischen Gesellschaft für sie der Vergangenheit angehören und stattdessen wollte man ein völlig ungebundenes Leben, in dem weder Alter, Klasse, Geschlecht, Religion noch sexuelle Orientierung prägend sind. Freiheit in jede erdenkliche Richtung war das Ziel der Siedler. Ein Leben, das durch enge Nähe zur Natur geprägt ist, war das Ziel und diese Naturnähe äußerte sich in der zunächst veganen Ernährung sowie Naturheilverfahren, welche Hofmann und Odenhoven bei ihrem Kuraufenthalt erfahren hatten. Es gab keinen speziellen Plan, sondern das Bestreben nach Freiheit und Selbstbestimmung, welches später, anders als angenommen, ein Problem darstellen sollte. Jeder hatte sein eigenes Projekt und eine Vision, was Freiheit sein sollte. Henri Oedenkoven und Ida Hofmann wollten ein Sanatorium auf Basis von Naturheilverfahren nach dem Vorbild von Rikli in Veldes errichten, in welchem sie sich kennengelernt hatten. Auch Karl Gräser unterstützte die Idee eines Sanatoriums dieser Art, strebte selbst aber verstärkt danach, zusammen mit seinem Bruder Gusto und anderen Gesinnungsgenossen eine Aussteigerkolonie zu gründen, in der sie soweit wie möglich autark leben wollten.

Das übergeordnete Ziel, welches auch für die Namensänderung des Bergs verantwortlich ist, ist es wahrhaftig zu leben. Die Motive erinnern an die schon im Mittelalter aufkommenden Motive «Carpe Diem», was besagt man solle den Tag genießen, «Memento Mori», welches erinnert zu bedenken, dass man stirbt und «Vanitas», was die Vergänglichkeit der Dinge ausdrückt. Diese Motive hatten zwar nachhaltig eher die Lyrik als die Gesellschaftsstrukturen beeinflusst, waren aber dennoch unterschwellige Kritik an der Prioritätensetzung, wenn auch in anderer Form.

Um die Idee in die Tat umzusetzen sollten alle Mitgründer ihre beweglichen Vermögen beisteuern. Das Meiste des zu erwirtschaftenden Gewinns würde wieder in das Projekt fließen, der Rest des Gewinns unter den Mitgliedern gleichmäßig verteilt werden. Falls ein Mitglied die Kolonie verlassen wollen würde, sollte ihm das eingezahlte Vermögen sobald es liquide würde zurückerstattet werden.

Leben

Die Befreiung der Frau war im Zuge der Freiheit ein großes Anliegen in der Kolonie. Durch Inspiration des Psychoanalytikers Otto Gross lebten viele Bewohner auf dem Monte Verità nach dem Prinzip  der freien Liebe in nicht ehelichen Lebensgemeinschaften, freier Ehe oder sogenannten «Reformehen». Ida und Henri lebten zum Beispiel in einer freien Ehe, während Jenny eine Reformehe mit Karl führte.

Reformen und Bewegungen wie den Feminismus versuchten sie ebenso in der Kleidung der Siedler umzusetzen, sodass Frauen weite bis zum Boden reichende Kleider und keinerlei Figur betonende Sachen trugen. Die Männer trugen Hosen mit Kniebund und weite Hemden. Hüte, die in der bürgerlichen Gesellschaft sehr geschätzt waren, lehnten sie komplett ab, stattdessen banden sie ihre Haare mit einem Lederband zusammen. Dattelkerne sollen als Knöpfe gedient haben und das Schuhwerk bestand aus Sandalen aus Tierleder oder man lief barfuß.

Zwar gab es Kleidungsideale, dennoch war die Freikörperkultur auf dem Monte Verità nicht nur Alltag, sondern es wurde auch mit ihr geworben. Man wollte sich ohne Stoffe als Barriere der Natur aussetzen und sie in sich aufnehmen. Zu diesem Anlass wurden auf dem Gelände nach Geschlechtern getrennte „Licht-Luft-Parks" errichtet, in welchen man ohne Kleidung machen konnte, was man nur wollte. Auch wenn die Kolonisten von der Bevölkerung Asconas dazu aufgefordert wurden, sich bei Besuch der Stadt mit ihrem Verhalten sowie der Kleidung anzupassen, gab es dennoch keine schlimmen Konflikte und die Parallelgesellschaften kamen sehr gut miteinander aus.

Der Münchner Choreograf Rudolf von Labahn begeisterte sich für Freikörperkultur und unterrichtete zunächst auf dem Monte Verità Ausdruckstanz und gründete 1913 dort eine Tanzschule. Die Schüler tanzten nackt oder bekleidet und performten auch Aufführungen mit Naturkostümen und Masken. Auch Autoren, Denker und Künstler nutzten die Siedlung als Inspiration und Entwicklungsort für die Erschaffung und Ausstellung ihrer Werke. Viele Siedler kamen ohne Plan oder Programm und ließen sich wie vom Winde leiten.

Neben vielen modernen Behandlungsverfahren, wie der Licht-Luft-Therapie und vegetarischer und auch veganer Ernährung, wurden auch neue Methoden der Naturheilkunde im Sanatorium angeboten. Spezielle Bäder wie die Wasserbäder nach Kneipp, das Lehmbad oder das Erdschlafen nach Emanuel Felke waren auch Teile der Behandlungen. Dass das Sanatorium der Mittelpunkt des Monte Veritàs bildete, sei jedoch ein Irrtum, welcher durch die starke Quellendominanz von Ida Hofmann und Henri Oedenkoven komme, die sich bei ihren Schriften nun mal auf ihr persönliches Projekt konzentrierten.

Das besondere bei ihrem Unterfangen war, dass sie ohne jegliche Leitung, Verfassung oder Organisation liebten und lebten, wobei es dennoch Ernährungs-und Kleidungsnormen gab. Die ursprüngliche Gemeinschaft der Gründer existierte in der Anfangsform nur ein Jahr, jedoch galt sie als der Anlass für Gesinnungsverwandte sich dort niederzulassen und ist so der Anfang einer bis heute fortlaufenden Geschichte.

Ko-Kreativitätsdimensionen

Die drei Dimensionen der Ko-Kreativität, stehen nicht nur mit ihrem Analyseobjekt in Wechselwirkung, sondern auch untereinander beeinflussen sich diese Dimensionen und bilden so das Gesamtkonstrukt der Ko-Kreativität.

Ich-Selbst

Das übergeordnete Ziel der Menschen, die sich auf den Monte Verità begaben, sei wohl idealerweise ein Zustand der inneren Transzendenz, welcher nur durch Selbstreflexion und Nächstenliebe zu erreichen sein mag. Diese Attribute müssen zunächst entwickelt oder ausgebaut werden, um mit sich selbst, anderen und dem gesamten Universum im Reinen zu sein. In der naturbelassenen, abgeschotteten und reizreduzierten Umgebung gab es zunächst die perfekte Möglichkeit für die Auseinandersetzung mit sich selbst, seiner Umgebung und seinem Wesen als Seele. Man konnte sich neu kreieren, seinen Weg bestimmen, ändern und weiterentwickeln, in welche Richtung man auch immer für sich selbst als richtig empfand, um letztlich wahrhaftig zu leben. Ebenfalls wollte man sich von der wilhelminischen Gesellschaft, in der man vorher großteils lebte, lösen und damit deren materialistisches Bestreben wie erhofft komplett ablegen, da man auf dem Monte Verità ein anderes Weltbild vertrat. Sich bewusst zu sein, was sein

Leben für Auswirkungen auf andere, auf die Erde, das Universum und sich selbst hat und ob und wenn, was man hinterlassen möchte, heißt dies in der Schlussfolgerung.

Andere

In Wechselwirkung mit anderen steht die Entwicklung natürlicher Innovationen im Vordergrund. Künste wie Tanz, Malerei und Lyrik wurden von der Natur beeinflusst und beeinflussten einander dahingehend, dass sie immer naturalistischer und freier wurden. Auch Denk- und Lebensweisen wurden erläutert, übernommen und weiterentwickelt, sowie hinterfragt und kritisiert, was im Idealfall die Optimierung jener Sache gewährleistete. Zumindest ist Austausch und Diversität die größte und wichtigste Entwicklung durch die Ko-Kreativität zu anderen. Offenheit der Bewohner Asconas sowie der Siedler und Besucher untereinander förderten die Perspektivvielfalt gegenüber seines eigenen und der anderen Menschen als Wesen geschlechter-, aussehens-, sexualitäts-, herkunfts-, spiritualitäts- und ernährungsunabhängig.

Universum

Um eine universelle Transzendenz zu erreichen, war eine Lebensweise, die keinen ökologischen Fußabdruck hinterlässt und ein Leben mit sich selbst, anderen, der Natur und dem Universum im Einklang erzeugt, von Nöten. Jedes Individuum ist ein Organismus eines großen Ganzen und verfällt in ein äußeres Transzendenzgefühl, was einen inneren Transzendenzzustand voraussetzt, welcher in der Ich-Selbst-Ko-Kreativität herbeigeführt wird. Letztlich bauen alle drei Ko-Kreativitäten aufeinander auf, sind voneinander abhängig, fördern einander und bilden zusammen das Konstrukt der Ko-Kreativität. Die Ko-Kreativität zu sich selbst sowie den anderen Wesen und Erscheinungen des Universums und das Universum an sich ist der Schlüssel zur vollkommenen Transzendenz und Harmonie, wie es die Idealvorstellung des Lebens auf dem Monte Verità bewältigt hätte.

Ende des Traums

Viele Konflikte unter den Bewohnern, aber auch unter den Gründern, führten dazu, dass einige wieder das Weite suchten. Auch Gusto zerstritt sich bereits nach kurzer Zeit mit den anderen Gründern des Projekts und begab sich wieder auf Wanderschaft. Bis 1909 kehrte er aber immer wieder auf den Berg zurück. Von 1916 an lebte er mit seiner Familie zwei Jahre auf dem Landgut seines Bruders Karls auf dem Monte Verità. Den Aussteigern gelang es jedoch nicht, eine wirtschaftlich tragfähige Basis herzustellen, wobei der Erste Weltkrieg dieses Problem verschärfte und immer weniger Kurgäste zu Besuch kamen. 1917 unternahm Henri Oedenkoven als Sanatoriumsdirektor einen letzten Versuch, die Ur-Idee des Monte Veritàs und dessen Sanatoriums zu retten und hob die Ernährungs- und Kleidervorgaben auf, um mehr Komfort und Abwechslung zu bieten und so Kurgäste anzulocken. Diese Maßnahmen konnten jedoch das 1920 folgende, endgültige Scheitern nicht mehr verhindern. Ebenfalls fingen die Beziehungskonstellationen an zu verfallen. Vorher herrschende sexuelle Orientierungen und Vorzüge fanden ihr Ende und spalteten Paare und Gruppen. Das Verhältnis von Henri und Ida Hofmann war zerbrochen. Bereits 1913 lernte Oedenkoven Isabelle Adderly kennen, die jedoch eine strikte Gegnerin der freien Liebe war. Oedenkoven versuchte zunächst in Spanien eine weitere vegetarische Kolonie aufzubauen, was aber wegen der schlechten klimatischen Bedingungen nach kurzer Zeit scheiterte. Isabelle und Henri heirateten schließlich und wanderten 1920 zusammen mit ihren drei Kindern und Ida Hofmann nach Brasilien aus, wo er auch versucht haben soll, eine Lebensreformkolonie aufzubauen, was ebenfalls nicht langfristig war. Fünf Jahre nach Oedenkovens Auswanderung kaufte der deutsch-schweizerische Bankier Eduard Freiherr von der Heydt den Monte Verità und ließ dort 1927 vom Architekten Emil Fahrenkamp ein Hotel im Bauhausstil konstruieren.

Karl Gräser, Jenny Hofmann und Lotte Hattemer, die Aussteiger unter den Aussteigern, waren fest entschlossen, an ihren vorherigen Idealen festzuhalten. So gründeten sie erneut eine Siedlung in der Nähe der Oedenkovenschen Besitzung, jedoch sollten dieses Mal ihre kollektive Vorstellung von Harmonie, Minimalismus und dem dem Augenblick geweihten Leben vollkommen umgesetzt werden. Sie sollen dort Freiheit und Verwurzelung vereint und gelebt haben und Ideen des Liberalismus, des Sozialismus, des Idealismus, des Anarchismus und des Vegetarismus kontinuierlich umgesetzt haben.

Zur gleichen Zeit (1927) errichtete der Bremer Architekt Carl Weidemeyer in Ascona, ebenfalls in der Bauhaustradition, das „Teatro San Materno". Die modernen aber in den Augen vieler für die Umgebung unpassenden Bauten wurden als Provokation gesehen und sabotiert. Eduard Freiherr von der Heydt legte in seinem Testament fest, dass der Monte Verità nach seinem Tod in den Besitz des Kantons Tessin übergehen werde. Dass die Reformsiedlung 20 Jahre durchhielt und bis heute Auswirkungen wahrzunehmen sind, liegt wohl an den Sezessionisten und deren Nachfahren.

Heute

Das Grundstück wurde von den Gründern so naturbelassen wie möglich. Um jedoch an die Geschehnisse und den Traum der Visionäre des Monte Veritàs zu erinnern, betreiben die Kinder der Siedler Museen über Ihre Vorfahren und deren Leben und Perspektiven. Heute befinden sich auf dem mittlerweile als Kulturgut geschützten Monte Verità das Museum Casa Anatta, ein Hotel und Restaurant im Bauhausstil, das von der Eidgenössischen Technischen Hochschule Zürich auch als Tagungs- und Kongresszentrum genutzt wird. Neben den Räumlichkeiten findet man auch einen öffentlich zugänglichen Park, sowie einen Tee- und Kräuterpark. Der Berg und die auf ihm befindlichen Einrichtungen werden auch häufig für Freizeitveranstaltungen wie Konzerte verwendet und gelten als universelles Kulturzentrum.

Fazit

Zunächst kann man sagen, dass die Frage ob der Monte Verità nur ein Traum war, differenziert beantwortet werden muss. Es lässt sich sagen, die perfekten Voraussetzungen für das Gelingen ihres Projektes waren gegeben. Durch völlig unerschlossenes Gelände konnten sie bei null anfangen und eine konventionslose Gesellschaft entwickeln. Die Siedler konnten sich im Ganzen ihren Bestimmungszwecken widmen, ohne sich Bemühungen um Sicherungs- und Verteidigungsmaßnahmen machen zu müssen, da die Bewohner des Monte Veritàs von den Bürgern in Ascona und im Tessin geduldet und nicht behindert wurden. Dadurch konnten sie sich so ausleben, wie sie es sich nur erdenken konnten, ohne Rücksicht auf jegliche Art von konventionellen Zwängen nehmen zu müssen.

Die Basis der Ablehnung der Ziele, Werte und Methoden der bürgerlichen Gesellschaft war letztlich jedoch wohl nicht genug, sie war zu klein. Eine sehr kleine homogene Basis trifft auf stark heterogene Prioritätensetzung, Einstellungen und Motive vieler Akteure und Besucher des Monte Verità. Ebenfalls hatten die Kolonisten des Monte Verità unterschiedliche Vorstellungen, was eine natürliche Lebensweise voraussetzt, zulässt und umfasst. Während moderne Siedler wie Henri Oedenkoven technische Fortschritte bewusst und nachhaltig einzusetzen versuchten, lehnten die Vertreter des Primitivismus, wie vor allem die Brüder Gräser, die Technik als Quelle des Übels vollkommen ab. Daraufhin folgten ständige Spannungen und Konflikte innerhalb der Lebensgemeinschaft, welche das Scheitern dieser förderte. Hinzu kommen herrschende Zielkonflikte unter den Kolonisten durch das Spannungsfeld des Ideals und des Realen. Die Forderung der Veganer nach pflanzlichem

Schuhwerk statt der Ledersandalen, ließ sich aufgrund nicht vorhandener gleichwertiger pflanzlicher Materialien nicht verwirklichen. Auch der Verzicht auf Dienstboten und Angestellte war für manche Gäste oder Zuwanderer ein zu großer Einschnitt in ihr Leben und für diese nicht durchsetzbar. Bewohner, die selbst in der Gemeinschaft keinen Dienst verrichteten, aber alle Vorteile des Gemeinschaftslebens ausnutzten, fielen dem Gemeinwohl zur Last und brachten die alten wilhelminischen Gesellschaftsstrukturprobleme in die Kolonie. Die Arbeit auf dem Berg soll außerdem sehr lange gedauert haben, da die Kolonisten, die arbeiteten, durch Gäste oftmals in lange Unterhaltungen verwickelt und dadurch von der Arbeit abgehalten wurden. Besucher zerstörten oder stahlen teilweise das Gemeinschaftseigentum der Kolonie, was den Aussteigern durch die Ersetzung der Objekte wirtschaftlich ebenfalls zur Last fiel.

Eine Satzung oder Regelwerk hätte die Möglichkeit geboten, neue Siedler und Besucher, die nicht bereit waren, sich für das Wohl des Gemeinwesens einzusetzen und dessen Eigentum zu schätzen, abzuweisen beziehungsweise nach einer Probezeit oder bei wiederholten Verstößen gegen die vereinbarten Regeln von der Kolonie auszuschließen. Regeln und Vorschriften anders als zum Verhältnis zur ökologischen Nachhaltigkeit wurden allerdings nicht gerne gesehen, da man diesen durch den Ausstieg aus der bürgerlichen Gesellschaft oder einen Besuch auf dem Monte Verità schließlich entfliehen wollte. An der Kleidung, die klassisch für die Männer Hosen und für die Frauen Kleider darstellte, ist dennoch zu erkennen, dass sie in gewisser Weise an gesellschaftliche Konventionen gebunden waren. Es zeugt davon, dass sie trotz deutlicher Distanz zum Bürgertum immer noch stereotypische Denkmuster und Verhaltensstrukturen anwandten, was daran liegen kann, dass sie so aufgewachsen sind. Freiheitsideale wurden nicht nur in manchen Bereichen übersehen, zudem wurden theoretisch formulierten Idealzuständen keine Entfaltungs- oder Bewährungszeiten vergönnt und Innovationen waren daher nur kurzatmig und deren Erfolge nie ganz ausgeschöpft.

Ungehemmte Auslebung persönlicher Neigungen vieler Bewohner sowie rücksichtsloses Verhalten gegenüber den Bedürfnissen anderer und des Gemeinwohls wiederum verbrauchten viel Energie zur Streitschlichtung oder Kompromissfindung, die in andere Projekte investiert hätte werden sollen. Auch die Vielfältigkeit der Lebens- aber vor allem der Ernährungsideale spannte das Verhältnis unter den Bewohnern an und raubte wertvolle Energie. Besucher aber auch Bewohner wollten häufig nicht nur Rohkost zu sich nehmen und gingen ab und zu in die Innenstadt Asconas um Fleisch oder andere tierische Produkte zu sich zu nehmen, woraufhin radikale Veganer noch strengere Vorschriften forderten. Meinungsverschiedenheiten gab es schon immer, da schon immer nicht jeder mit allem von jedem anderen einverstanden ist und es unterstützt oder gar gutheißt. Man sagt schließlich nicht umsonst 'Wo die Freiheit des einen anfängt, hört die Freiheit eines anderen auf'. Was auch sehr gut die Widersprüchlichkeit der Idee der Gründer des Monte Veritàs, für jeden Freiheit in alle Richtungen zu gewährleisten, aufzeigt. Auch schon vor Monte Verità gab es Versuche, das konventionelle, durchschnittliche Leben zu verändern. Hubert Mohr beschreibt dies rückblickend wie folgt: «Der Monte Verità reiht sich [...] in die Tradition der europäischen gesellschaftskritischen Sozialutopien ein.» Die dennoch herrschende aktuelle Relevanz der Idee des Siedlungsprojektes des Monte Veritàs lässt sich in der Tatsache erkennen, dass diese von Ideen heutzutage wie sogenannten Öko-Dörfern und Selbstversorger-Gemeinschaften nicht allzu weit abweicht. In ganz Europa gibt es Lebensreformersiedlungen des 21. Jahrhunderts, die versuchen nach bestimmten Idealen, Ideen und Philosophien ihr Leben zu gestalten. Noch immer gibt es also das Verlangen nach einer naturnäheren Lebensweise und Ablehnung der kapitalistischen Entwicklung der Weltgesellschaft, wie es sie vor und zu Zeiten des Monte Veritàs schon gegeben hat, gab und in Gegenwart wie Zukunft auch immer geben wird.

Monte Verità war nicht der eine Traum, der auch wirklich in Erfüllung ging, beziehungsweise den man umsetzten konnte wie erhofft und der noch heute in der Ursprungsform gelebt wird. Auch war es nicht nur ein Traum, da es eine Umsetzung gab, die sogar Folgen für die Geschichte der Sozialreformen in Europa hatte, tausende Menschen inspirierte und formte, sowie Auswirkungen auf das Gelände heutzutage hat. Aber ja, es war ein Traum wie ihn schon einige davor und auch danach hatten und immer haben werden. Man muss jedoch sagen, es gab ebenso viele ähnliche Projekte, die nie umgesetzt wurden, wie die Projektidee des theosophischen Klosters »Fraternitas«, welches auf dem späteren Monte Verità gegründet werden sollte, ganz zu schweigen von den vielen Ideen, von denen man noch nicht einmal etwas weiß. Demnach ist Monte Verità diesen unerfüllten Plänen mindestens einen Schritt voraus.

Also nein, Monte Verità war nicht nur ein Traum und auch keine reine Utopie wie oft unterstellt, sondern hatte wahrhaftiges Zukunftspotenzial. Letztlich scheiterte es an der Umsetzung, der etwas anderen Prioritätensetzung was Regeln anbelangt, sowie an dem unkoordinierten Timing. Mit den beiden darauffolgenden Kriegen hatte ihr Vorhaben wohl nicht allzu viel Überlebenschancen zur damaligen Zeit. Mit gewissen leichten Änderungen, wie der utopischen Vorstellung von Satzungslosigkeit und dem Wegfall unbeeinflussbarer Faktoren könnte das Siedlungsprojekt womöglich heute noch existieren.

Rückblickend lässt sich sagen, dass sie wahrhaftig sehr geeignete Bedingungen für eine nachhaltige und dauerhafte Durchsetzung ihrer Lebens- und Wirtschaftsform gegeben hatten, das Vorhaben jedoch durch zu viele Störfaktoren behindert wurde. Monte Verità ist dennoch ein wichtiger Teil der europäischen Gesellschaftsreformgeschichte.

Literatur

- Gustav Arthur Gräser. [https://de.wikipedia.org/wiki/Gustav_Gr%C3%A4ser; 07.01.2018].
- Henri Oedenkoven. [https://de.wikipedia.org/wiki/Henri_Oedenkoven; 07.01.2018].
- Hosang, M. (2017): 3. Philosophiefestival der Liebe: Ko-Kreativität. [https://www.sein.de/3-philosophiefestival-der-liebe-ko-kreativitaet/; 08.01.2018].
- Ida Hofmann. [https://de.wikipedia.org/wiki/Ida_Hofmann; 07.01.2018].
- Karl Gräser. [https://de.wikipedia.org/wiki/Karl_Gr%C3%A4ser_(Offizier); 07.01.2018].
- Lotte Hattemer. [https://de.wikipedia.org/wiki/Lotte_Hattemer; 07.01.2018].
- Monte Verità: Geschichten vom Berg der Wahrheit. [http://www.coopzeitung.ch/monteverita; 05.01.2018].
- Neumann, U. (2017): Die Aussteiger vom Monte Verità. [http://www.planet-wissen.de/kultur/mitteleuropa/tessin/pwiedieaussteigervommonteverit100.html; 05.01.2018].
- 1900. [https://monteverita.net/1900-2/; 10.02.2018].
- [https://www.fuereinebesserewelt.info/oeko-doerfer-gemeinschaften/; 13.02.2018].

Abbildungen

- Abbildung 2: Die Gründer des Monte Veritàs in ihren weiten minimalistischen Klamotten. [https://www.planet-wissen.de/kultur/mitteleuropa/tessin/mantrugweitebequemekleidung100~_v-gseapremiumxl.jpg].

STEVE JOBS UND DIE APPLE STORY

MARIELENE GROSS

Steve Jobs und die Apple Story

Der Apple-Mitbegründer Steve Jobs wurde 1955 geboren und wuchs im Silicon Valley nahe San Francisco auf. Er gilt in der Technikbranche als Visionär und Wegbereiter der Personal Computer, wie wir sie heute kennen und nutzen.

In den Sechziger- und Siebzigerjahren befand sich die Elektroindustrie noch in den Anfängen ihrer Entwicklung. Computer wurden hauptsächlich von Wissenschaftlern genutzt und waren für den Privatanwender kostspielig und lange nicht erschwinglich. Der technikbegeisterte Steve Jobs sah jedoch auch das Potenzial und die Marktlücke, die sich hinter einem Personal Computer verbargen. Gemeinsam mit seinem Freund Steve Wozniak nahm er an Treffen des Homebrew Computer Clubs teil, wo sich Hobbybastler über den Bau von Computergeräten austauschten und ihr Wissen teilen konnten. In diesem Club hatten viele entscheidende Entwicklungen der Computerindustrie ihren Ursprung. Gemeinsam verfolgten die Mitglieder das Ziel, Computertechnologie für jedermann nutzbar zu machen. (Craig Gray u.a. 2011)

Steve Wozniak hatte zu der Zeit schon einen Prototypen des ersten Apple Computers entwickelt und Jobs sah das Geschäftspotenzial darin. Er schaffte es, Wozniak zu überzeugen und gemeinsam mit Ronald Wayne gründeten sie 1972 die Apple Computer Company. Aus Jobs Garage heraus verkauften sie den Apple I, welcher aus einer Platine und einer Schreibmaschinentastatur sowie einem aufsetzbaren Fernsehmonitor bestand. Damit war eine erste Innovation geschaffen: Ein Personal

Computer war mit nur 666 US-Dollar für Privatpersonen erschwinglich und von Laien bedienbar. Der Apple I verkaufte sich dementsprechend gut und wurde bald in Serie gefertigt. Das Nachfolgeprodukt, der Apple II, bestand aus einem komplett gebrauchsfertigen Gerät mit zusätzlicher Software zur Textverarbeitung und Tabellenkalkulation und farbiger Grafikdarstellung. Somit wurde die Benutzerfreundlichkeit der neuen Personal Computer weiter erhöht und der Apple II wurde zum Verkaufsschlager. Außerdem legte das Unternehmen mit dem schlichten, klaren Erscheinungsbild den ersten Grundstein für das heute bekannte Apple-Design. Der Heimcomputer machte die junge Firma somit zum Spitzenhersteller eines neuen und innovativen Produkts. (Craig Gray u.a. 2011)

Anfang der Achtzigerjahre holte Jobs den damaligen Marketing-Manager der Fima Pepsi, John Sculley, in das Unternehmen. 1984 erschien dann nach langer Entwicklung mit publikumswirksamer Markteinführung ein weiterer innovativer Apple-Computer, der Macintosh. Er besaß erstmals eine grafische Benutzeroberfläche und konnte mithilfe einer Computermaus gesteuert werden. Die Verkaufszahlen entwickelten sich jedoch nicht so wie erwartet und auch im Unternehmen entstanden interne Krisen. (Craig Gray u.a. 2011)

Unstimmigkeiten mit John Sculley führten letztendlich dazu, dass Steve Jobs 1985 sein eigenes Unternehmen verließ. In den darauffolgenden Jahren investierte er seine Kreativität und Energie in andere Projekte und kaufte die Firma Pixar. Durch dessen Erfolge und den Weiterverkauf an Disney wurde er schließlich zum Milliardär. Parallel baute Jobs außerdem das Computerunternehmen NeXT auf und schaffte es durch dessen Verkauf an Apple zurück in sein ehemals eigenes Unternehmen. Laut der WirtschaftsWoche kehrte Jobs als „Retter" zurück und „bewahrte Apple nicht nur vom drohenden Bankrott, sondern machte das Unternehmen zu einem der bedeutendsten Unternehmen der Gegenwart". (Hohensee u.a. 2011)

Das neue Produkt, welches dem Unternehmen zu schwarzen Zahlen und dem Weg aus der Krise verhalf, war der iMac. Dieses All-In-One Produkt verpackte seine Technik dekorativ in einem transparenten Gehäuse und verfügte über ein markantes, schlichtes aber freundliches Design. Auch die Auswahlmöglichkeit verschiedener Farben sollte die persönliche Bindung zwischen dem technischen Produkt und seinem Benutzer verstärken. Dieser Computer erleichterte dem Benutzer zusätzlich den Internetzugriff. Kombiniert mit einer guten Vermarktung machte dies den iMac zu einem neuen Verkaufsschlager. In den Zweitausendern folgte eine ganze Reihe weiterer Innovationen, mit denen Apple „als Pionier auftrat" und weitere Märkte neben der Computerindustrie eroberte. (Hohensee u.a. 2011) Der 2001 erschienene iPod war eine Optimierung des bereits bestehenden MP3-Players und überzeugte mit schlichtem, weißem Design und dem anwendungsfreundlichen Drehrad. Mit der zugehörigen Software iTunes drang Apple zur rechten Zeit in den Musikmarkt ein und schuf durch leicht zugängliche und kostengünstige Songs eine Lösung aus der durch den einfachen Datentausch entstandenen Marktkrise. Im Jahr 2007 folgten dann das iPhone und an dessen Erfolg anknüpfend 2010 das iPad, welche nachdrücklich die Telekommunikationsindustrie und das Verlagswesen veränderten. (Hohensee u.a. 2011) Mit diesen Produkten schuf Apple für sich einen neuen Markt – den der Digital-Lifestyle-Produkte und gewann nebenbei auch Auszeichnungen unter diesem Namen. (Matthey 2007)

2005 erhielt der Firmenchef Jobs seine Krebsdiagnose und übergab die Führung 2009 an den Nachfolger Tim Cook, um sich aus dem Tagesgeschäft des Unternehmens zurückzuziehen. 2011 verstarb Steve Jobs letztlich an seiner Krankheit. Jobs Charakter, seine Art der Unternehmensführung und nicht zuletzt seine Kreativität, ob im Hinblick auf sein Marketing oder die innovative Produktentwicklung, waren ausschlaggebend für den Aufstieg und Erfolg der Firma Apple. Um diese Erfolge möglich zu machen, benötigte es einerseits genügend kreative Freiheit und gleichzeitig Verbundenheit mit wichtigen Geschäftspartnern und Raum für gegenseitige Inspiration. Die Freiheit lag bei Jobs in dem Wissen und dem Wunsch neue Innovationen zu schaffen, die die Welt nachdrücklich verändern, der Kraft diese Ideen selbst zu gestalten und ganz unabhängig von dem, was zuvor existierte, möglich zu machen. Gleichzeitig bestanden immer eine Verbundenheit und ein kreativer Austausch zwischen Jobs und seinen Partnern, ein gegenseitiger Einfluss von Konkurrenten, sowie Zusammenschlüsse verschiedener Firmen und derer Kompetenzen. All diese Entwicklungen, die zu Innovationen und der Pionierrolle der Firma Apple geführt haben, können als ko-kreative Prozesse bezeichnet werden. Im Folgenden werden die drei entscheidenden Dimensionen der Ko-Kreativität am Beispiel der Geschichte von Apple näher erläutert.

Ko-Kreative Prozesse in der Geschichte von Apple
Ko-Kreativität in der Person Steve Jobs

Steve Jobs besuchte nach seinem High-School-Abschluss das Reed College in Portland, brach jedoch nach nur einem Semester ab, arbeitete dann 1974 einige Monate bei Atari, einem Spielekonsolenhersteller, und bereiste anschließend gemeinsam mit seinem Freund Daniel Kottke Indien. Dort befasste er sich mit dem Hinduismus, dem Buddhismus und experimentierte mit psychedelischen Drogen, unter anderem auch LSD. (Craig Gray u.a. 2011) Vor allem der Zen-Buddhismus prägte ihn nachhaltig und Jobs praktizierte Meditation auch nach seiner Rückkehr weiterhin mit der Unterstützung seines Zen-Lehrers und Mentors Kobun Otogawa. Dies hat nach eigenen Aussagen seine Denkweise geprägt und seine Kreativität gestärkt. Durch Mediation lernte er, sein Bewusstsein zu fokussieren und seine Intuition zu schulen. (Bear 2015) Diese Intuition ist es, die wohl als Rezept seines Erfolges gilt.

Jobs ist nicht als Erfinder oder Unternehmer bekannt geworden, sondern als Visionär. Er sah Chancen, Möglichkeiten und Potenziale, die in innovativen Ideen steckten, adaptierte und optimierte diese und vermarktete sie clever, um sie für jedermann zugänglich zu machen. Er besaß „die Fähigkeit, vorherzusehen, welche Wünsche die zunehmend digitale Gesellschaft haben wird". (Hohensee u.a. 2011) Laut der WirtschaftsWoche „hielt Jobs nie viel von Marktforschung" und die Frage, ob die Kunden seine Produktneuheiten akzeptieren würden „war letztendlich Jobs' Wette auf seinen richtigen Instinkt" (Hohensee u.a. 2011), welcher ihn, wie sein Erfolg beweist, selten getäuscht hat. Ganz nach Henry Ford bevorzugte er es, den Menschen nicht das zu geben, wovon sie sagen, dass sie es wollen, sondern das, wovon sie noch nicht wissen, dass sie es wollen. (Hohensee u.a. 2011) Er wollte also den Wünschen der Menschen mit seinen Produkten einen Schritt voraus sein und ihnen das anbieten, was sie sich selbst noch nicht vorstellen konnten.

Auch im Design der Apple-Produkte spiegelt sich Jobs Hang zum Zen-Buddhismus wider. Demnach liegt die Schönheit in der Einfachheit und ein klares, schlichtes Design wurde zum Markenzeichen der Apple-Produkte. Für den ersten iPod wurde bewusst die Farbe Weiß in der für Jobs und seine Designer perfekten Nuance gewählt. Sie verlieh dem Produkt somit einen Ausdruck von Reinheit. (Craig Gray u.a. 2011) Auch beim technischen Design konnten die Produkte mit Einfachheit überzeugen und wurden für den Konsumenten intuitiv bedienbar gemacht. Demnach war für Jobs „Vereinfachung der Schlüssel zu den Konsumenten" und die Tasten eines Mobiltelefons hätten für ihn „die reduzierte Anmutung und den Gebrauch gestört". (Hohensee u.a. 2011) Deswegen ersetzte er diese durch ein großes Touch-Display und machte seine Telefone mit den Fingern bedienbar.

Zuletzt ist wichtig zu betonen, dass Jobs sich bei seinen intuitiven Entscheidungen seiner Selbst und seiner Schaffenskraft bewusst war. Er hat seine Intuition bewusst mit Meditation trainiert und seinen freien Geist in seine Arbeit einfließen lassen. Auch auf einer Rede vor College-Absolventen soll er ihnen dazu geraten haben, dem eigenen Instinkt zu folgen und immer das zu tun, was man liebt, anstatt das Leben eines anderen zu leben.[15]

---

[15] Vgl. Stanford University (2008): Steve Jobs' 2005 Stanford Commencement Adress. [https://www.youtube.com/watch?v=UF8uR6Z6KLc], 23.02.2018.

Ko-Kreativität im Zusammenwirken mit Anderen

Jobs wirkte bei Apple jedoch bei Weitem nicht alleine. Er stand immer im einflussreichen Austausch mit wichtigen Geschäftspartnern, deren Potenziale sich mit den seinen vereinten. Doch auch mit Konkurrenzunternehmen stand die Firma Apple in Verbindung. Verschiedene Ideen und Neuheiten der Technikindustrie beeinflussten sich gegenseitig, wurden von anderen übernommen und optimiert. In den Anfängen der Apple-Zeit war die Partnerschaft zwischen Steve Jobs und Steve Wozniak entscheidend. Die beiden Apple-Mitbegründer bargen jeweils ihre eigenen Kompetenzen und konnten sich mit ihrer Arbeit gegenseitig ergänzen. Steve Wozniak entwickelte die ersten beiden Apple-Computer alleine und inspirierte Jobs mit seinem Prototypen eines Personal Computers zur Gründung der Firma. Er besaß das technische Knowhow, während Jobs die Unternehmensgründung vorantrieb und es beherrschte, seine Produkte richtig zu vermarkten. Doch die Freundschaft der beiden war nicht durchweg harmonisch. In den Siebzigerjahren arbeitete Jobs bei dem Computerspielehersteller Atari und sollte das Spiel Breakout entwickeln. Er holte sich Unterstützung von Wozniak und versprach ihm die Hälfte der Entlohnung. Dann behauptete er Wozniak gegenüber, er habe nur 700 Dollar bekommen und gab ihm 350 Dollar. Das eigentliche Honorar belief sich jedoch auf 5000 Dollar. (Craig Gray u.a. 2011) Jobs hatte also wenig Skrupel seinem Freund gegenüber, wenn es um ein für ihn gutes Geschäft ging.

Auch mit seinen Designern pflegte Steve Jobs eine einflussreiche, ko-kreative Zusammenarbeit. Laut der WirtschaftsWoche wurde „[d]as Fundament dafür [...bereits] in den Achtzigerjahren" gelegt, indem Jobs „den deutschen Designer Hartmut Esslinger anheuerte, der die Apple-Rechner mit einem klaren, schlichten aber zugleich unverwechselbaren Antlitz versah". (Hohensee u.a. 2011) Der bereits erwähnte erste Macintosh zeigte klare, geradlinige Formen und verkörperte Jobs zenhaftes Verständnis von Ästhetik. „Nach der Rückkehr zu Apple 1996 machte Jobs den britischen Designer Jonathan Ive zu seinem engsten Vertrauten". Dieser fand in Jobs einen „kongenialen Partner mit der gleichen Wellenlänge: Weniger ist mehr" (Hohensee u.a. 2011). Er war für das markante Design des iMacs verantwortlich. Laut Stephen Bayley in dem Film Steve Jobs – Hippie und Milliardär hatten Jobs und Ive eine besondere Beziehung und waren verbunden durch ihre „zenartige, meditative Intensität". Ives Ziel war es, „eine Verbindung zwischen der Technologie und dem Menschen herzustellen" und die Liebe des Konsumenten zu seinem Produkt wurde somit ein Teil von Apples Markenidentität. (Craig Gray u. a. 2011)

Doch nicht nur interne Einflüsse und Kooperationen sind für den

Erfolg von Apple verantwortlich. „Jobs war Zeit seines Lebens nie ein Erfinder", sondern jemand, der „Vorhandenes auf- und aussaugte und danach zu gigantischer Form auflief". (Hohensee u.a. 2011) Ein Beispiel dafür war die Idee für die Computermaus und die grafische Benutzeroberfläche, die dem Macintosh zum Durchbruch verhalf. Diese Idee stammte ursprünglich aus dem Forschungslabor des Konzerns Xerox. Dadurch dass Xerox in Apple investierte und Jobs in seine Forschungsabteilung einlud, bekam er die Chance, diese Innovation kennenzulernen. Jobs war begeistert von dieser neuen Technologie, welche den Personal Computer für den Heimanwender noch leichter bedienbar machen würde. Somit trug er seinen Entwicklern auf, sich auf diese Idee zu fokussieren und den neuen Macintosh mit einer solchen Computermaus auszustatten. (Craig Gray u.a. 2011) Anstatt selbst eine Innovation zu erfinden, entdeckte Jobs also das Potenzial, das in dieser Idee steckte, griff sie auf, ließ sie für seine Zwecke und seine Zielgruppe optimieren und vermarktete sie entsprechend.

Ein weiteres Beispiel bietet der MP3-Player der Firma Sony bei der Entwicklung des iPods. Apple stattete das bereits existierende Produkt „mit einer Festplatte des japanischen Herstellers Hitachi" aus, „die mindestens 1000 Songs speichern konnte und einem Drehrad, das schnell jeden Titel finden half". (Hohensee u.a. 2011) Erneut wurde also eine bereits vorhandene Idee aufgegriffen, aber für die passende Zielgruppe optimiert und mit einem benutzerfreundlichen und imageträchtigen Design ausgestattet. Die bereits existierenden MP3-Player auf dem Markt waren laut Stephen Bayley „alle hässlich wie Autobatterien und nur Apple war gewitzt genug, den iPod zu einem wunderschönen Objekt zu machen". (Craig Gray u.a. 2011)

Bei Betrachtung der Geschichte von Apple zeigt sich außerdem, dass es einen Wendepunkt in der Entwicklung der Firma gab, verbunden mit dem Ausstieg und der Rückkehr des Gründers Steve Jobs. Die Zeit nach seinem Ausstieg bei Apple bezeichnete Jobs später selbst in einer Rede als seine wohl kreativste Phase.[16] Er gründete mit NeXT ein weiteres Computerunternehmen. Technisch waren die NeXT-Computer ihrem Markt voraus. Beispielsweise konnte Sir Tim Berners-Lee dank des leistungsstarken Betriebssystems das World Wide Web auf einer NeXT-Workstation entwickeln. Außerhalb wissenschaftlicher Anwendungen hatte das Unternehmen jedoch wenig Erfolg. Die Geräte waren teuer und verkauften sich nicht gut. Gleichzeitig war Apple von seiner Konkurrenz überholt worden und Microsoft war zum Marktführer geworden. Genau das, was NeXT-Computer ausmachte, fehlte ihnen: ein leistungsstarkes Betriebssystem. Während Apple also mit technischen Problemen kämpfte,

---

[16] Vgl. Stanford University (2008).

hatte NeXT finanzielle Probleme und somit entstand eine Win-Win-Situation für beide Parteien, als Apple das Unternehmen NeXT 1996 kaufte. (Craig Gray u.a. 2011)

Durch diese Übernahme wurde Jobs zum Berater und kurz darauf sogar Vorstandsmitglied seines alten Unternehmens und er leitete einige wichtige Schritte ein, die dem Konzern aus der Krise halfen. Zunächst drückte er „die US-Firma Power Computing aus dem Markt, die seit Mitte der Neunzigerjahre mittels einer Lizenz günstige Mac-Rechner nachbaute". (Hohensee u.a. 2011) Jobs hatte den harten Konkurrenzdruck seinerzeit und die wirtschaftlichen Nachteile, dadurch dass Apple sein Betriebssystem so günstig an andere Hersteller verkaufte, erkannt. Des Weiteren einigte er sich auf ein wichtiges Abkommen mit Apples größtem Konkurrenten Microsoft. Diese investierten in Apple-Aktien und verpflichteten sich, Apple fünf Jahre lang neue Versionen von Microsoft Office für den Macintosh bereit zu stellen. Im Gegenzug machte Apple den Microsoft Internet Explorer zum Standard-Browser seines Betriebssystems. Die Office-Versionen machten Mac-Rechner wettbewerbsfähig und laut der WirtschaftsWoche bekam Microsoft „[d]ie Quittung [dafür] knapp zehn Jahre später. Da überholte Apple den Softwareriesen Microsoft beim Börsenwert". (Hohensee u.a. 2011) Somit war auch hier eine, wenn auch im entfernteren Sinne, wichtige Zusammenarbeit und Verbundenheit mit der Konkurrenz ausschlaggebend für den Aufstieg des Unternehmens.

Es zeigt sich, dass in der Entwicklung von Apple bedeutsame, ko-kreative Zusammenarbeit steckt. Individuelle Kompetenzen, ob von einzelnen Personen, Unternehmen oder Konkurrenten, der ständige Austausch und wechselseitige Einfluss führten in Kombination zu großem Potenzial und machten den Konzern erfolgreich. Es konnte eine, nach Definition des Begriffs Ko-Kreativität, „das Potenzial des Einzelnen manchmal unendlich übersteigende gemeinsame Kreativität erwachsen". (Hosang 2017)

Ko-Kreativität im universellen Einfluss von Apple auf die Welt

Steve Jobs soll einmal den Satz gesagt haben: „I want to put a ding in the universe", also sprichwörtlich eine Spur in der Welt hinterlassen. (Anderson 2015) Demnach sollten seine Produkte die Welt und die Menschheit verändern. Jobs Kreativität konnte dadurch, dass sie „als einzigartige Mitschöpfung der Evolution verstanden, gefühlt und verwirklicht" wurde, Innovationen hervorbringen. (Hosang 2017) Jobs betrachtete seine Aufgabe im Gesamtzusammenhang der Menschheit. Von Beginn an war es sein Ziel, Produkte für den Menschen zu erstellen, sie anwendungsfreundlich zu gestalten und Technik auch für Laien zugänglich zu machen. In dem Film Steve Jobs – Hippie und Milliardär wird er als „Hippie mit Sinn fürs Geschäft bezeichnet". Nach Aussagen von Wozniak wollte er Geschäfte machen und reich werden und verpackte diesen Traum philosophisch mit den Worten „so bringt man gute Dinge unter die Leute". (Craig Gray u.a. 2011)

Jobs hat mit Apple tatsächlich Innovationen geschaffen, die unser Leben heute bestimmen. Der Personal Computer wurde anfänglich durch Apple auf den Weg gebracht und der Musikmarkt wurde mit dem iPod und iTunes nachhaltig beeinflusst. Das iPhone veränderte mit Apps die Telekommunikationsindustrie und war ein Vorreiter der Smartphones. Mit dem iPad mussten sich schließlich auch Verlage „der digitalen Zukunft stellen". (Hohensee u.a. 2011) Um „das Geschäft maximal zu kontrollieren" schuf Apple den App Store, bei dem die Entwickler der angebotenen Apps 30 Prozent ihrer Erlöse an Apple abführen und somit „reicht der Arm des Marktführers weiter als in vielen anderen Fällen" (Hohensee u.a. 2011). Ähnliches gilt für den Markt mit iTunes. Durch den Einstieg in den Einzelhandel mit Apple-Stores wurde diese marktübergreifende Macht weiter gestärkt.

Mit weltverändernden Innovationen schaffte sich die Firma Apple, genauso wie die Person Steve Jobs, ein marktwirksames Image und eine Gefolgschaft aus Fans ihrer Produkte. Mit dem markanten Produktdesign wird das gewünschte Image vermittelt und ein bestimmtes Lebensgefühl transportiert. Wie bereits erwähnt soll die Ästhetik der Apple-Produkte auch dafür sorgen, eine persönliche Bindung zwischen Mensch und seinem technischen Produkt herzustellen. Indem Apple außerdem Bedürfnisse der Menschen stillt, welche durch die Produkte selbst erst geschaffen wurden, schlägt die Firma Profit und bindet ihre Kunden an sich. Der iPod, iTunes, das iPhone und der Verkauf von Apps sind miteinander verzahnt und sorgen dafür, dass das Unternehmen auch nach Verkauf seiner Produkte am Konsumenten Geld verdient.

Auch weitere clevere Marketingstrategien hatten starken Einfluss auf die Bindung von treuen Apple-Kunden. Steve Jobs präsentierte seine Neuerscheinungen regelmäßig öffentlichkeitswirksam auf einer Bühne vor großem Publikum, nachdem zuvor bis zum letzten Moment ein großes Geheimnis um das neue Produkt gemacht wurde. Dies ist auch „Teil des Erfolges von Apple. Die dadurch geschürte Gier nach Neuigkeiten und die umso größere Berichterstattung hat dem Konzern schon Milliarden Werbeausgaben erspart", so die WirtschaftsWoche. (Hohensee u.a. 2011) Außerdem wurden Produkte, wie beispielsweise anfänglich der iPod, bei ihrer Markteinführung absichtlich in zu geringer Anzahl ausgeliefert und erst, wenn verzweifelt danach verlangt wurde, wurde nachgeliefert. Dies steigerte die empfundene Exklusivität dieser Produkte und erhöhte ihren Prestigefaktor. (Craig Gray u.a. 2011) Solche Strategien erklären den großen

Ansturm auf Apple-Stores zur Neuerscheinung eines Produktes.

Die große Fangemeinschaft, die sich um Apple und Steve Jobs gebildet hatte, wurde auch 2011 nach seinem Tod besonders deutlich. Eine Trauerwelle ging durch die Medien. Fans hinterließen Trauerbekundungen auf der Website des Unternehmens oder platzierten Blumen vor Jobs Haus in Kalifornien. Nach den Worten der WirtschaftsWoche musste sich „eine ganze Generation […] von ihrer Gallionsfigur verabschieden". (Hohensee u.a. 2011) Stephan Bayley vergleicht die Apple-Gemeinschaft mit einer Religion mit Anhängern in Form der Konsumenten und Steve Jobs als ihrem Messias. (Craig Gray u.a. 2011) Jobs hinterließ also tatsächlich seine Spur in der Welt und ist nicht zuletzt durch seinen Tod zur Ikone geworden.

Zusammenfassung und kritische Betrachtung

Die drei Dimensionen, aus denen sich Ko-Kreativität zusammensetzt, lassen sich anhand der Entwicklung des Unternehmens Apple nachvollziehen. Zunächst steht die Person des Firmengründers Steve Jobs als eine einzelne Existenz, die sich ihrer Kreativität und Schaffenskraft bewusst ist. Jobs befasste sich mit seinem inneren Selbst, praktizierte Meditation und verfolgte bewusst das Ziel der Unternehmensgründung. Nach eigenen Aussagen war es ihm wichtig, nicht das Leben eines anderen zu leben, sondern stets das zu tun, was er liebte. Dabei verlor er nie seine Beharrlichkeit und schaffte es zum Impulsgeber großer technischer Entwicklungen zu werden.

Des Weiteren verband er seine Potenziale mit denen anderer. Wichtige Partnerschaften zu Steve Wozniak oder Jonathan Ive waren Grund für den Erfolg des Unternehmens. Außerdem waren auch Zusammenschlüsse der Kompetenzen verschiedener Unternehmen oder Ideengeber dabei ausschlaggebend. Potenziale mehrerer Individuen konnten sich verbinden und eine nötige Resonanz erschaffen, die es möglich machte, mehr Erfolg zu generieren, als es einem Einzelnen möglich gewesen wäre. Ohne den Schritt aus seinem eigenen Unternehmen heraus und die darauffolgende Zeit bei NeXT, hätte Jobs später niemals beide Kompetenzen vereinen und zum Erfolg führen können.

Schließlich ist auch das Ziel, das Steve Jobs seiner Arbeit setzte, wichtig. Die Kreativität, die seinem Geschäft und seinen Produkten zugrunde gelegt war, wurde von ihm als Schöpfung für die Welt betrachtet. Er bewirkte mit seinen Innovationen eine Veränderung und prägte unser heutiges Leben nachhaltig. Zunächst ermöglichte Apple die Nutzung von Computern für den Heimgebrauch und veränderte anschließend mit iPhone und Co. unsere gesamten Unterhaltungsmedien.

Einige genannte Punkte werfen gleichzeitig aber auch kritische Fragestellungen auf, welche hier zwar nicht ausführlicher behandelt werden können, aber trotzdem für einen weiteren Ausblick erwähnenswert sind. In dem Film Steve Jobs – Hippie und Milliardär wird Steve Jobs mehrmals plakativ gleichzeitig als Hippie und als Unternehmer bezeichnet. Diese Bezeichnungen sind jedoch, im Hinblick auf den gesteigerten und absichtlich herbeigeführten Konsumhype durch Apple und die Kapitalismuskritik der Hippie-Bewegung, sehr gegensätzlich. Auch die Grundphilosophie des Zen-Buddhismus findet sich zwar stellenweise in dem reduzierten Design und der einfachen Anwendung der Apple-Geräte wieder, spricht jedoch auch stark gegen viele Aspekte des Konzerns. Apple verfolgt gezielt durch immer neue Produktreihen und die Vernetzung mit iTunes und App Store eine immer weiter wachsende Profitsteigerung und regt seine Kunden zum Konsum an, wohingegen sich der Zen-Buddhismus durch Minimalismus und Achtsamkeit definiert. Weiterhin stellt sich die Frage, ob Apple nicht treffender durch die Übernahme vieler Ideen Diebstahl vorzuwerfen wäre, anstatt Konvergenzen mit anderen Ideengebern. Bei vielen Produkten, die vor allem ab den Zweitausendern erschienen sind, war Apple meist nicht der alleinige Vorreiter. Das iPhone wird wahrscheinlich eher eine Kombination vieler auf dem Markt bereits existenter Features mit einer guten Verpackung und einem wirkungsvollen Marketing gewesen sein, als eine reine Neuerfindung von Apple.

Literatur

- Anderson, S. (2015): The Best Steve Jobs Quotes – Putting a Ding In The Universe. [https://www.hobo-web.co.uk/the-best-steve-jobs-quotes-putting-a-ding-in-the-universe/; 23.02.2018].
- Bear, D. (2015): Here's How Zen Meditation Changed Steve Jobs' Life And Sparked A Design Revolution. [http://www.businessinsider.com/steve-jobs-zen-meditation-buddhism-2015-1?IR=T; 23.02.2018].
- Craig Gray, L.; Quinn, T. (2011): Steve Jobs – Hippie und Milliardär, 49 Min., UK: BBC.
- Hohensee, M.; Kroker, M. (2011): Das Vermächtnis von Steve Jobs. In: WirtschaftsWoche online, 06.10.2011.
- Hosang, M. (2017): Drei Dimensionen der Ko-Kreativität. [https://www.sein.de/3-philosophiefestival-der-liebe-ko-kreativitaet/; 23.03.2018].
- Matthey, F. (2007): Digital Lifestyle Award 07: Apple gewinnt gleich doppelt. [http://www.giga.de/unternehmen/apple/news/digital-lifestyle-award-07-apple-gewinnt-gleich-doppelt/; 23.02.2018].
- Stanford University (2008): Steve Jobs' 2005 Stanford Commencement Adress. [https://www.youtube.com/watch?v=UF8uR6Z6KLc; 23.02.2018].

GOOGLE LIFE

JOSEPHINE JUNKER

Google-Life

Google – wer kennt es nicht? Die Internet-Suchmaschine ist zu einem alltäglichen Begleiter geworden. Für jede unserer Fragen hat Google tausende Antworten parat. Und auch wenn uns die angebotenen Antworten auf unsere Krankheitssymptome fast jedes Mal sagen, dass wir eine tödliche Krankheit haben, vertrauen wir immer wieder auf das Suchmedium. Praktisch ist es in jedem Fall, egal wo wir gerade sind, solange wir eine Internetverbindung haben, können wir auf jede Frage eine Antwort finden oder uns über ein bestimmtes Thema genauer informieren. Während der alltäglichen Nutzung der Suchmaschine machen wir uns selten Gedanken darum/darüber, wer eigentlich dahinter steckt und wessen Verdienst es ist, dass wir Zugang zu unendlich vielen Informationen haben, die wir durch eine Internetsuchmaschine wie beispielsweise Google wunderbar vorsortiert und gefiltert präsentiert bekommen. Googeln wir doch mal Google. Jährlich bewerben sich rund 2,5 Millionen Menschen weltweit bei Google, einem der stärksten börsennotierten Unternehmen der Welt. Google hat mehr als 70 Standorte in über 50 Ländern, in Deutschland findet man den Konzern in Berlin, Hamburg und München. Im Jahr 2017 hat „Universum Global" eine Umfrage zum Thema „Most attractive employers for business students" veröffentlicht. Dafür befragten sie 26.809 Wirtschaftsstudenten an 359 US-amerikanischen Universitäten. Google schnitt sehr gut ab und erreichte den ersten Platz dieses Rankings, wie auch in den Jahren zuvor bei anderen Befragungen dieser Art.[17] Wie kommt es, dass so viele Menschen bei Google arbeiten wollen? Zum einen mag das an der interessanten Auswahlstrategie von Bewerbern liegen. Dabei steht nämlich nicht das spezifische Fachwissen im Fokus, sondern viel mehr, wie die Bewerber ticken, wie gut sie zu Google passen und wie motiviert sie sind. Aber das ist sicherlich nicht alles was dahinter steckt.

Wie ist Google eigentlich entstanden?

Die Geschichte von Google begann im Jahr 1995. An der Stanford University Kalifornien trafen Larry Page und Sergey Brin das erste Mal aufeinander. Sergey Brin war zu dieser Zeit bereits Student, Larry Page überlegte, hier zu studieren. Ihre Zusammenarbeit begann im darauffolgenden Jahr, ihre Wohnheimzimmer wurden zum Arbeitsplatz. Sie entwickelten eine Suchmaschine, welche mithilfe von Links die Prioritäten einzelner Webseiten ermittelte, diese nannten sie BackRub. Nach nicht allzu langer Zeit wurde BackRub in Google umbenannt. „Dieser Name basiert auf einem Wortspiel mit der mathematischen Bezeichnung für die Ziffer 1 mit 100 Nullen und steht für die Mission von Brin und Page, die Informationen der Welt zu organisieren und für alle zu jeder Zeit zugänglich und nutzbar zu machen." (Google.com)

Innerhalb der nächsten Jahre zog Google nicht nur das Interesse der akademischen Welt, sondern auch die Aufmerksamkeit von Investoren im Silicon Valley auf sich. Dies bescherte ihnen im August 1998 einen Scheck über 100.00$, ausgestellt von Andreas von Bechtolsheim, Mitgründer von Sun Microsystems. Am 4. September 1998 kam es zur Gesellschaftsgründung und Google Inc. wurde offiziell registriert. Die Investition von Bechtolsheim ermöglichte dem frisch eingetragenen Unternehmen den Umzug aus dem Studentenwohnheim in ihr erstes Büro, die Garage von Susan Wojcicki (derzeit CEO von YouTube). Schon seit jeher ging es bei Google recht einfallsreich zu: Ihr erster Server war aus Legosteinen zusammengebaut und es war auch kein Problem, dass sich das ganze Team frei nahm, um auf das „Burning Man Festival" zu fahren. Ihren unkonventionellen Methoden lag stets der Leitsatz „Tu nichts Böses" zugrunde.

In den nächsten Jahren begann Google zügig zu expandieren, stellte neue Mitarbeiter ein und zog wegen steigenden Platzmangels in der Garage in seinen aktuellen Unternehmenssitz, den Googleplex im kalifornischen Mountain View, um.

---

[17] Forbes Online: https://www.forbes.com/sites/jeffkauflin/2017/04/27/the-most-attractive-employers-for-business-students-in-2017/#2c8738574dd7 (veröffentlicht: 27. April 2017); 20.01.2018.

Mittlerweile beschäftigt Google über 60.000 Mitarbeiter in zahlreichen Ländern unserer Erde und stellt hunderte Produkte her, welche von Milliarden Menschen weltweit genutzt werden. Trotz all dieser Veränderungen und des stetigen Wachstums hat sich am Mittelpunkt ihres Schaffens nichts geändert, Google will weiterhin Technologien für alle Menschen entwickeln.

Was macht Google-Life so besonders?

Google gibt den modernen, bunten und fürsorglichen Kümmerer. Mitarbeiter beschreiben den Arbeitgeber als dynamisch, offen für Vorschläge und initiativ.
Bei genauerer Betrachtung des Unternehmens ist dies gut vorstellbar. Zu allererst bietet Google jedem seiner Mitarbeiter eine Krankenversicherung, was nicht in allen Ländern so üblich ist. Weiter geht es mit Altersvorsorge und Todesfallkapital. An einigen Standorten werden sogar eigene Ärzte, Chiropraktiker und Physiotherapeuten zum Wohl der Angestellten beschäftigt. Allgemein scheint der Punkt, welchen Google mit höchster Priorität behandelt, der der/die Gesundheit zu sein. In den unzähligen Cafés, Mensen und Mikro-Küchen auf den Geländen der Google-Sitze werden den Mitarbeitern nahrhafte Mahlzeiten und Snacks zur Verfügung gestellt. Von Burger bis Sushi ist alles vertreten, meist auch in vegetarischer oder veganer Variante. Damit wird eine ausgewogene und abwechslungsreiche Ernährung bezweckt, die im besten Falle zur Fitness der Mitarbeiter beiträgt und ihr Energielevel hoch hält. Ergänzend dazu haben viele der Google-Standorte eigene Fitnessstudios in ihren Gebäudekomplexen, die für die Angestellten zur freien Nutzung bereit stehen. Wenn man also mal eine kurze Denkpause braucht, kann man ohne weiteres gleich noch das Fitnessprogramm für den Tag absolvieren. Attraktiv sind ebenfalls die flexiblen Arbeitszeiten. So kann jeder weitestgehend zu der Tageszeit arbeiten, zu der er am kreativsten und am motiviertesten ist. Das Arbeiten vom Homeoffice aus ist ebenfalls problemlos möglich. Natürlich muss man ab und zu Meetings beiwohnen, aber den Großteil der Arbeitszeit kann man sich selbst einteilen. Außerdem bieten viele Standorte eine Kinderbetreuung und sogar „Haustierbetreuung" an, somit muss man sich um nichts mehr sorgen. Zur bestmöglichen Zukunftsplanung bietet Google seinen Mitarbeitern eine finanzielle Beratung.
Wenn Angestellte gemeinnützige Arbeit verrichten, zahlt Google für das gute Gewissen einen „Spendenlohn", der quasi als Bonus an das Projekt oder den Verein geht. Google investiert gerne in die Zukunft, deshalb gibt es regelmäßig Ausschreiben für Projektförderungen, bei denen man sich

auch als „Nicht-Google-Mitarbeiter" mit seinem Projekt bewerben kann und im besten Falle das Fördergeld für sein Herzensthema erhält. Wenn das Unternehmen in dieser Form schon an andere denkt, hat es natürlich auch Interesse an der Fortbildung und Weiterentwicklung der eigenen Mitarbeiter. Google „investiert" in seine Mitarbeiter und fördert das lebenslange Lernen auf beruflicher sowie persönlicher Ebene. Das Unternehmen bietet seinen Mitarbeitern zahlreiche Weiter- und Fortbildungsprogramme, darunter zum Beispiel auch Diplom-Programme. Für die persönliche Weiterentwicklung stellt Google an einigen Standorten Sprachkurse oder Gitarrenunterricht. Egal ob man als Mitarbeiter das Spielen eines Instruments erlernen möchte, seine Sprachkenntnisse vertiefen oder die eigenen Kochkünste erweitern möchte, Google versucht, seine Mitarbeiter bei all dem bestmöglich zu unterstützen. Der Konzern versucht, seinen Angestellten stets den Weg zum Erlangen neuen Wissens oder dem Ausbau der eigenen Fähigkeiten zu ebnen. Natürlich ist der Grundgedanke dahinter nicht ganz uneigennützig, aber es macht das Arbeiten für Google, das Google-Life doch zu etwas Besonderem. Ein weiterer Punkt, in dem sich das Unternehmen von anderen unterscheidet ist, dass sie in ihren Gebäudekomplexen Gebetsräume für alle Religionen eingerichtet haben. Google beschäftigt viele Menschen aus aller Welt, Menschen aller Glaubensrichtungen. Doch dies ist keineswegs ein Hindernis, durch die eingerichteten/vorhandenen Gebetsräume zeigen sie Toleranz und dass jeder Mensch gleichwertig akzeptiert ist. So bringen sie ihre Mitarbeiter zusammen und vermeiden, dass sich soziale Grenzen beispielsweise durch unterschiedliche Religionen bilden.

Für Außenstehende mag es in den Räumlichkeiten oft wie auf einem Spielplatz aussehen: Hier hängt eine Schaukel, da saust ein Mitarbeiter auf einem Roller durch den Raum und um die nächste Ecke hört man die Geräusche eines angeregten Tischkicker-Matches. Die letzte Sorge des Haushaltens wird in der firmeneigenen Wäscherei gerade durchgespült.

Zeit für kritische Gedanken

„Echte Motivation kommt von innen und kann nicht von außen stimuliert werden." (Reinhard Sprenger; www.zeit.de, Artikel „Wir bieten Ihnen Spaß, Spaß, Spaß!") Dieses Zitat von Reinhard Sprenger, in Bezug auf „Feel-Good"-Firmenpolitik, welche auch bei Google betrieben wird, holt einen nach dem Schwelgen in den Vorzügen des Google-Life wieder auf den Boden der Tatsachen zurück. Wenn man der Behauptung von Sprenger glaubt, so wäre der ganze Aufwand, den Google betreibt, um seinen Mitarbeitern ein angenehmes und motivierendes Umfeld zu schaffen, vergebene Mühe. „Echte Motivation" wie Sprenger sie beschreibt ist auch bekannt als intrinsische Motivation. Hierbei handelt es sich um die aus sich selbst entstehende, innere Motivation, die jeder Mensch in sich trägt. Wenn uns bestimmte Tätigkeiten Spaß machen, uns interessieren, uns herausfordern oder wir sie einfach gern machen, spricht man von intrinsisch motivierten Tätigkeiten. Sie werden nicht durchgeführt, um eine Belohnung zu erlangen oder einer Bestrafung zu entgehen, sondern um ihrer selbst willen. Jedoch gibt es auch ein Gegenstück zur intrinsischen Motivation, die extrinsische Motivation. Dies ist eine durch äußere Reize hervorgerufene Motivation, die ihre Quelle beispielsweise im Wunsch nach Belohnung haben kann. Im Gegensatz zur intrinsischen Motivation werden Tätigkeiten also nicht um ihrer selbst willen durchgeführt. Viel mehr liegt ihr Ursprung in der Aussicht auf Geld, Anerkennung oder der Vermeidung von Strafe. Intrinsische und extrinsische Motivation schließen sich jedoch nicht zwingend aus, sie werden sogar oft vereint, man kann also Spaß an seiner Arbeit haben und trotzdem nach angemessener Entlohnung, Anerkennung und Erfolg streben.

Für Sprenger zählt demnach nur die Motivation, die aus sich selbst heraus entsteht und nicht die, die durch Aussicht auf etwas entsteht. In Anbetracht des bei Google üblichen Auswahlverfahrens, wie in der Einleitung geschildert, ist jedoch davon auszugehen, dass jeder Mitarbeiter mit einer gewissen intrinsischen Motivation zu Google kommt und das Unternehmen durch all seine Besonderheiten und Vorzüge versucht, die optimale Kombination der intrinsischen und extrinsischen Motivation zu gestalten und zu nutzen. Des Weiteren würde das spielerische Arbeitsumfeld, welches bei Google vorherrscht, Mitarbeiter mit rein extrinsischer Motivation ablenken, die Angestellten bei Google sind also eher durch die intrinsische Motivation angetrieben und nutzen die gebotenen Auszeitmöglichkeiten in Maßen, da sie an ihrer eigentlichen Arbeit ebenfalls Spaß haben.

Doch einmal ganz abgesehen von der Art der Motivation gibt es noch weitere Kritikpunkte. Durch all die internetfähigen Geräte, die heutzutage so gut wie jeder Mensch besitzt und nutzt, wird es immer schwieriger mal wirklich abzuschalten. Man ist permanent online und dadurch nicht mehr nur per Anruf oder SMS erreichbar, sondern auch per E-Mail, Whatsapp und auf sonstigen Kommunikationskanälen. Man ist Tag und Nacht für seine Mitmenschen erreichbar und wenn man nun nach Feierabend sieht, dass eine wichtige E-Mail von der Arbeit eingegangen ist, ist die Versuchung groß, diese auch gleich noch mit abzuarbeiten. Schließlich hat man dann am nächsten Tag eine Mail weniger zu beantworten. Des Weiteren verschwimmen die Grenzen zwischen Berufs- und Privatleben immer mehr. Wenn man als Google-Mitarbeiter im Prinzip in seinem Büro leben könnte, da man die Möglichkeit hat, alle Privatangelegenheiten in der Firma zu erledigen, wie beispielsweise das tägliche Workout zu erledigen, ist kaum noch eine Trennung erkennbar. Erstens kann es dadurch passieren, dass Disharmonien unter den Kollegen entstehen, man beurteilt sich Untereinander danach, was man zu Mittag isst, wie regelmäßig man Sport macht oder wer die längsten „Denkpausen" auf der Schaukel macht. Es ist ganz natürlich, dass Menschen sich gegenseitig beobachten und, ob man es will oder nicht, oft auch beurteilen. Man beschränkt sich in dem Falle dann nicht mehr nur auf die Qualität der Arbeit beziehungsweise wie engagiert jemand ist, sondern bezieht auch die Beobachtungen wie derjenige seine „Freizeit" verbringt mit ein. Der Arbeitskollege wird zum Trainingspartner, Teampartner beim Tischkickern und letzten Endes zum Freund. Nicht dass Freundschaften unter Kollegen etwas Neues oder Schlechtes wären, aber wenn sich das tägliche Umfeld auf solch einen kleinen Radius beschränkt, ist die Grenze zwischen Arbeit und Privatem bald nicht mehr erkennbar. Zweitens sind Einflüsse von außen extrem wichtig und hilfreich. Sie sorgen dafür, dass man aus seinen routinierten Denkmustern ausbricht und sich neue Herangehensweisen erschließt. Ein Freund oder Bekannter, der in einem ganz anderen Unternehmen und Bereich arbeitet, kann unsere Probleme objektiver betrachten und uns mit unverbrauchtem Blick auf Dinge hinweisen, die wir schon längst nicht mehr wahrnehmen.

Letzten Endes ist Googles Gestaltung des Arbeitsumfelds nur ein Versuch, den Wohlfühlfaktor der Angestellten zu steigern, in der Hoffnung, dass damit auch die Produktivität steigt und härter gearbeitet wird. Hätte es keinen Nutzen, würde der Konzern wahrscheinlich nicht so viel darin investieren, andererseits besteht natürlich die Gefahr, dass man als Arbeitgeber auf lange Sicht mehr und mehr bieten muss, da sich Menschen schnell an gewisse Standards gewöhnen. Wie fast jedes Thema sollte man auch dieses hinterfragen und mit einer gewissen Vorsicht genießen.

Die Ko-Kreativität

Der Begriff Ko-Kreativität beschreibt die Zusammenführung von Verbundenheit und Freiheit, den beiden kraftvollsten Polen menschlicher und universeller Existenz. Er vereint die drei Dimensionen, die der Begriff „Liebe" schon immer, mal bewusst, mal unbewusst, umfasst, nämlich die „Ich-Selbst"-Ebene, die „zu anderen Individuen" und als dritte die Ebene „zum Universum". Die Ko-Kreativität erstreckt sich über alle Bereiche, von der Wirtschaft über die Gesellschaft bis hin zur Kultur. Liebe hat viele Facetten, kreative Liebe bildet die Spitze, darunter kommt die Liebe der Weisheit, die kommunikative Liebe, die Liebesbeziehungen. Darunter liegt die Macht der Liebe, die Lust der Liebe und zu guter Letzt die Kraft und Energie der Liebe, sozusagen das Fundament. Auch in der Geschichte finden wir viele Innovationen, die durch Liebe entstanden sind.

Wenn wir heutzutage den Begriff Liebe hören, denken wir meist sofort an eine Partnerschaft beziehungsweise Liebesbeziehung, meist zwischen zwei Menschen, inklusive einer erotischen Beziehung. Der Begriff ist durch unsere Gesellschaft geprägt und die vielseitige Bedeutung ist immer mehr in den Hintergrund gerückt. Der Begriff der platonischen Liebe benennt eine Liebe ohne erotischen Hintergrund. Allerdings meint die platonische Liebe nur die liebende Keuschheit, wo Keuschheit nicht selbstverständlich ist. Die Ursprünge können ganz verschieden sein. Eine weitere Art der Liebe ist die, welche wir zu unseren Eltern verspüren und die ihre Wurzeln bereits in der Zeit geschlagen hat, in der wir noch Quark im Schaufenster waren. Sie beginnt zu entstehen, während wir im Mutterleib heranreifen und entwickelt sich immer weiter, während wir heranwachsen. Der Grundstein wird also recht früh gelegt und das Ausmaß hängt dementsprechend auch davon ab, wie sich die Beziehung zu unseren Eltern weiter entwickelt. Dafür ausschlaggebend kann sein, wie geborgen wir uns bei ihnen fühlen, wie viel ihrer Liebe sie uns spüren lassen und wie sich das Gefühl der Verbundenheit während unserer Kindheit und Jugendzeit entwickelt. Allerdings bringen wir selbst den Begriff der Liebe selten in Verbindung mit den Gefühlen beziehungsweise Beziehungen, welche die Familienbande überschreiten. Uns erscheint das Wort Liebe dafür zu stark, weshalb wir auf andere Begriffe ausweichen. Doch im Grund besteht auch zwischen uns und unseren Freunden die Energie der Liebe. Dies zeigt sich dadurch, dass wir uns dem anderen eng verbunden fühlen und eine nicht erotische Zuneigung empfinden.

Der Begriff Ko-Kreativität liefert uns eine neue Möglichkeit, dieses Gefühl, welches wir sonst als Liebe betiteln, auszudrücken. Da er auf den kraftvollsten Polen menschlicher und universeller Existenz basiert und die drei Dimensionen der Liebe umfasst, hat er die Kraft und das Potenzial, die sonst mit dem Begriff Liebe verbundenen Gefühle und Energien zu transportieren und diese somit zugänglicher zu machen. Durch Ko-Kreativität kommt die ständige Weiterentwicklung der Gesellschaft in allen Bereichen und in alle Richtungen zum Ausdruck. Wir benötigten ein neues Wort, einen neuen Begriff, von dem wir überzeugt sind, dass er das, was wir meinen, richtig vermittelt und umfasst. Er sollte wirklich frisch sein und mit keiner anderen Bedeutung behaftet. Im Prinzip ist der Begriff Ko-Kreativität ein weißes Blatt, auf dem bisher nur die Überschrift und die ersten drei Sätze stehen, welche die bereits begründeten Grundgedanken festhalten. Der Rest des Blattes ist bereit, um von der Gesellschaft beschrieben zu werden. Die Prägung eines Begriffs findet meist unbewusst statt, man kann es nicht wirklich steuern, aber die Entwicklung geht immer weiter und ergründet stets neue Erkenntnisse.

Ko-Kreativität zum Ich-Selbst

Hierbei handelt es sich um die Annahme und kreative Freiheit des eigenen Ichs oder auch des anderen Ichs. Diese kommt zum Vorschein, wenn der Einzelne sich seiner unverwechselbaren Existenz und des eigenen Potenzials beziehungsweise der eigenen Begabung bewusst wird. Google fördert dies mit dem kreativen und dynamischen Umfeld, welches es in den Firmensitzen konzipiert hat. Auch die flexiblen Arbeitszeiten und das vielfältige Angebot, um „Denk-Pausen" zu machen, regen eine intensive Auseinandersetzung mit dem Ich-Selbst an und bieten Raum, diese Ebene zu erkunden und sich selbst zu entdecken. Ebenso fördern das Sportangebot, das gesunde Essen und die medizinische Versorgung die Ko-Kreativität der Angestellten. Ein gesunder Körper und Geist sind Grundvoraussetzungen, überhaupt kreativ sein zu können. Es sorgt für eine mentale und körperliche Ausgeglichenheit, welche es den Beschäftigten ermöglicht, sich auf andere Dinge zu konzentrieren und ihre Energie dafür zu verwenden. Wenn die Gesundheit des eigenen Körpers und Geistes gut im Alltag eingeflochten ist, muss man sich darum weniger Sorgen machen beziehungsweise beschäftigt sich nur noch unterbewusst damit und hat so den Raum, sich bewusst auf andere Sachen zu fokussieren. Wer ausgeglichen ist, hat mehr Kapazitäten, seine Kreativität zu entwickeln und wirken zu lassen. Kreativität kann nur entstehen, wenn genug Freiheit gegeben ist. Ein weiterer wichtiger Punkt, den Google erkannt und umgesetzt hat, ist das Fördern beruflicher und persönlicher Wünsche in Form der Weiterentwicklung. Die Unterstützung des Konzerns bezüglich der Weiterentwicklung senkt die Hemmschwelle, schafft die notwendigen Voraussetzungen und macht es den Angestellten einfacher, diese Wünsche und Träume auch wirklich anzugehen und zu verwirklichen. Diese Option hilft, die eigene Begabung zu erkennen oder falls dies schon geschehen ist, sie weiter auszuprägen und das Selbstvertrauen in diese Begabung zu steigern. Das Angebot direkt vor der Nase zu haben hilft, den inneren Schweinehund zu überwinden und die Sache wirklich anzugehen. Die üblichen Ausreden werden dadurch entmachtet. Weiterbildungen im beruflichen und persönlichen Bereich sind äußerst wichtig. Sie vermitteln neue Herangehensweisen oder man entwickelt neue Fähigkeiten, die nicht zwangsläufig nur auf diesem speziellen Gebiet, in dessen Kontext man sie erlernt, hilfreich sein können. Durch unsere Fähigkeit logisch zu denken und dem Bewusstsein unseres Handelns können wir neu Erlerntes auf viele Lebensbereiche ausbreiten und notfalls passend abwandeln. Man kann also nur daran wachsen, Neues zu erlernen. Dadurch erschließen sich auch ständig neue Inspirationsquellen, die vielseitig nutzbar sind. Eine ebenfalls ergiebige Inspirationsquelle hat Google mit dem abwechslungsreichen und aktiv nutzbaren Umfeld innerhalb der Bürogebäude geschaffen. Und wenn man nun noch halb so viele Freiheiten hat, wie Google es als Arbeitgeber verspricht, so steht eigentlich nichts mehr im Weg, das eigene Potenzial zu entdecken beziehungsweise zu erkennen, es auszuschöpfen und weiter auszubauen.

Der erste Schritt in diese Richtung liegt natürlich immer bei der Person selbst. Man muss selbstbewusst genug sein, seine Begabungen anzunehmen beziehungsweise sie auch als solche zu erkennen. Des Weiteren braucht es ein gewisses Vertrauen in sich selbst, sonst wird man sein Potenzial immer verleugnen und ihm damit die Möglichkeit nehmen, weiter zu wachsen und zu reifen. Aber keine Panik, man kann ebenfalls lernen, selbstbewusster zu sein und sich selbst beziehungsweise den eigenen Fähigkeiten zu vertrauen und eine gesunde Selbstliebe zu entwickeln. Für den weiteren Weg hat Google für seine Angestellten recht gut vorgesorgt.

Ko-Kreativität zu Anderen

Dies ist die Ko-Kreativität, welche die Außergewöhnlichkeit des einzelnen Individuums übersteigt und sich auf die stets vorhandene Resonanz beziehungsweise das Echo zwischen zwei oder mehreren Individuen bezieht. Dies ist oft der Ursprung tiefgründiger Verbundenheit. Ein mögliches Resultat dieser Resonanz ist ein schier unendliches Potenzial an Kreativität, welches das kreative Potenzial eines Einzelnen bei weitem überschreiten kann. Die Resonanz treibt die Entwicklung eines kreativen Gedankens, einer Idee voran. Es arbeitet nun nicht mehr nur ein Kopf daran, sondern ein weiterer oder gleich viele weitere. Es kommt zum Austausch spontaner Gedanken und zur Anregung neuer Perspektiven bei der Person, welche diesen Gedanken hatte und ihn mitgeteilt hat. Wenn zwei Menschen besonders gut miteinander zurechtkommen, sich verbunden fühlen und sich vertrauen, kann die Wirkung der Resonanz umso stärker werden. Meistens fühlt man sich eher den Menschen verbunden, die ähnlich kreative Gedanken haben, beziehungsweise bei denen man das Gefühl hat, auf einer Wellenlänge zu sein. Dies erleichtert den gemeinsamen Einstieg in die Zusammenarbeit und man teilt ihnen eher die eigenen Gedanken und Ideen mit. Manchmal spürt man innerlich schon, dass es helfen könnte, dieser Person seine Idee mitzuteilen, weil diese ebenfalls davon begeistert sein wird und sofort selber beginnt, kreative Gedanken dazu zu entwickeln. Ein Projekt wächst zusehends, während es von mehreren Personen mit deren kreativen Gedanken gefüttert und verbessert wird. Diese kreativen Gedanken ergänzen sich, verbessern vorherige oder sind ganz neu. Man könnte es fast als einen Energieaustausch betrachten, als würden kreative Ströme zwischen den Menschen verlaufen und ab und zu, wenn sie zusammenpassen oder komplett gegensätzlich sind, schüren sie das Feuer umso mehr, sie vereinen sich und etwas Großes entsteht. Etwas, das kein Einzelner hätte erschaffen können. Etwas, das nur durch die Ko-Kreativität zwischen den Individuen entstehen konnte.

Im Google-Unternehmen findet man auch diese Ebene der Ko-Kreativität. Es gibt jede Menge Raum, um Kollegen zu treffen. Dieser Raum ist entspannt und locker gestaltet. Dies begünstigt natürlich die Kommunikation und den freien Fluss kreativer Gedanken. Dadurch wird ein reger Austausch initialisiert, ob unter Kollegen, zwischen Mitarbeitern verschiedener Abteilungen oder zwischen Mitarbeitern und Besuchern. Aus vielseitigem Austausch nimmt jede Person etwas mit, was wiederum genau der Knackpunkt sein kann, der in einer Problemlösung noch Kopfschmerzen bereitete. Außerdem werden den Menschen dadurch Einblicke in verschiedene Sichtweisen der Anderen gegeben, welche den eigenen Blickwinkel beeinflussen können, möglicherweise genau in die richtige und für einen selbst vorteilhafte Richtung. Da bei einer Unterhaltung klassischerweise mindestens zwei Menschen in Kontakt miteinander treten, ist der resultierende Nutzen dieses Austauschs auch nie nur für eine der Parteien vorteilhaft. Jeder Beteiligte einer Unterhaltung hat Einfluss und kann etwas für sich selbst daraus mitnehmen, jeder der Beteiligten ist Bestandteil der Ko-Kreativität, die in diesem Kreise entsteht und beeinflusst die Entwicklung.

Google hat Standorte in über 50 Ländern der Welt, dies bietet die Chance auch mal in einem anderen Land zu leben und zu arbeiten, ohne den großen Aufwand, eine neue Arbeit zu finden. Ein neues Umfeld bedeutet meistens auch, dass viele neue Eindrücke auf einen zukommen und man sich energiegeladener und kreativer fühlt. Das Kennenlernen und das richtige Erleben anderer Kulturen, außerhalb eines zweiwöchigen Urlaubs, bietet eine starke Inspirationsquelle. Vor allem der Austausch mit Kollegen an diesem anderen Standort, aus diesem anderen Land oder eben mit den Einheimischen bringt neue Sichtweisen ins Leben und kann sogar den eigenen Lebensstil nachhaltig beeinflussen. Andere Sitten und Traditionen bedeuten oft auch differente Denkansätze und Denkweisen. Aber auch die unterschiedlichen Arbeitsweisen, die in den jeweiligen Ländern üblich sind, bergen anregendes Potenzial. Oder wenn man sich darüber austauscht, was für einen Stellenwert es in dem jeweiligen Land hat, wenn man einen Job hat. Diese Erkenntnis kann an der eigenen Wertschätzung der Arbeit viel verändern. Plötzlich wird einem bewusst, dass es in vielen Ländern sozial hoch angesehen ist, eine Arbeit in diesem Bereich zu haben oder in den ärmeren Ländern sogar einem Wunder gleicht. Man kann voneinander viel lernen, kreative Gedanken kommen aus ganz unterschiedlichen Richtungen und Ansätzen. Des Weiteren ist Reisen oder auch ein arbeitsbedingter Wohnortwechsel stets ergiebig für einen selbst. Es bietet eine wunderbare Gelegenheit, sich selbst besser kennenzulernen, sich selbst zu entdecken und weiter zu wachsen. Unser Geist wird von Veränderungen angeregt und wir können ganz neue Seiten an uns selbst entdecken. Ein Tapetenwechsel birgt neue Energie und viel Inspiration für uns. Diese Vielfalt begünstigt eine facettenreiche Resonanz und eine interessante Vermischung kreativer Gedanken. Die Ko-Kreativität kann sich dadurch noch bunter entfalten und viel weitere Kreise ziehen.

Zu guter Letzt ist auch die Entstehungsgeschichte von Google ein Ergebnis, welches aus der Ko-Kreativität zwischen Larry Page und Sergey Brin resultiert. Die beiden haben es geschafft, ihre kreativen Energien zusammenzuführen und daraus gemeinsam etwas Großes erschaffen. Dies wäre ohne die Resonanz zwischen den beiden nicht möglich gewesen. Auch das Fehlermachen gehört dazu und birgt ja bekanntlich viel positives Potenzial. Durch Fehler lernt man, merkt sich, was zu vermeiden ist und es kann zur Stärkung von zwischenmenschlichen Beziehungen führen. Aber um eben diese Fehler erkennen und auch das positive Potenzial daraus ziehen zu können, ist wieder einmal die Resonanz wichtig. Gemeinsam lassen sich Fehler meist leichter verkraften und der Prozess der Problemlösung wird kreativer und innovativer, wenn mehrere Menschen zusammen daran arbeiten. Die Ko-Kreativität zu Anderen ist im Prinzip unentbehrlich.

Ko-Kreativität zum Universum

Die Ko-Kreativität in Verbindung mit dem Universum verkörpert den tiefsten Sinn jeglicher Kreativität. Grundlage hierfür ist es, dass das Geschaffene als unverwechselbarer Beitrag der Evolution aufgefasst, gelebt und umgesetzt wird. Jegliche egoistische Betrachtung würde das Entstehen eines wirklich guten und schönen Werks verhindern. Erst das bedingungslose Teilen mit dem Rest der Welt gibt dem Werk oder der Innovation seinen finalen einzigartigen Schliff, welcher wiederrum Macht verleiht. Es ist ein Beitrag zum großen Ganzen.

Betrachtet man Google in diesem Zusammenhang, so sieht man, dass viele andere Firmen die Unternehmensphilosophie von Google teilweise übernommen haben. Scheinbar scheint es ein erfolgreiches Konzept zu sein, welches den Arbeitnehmern und Arbeitgebern gut tut. Selbstverständlich ist es kein Konzept, das bedingungslos in jeder Branche anwendbar ist, aber zumindest kann es für alle Branchen eine Inspirationsquelle sein. Wenn man es also ganz naiv betrachtet, legen die Arbeitgeber wieder mehr Wert auf das Wohlbefinden der Angestellten, auch auf das, welches den Arbeitsplatz überschreitet. Dass sich die Firmen davon natürlich auch eine Verbesserung der Arbeitsleistung versprechen, ist klar, immerhin sind sie alle Teil einer großen Wirtschaft, in der es immer auch darum geht, schwarze Zahlen zu schreiben.

Wenn man das Ziel von Google betrachtet, unendlich viele Informationen für jeden, überall auf der Welt frei zugänglich zu machen und Technologien für alle Menschen zu entwickeln, so springt einem die Beziehung der Ko-Kreativität zum Universum förmlich ins Auge. Dafür muss man natürlich außer Acht lassen, das Google daraus Nutzen zieht und damit Geld verdient. Aber an sich ist der Grundgedanke unfassbar groß und hat definitiv Züge der Ko-Kreativität zum Universum. Zugriff auf so viele Informationen zu haben bedeutet ebenfalls Macht zu haben, vorausgesetzt man weiß diese Informationen zu nutzen. Der Zugang zu diesen Informationen, den Google seinen Nutzern ermöglicht, so dass sie sich selbst in gewissem Maß weiterbilden und stets frische Inspirationsquellen finden können. Heutzutage werden fast täglich neue Technologien entwickelt, jeden Tag entstehen Unmengen an neuen Informationen. Das treibt die Entwicklung der Menschheit im Allgemeinen stark voran, es eröffnet unzählige neue Möglichkeiten. Auch wenn das nur ein kleines Glied im großen Ganzen darstellt, so hat es trotzdem große Wirkung.

Betrachtet man nun wie Google Forschungsprojekte fördert, die nicht zwangsläufig von Google selbst durchgeführt werden, so kann man auch hier die Ko-Kreativität zum Universum entdecken. Auch wenn sich sicherlich nicht abstreiten lässt, dass der Konzern daraus später vielleicht selber Nutzen zieht, so unterstützt Google Ideen in vielen verschiedenen Bereichen, die den unterschiedlichsten Personengruppen helfen können und wiederum viele Menschen vereinen. Das Unternehmen ermöglicht durch finanzielle Mittel den Start dieser Projekte, die nach einiger Zeit groß genug sind, um sich anderweitig zu finanzieren. Diese Projekte wiederum können einzigartige Beiträge zur Entwicklung der Menschheit beitragen und Google ermöglicht den Menschen, die diese Idee hatten, den ersten Schritt zur Verwirklichung zu gehen. Diese unternehmensübergreifende Hilfsbereitschaft und das Interesse an den Projekten zeugt von Ko-Kreativität und beweist mal wieder, dass die Ko-Kreativität keine Grenzen kennt.

Fazit

Die vorangegangen Betrachtungen zeigen, dass Google sich umfassend mit seinen Mitarbeitern auseinandersetzt. Der Konzern ist stets auf der Suche nach Verbesserungsmöglichkeiten zum Wohle seiner Angestellten. Der Konzern hat erkannt, wie wichtig das Wohlbefinden aller Beteiligten ist. Verbessert man das Umfeld und seine Wirkung auf die Arbeitnehmer, so steigt die Qualität der Arbeit und die kreative Problemlösung wird gefördert. Fühlt man sich in seiner Umgebung wohl, so wächst die von außen beeinflussbare Motivation und die Produktivität wird verbessert. Wie schon erwähnt geschieht dies bei Google natürlich im Kontext der zu erbringenden Wirtschaftlichkeit. Doch da es nicht nur in diesem Sinne große Wirkung zeigt, sondern auch auf menschlicher Ebene, ist dies nicht verwerflich.

Zu berücksichtigen ist allerdings, dass dies nur eine Außenbetrachtung ist, welche sich aus intensiven Recherchen ergeben hat. Ein Google-Mitarbeiter könnte schon wieder eine ganz andere Sichtweise haben, woraus andere Schlüsse resultieren würden. Große Unternehmen beeinflussen ihr Image gezielt, vermeiden Skandale und geben vor allem Informationen preis, die ein positives Bild hervorrufen. Man ist sehr bedacht darauf, wie man nach außen wirkt. Das öffentliche Bild eines Unternehmens ist für viele Bereiche von großer Bedeutung, es kann beispielsweise darüber entscheiden, ob eine Kooperation stattfindet oder nicht. Die kritischen Stimmen kann natürlich niemand ganz verschleiern, sie werden immer irgendwo gehört. Doch solange es sich nicht um gravierende Geschehnisse handelt, erhalten sie wenig oder nur kurz Aufmerksamkeit.

Bei Google sind alle drei Ebenen der Ko-Kreativität mehr oder weniger stark ausgeprägt zu finden. Nach den vorangegangenen Betrachtungen ist erkennbar, dass vor allem die Ko-Kreativität zum Ich-Selbst und die Ko-Kreativität zu Anderen besonders stark ausgeprägt sind. Diese beiden Ebenen sind relativ leicht beeinflussbar beziehungsweise umsetzbar, sobald man sie erkannt hat. Hier kann Google selbst teilweise große Unterstützung leisten, die Kernpunkte sind jedoch meistens von den Angestellten selbst abhängig. Doch um beispielsweise die Ko-Kreativität zum Ich-Selbst oder die zu anderen zu fördern und zu entwickeln, hat Google schon den nötigen Raum geschaffen. Passende Strategien, um diese Ebenen der Ko-Kreativität zu stützen, hat der Konzern bereits geschaffen. Besonders die Förderung der beruflichen und privaten Weiterbildungsinteressen ist ein äußerst hilfreicher Schritt für die Ko-Kreativität zum Ich-Selbst. Das Vorhandensein lockerer Begegnungsräume, wie beispielsweise bei einem Tischkicker-Match, bietet die Möglichkeit ungezwungener Zusammentreffen, die genug Freiheiten für kreative Gedanken lassen und vor allem den Austausch dieser Gedanken begünstigen.

Der Begriff Ko-Kreativität ist reich an Bedeutungen, die nach und nach weiter entdeckt werden. Er umfasst alle Lebensbereiche und beeinflusst diese. In jedem Menschen schlummert die Energie der Ko-Kreativität, es gilt sie zu erkennen, sie anzunehmen und letzten Endes zu lernen, wie man sie nutzen kann. Je bekannter die Ko-Kreativität mit ihren drei Ebenen wird, desto stärker wird sie und desto wichtiger wird es, dass sich jeder Mensch ihrer bewusst wird. Die Ko-Kreativität birgt ein enormes Potenzial, welches wir in Zukunft sicherlich brauchen werden, wenn die allgemeine

Entwicklung weiterhin so rasch voranschreitet. Auch werden sich dadurch neue Bereiche ergeben, die ohne die Ko-Kreativität nicht bedient werden könnten. Wir können uns dessen sicher sein, dass die Ko-Kreativität uns weiterhin begleiten wird und uns in Zukunft immer wieder hilfreich sein wird.

Literatur

- Forbes Online. [https://www.forbes.com/sites/jeffkauflin/2017/04/27/the-most-attractive-employers-for-business-students-in-2017/#2c8738574dd7; 20.01.2018].
- Google.de. [http://www.google.com/about/our-story/, 24.01.2018].
- Lernpsychologie.net. [http://www.lernpsychologie.net/motivation/extrinsische-motivation, 21.01.2018].
- Lernpsychologie.net. [http://www.lernpsychologie.net/motivation/intrinsische-motivation; 21.01.2018].
- sein.de. [https://www.sein.de/3-philosophiefestival-der-liebe-ko-kreativitaet/; 26.01.2018].
- Zeit. [http://www.zeit.de/karriere/beruf/2015-12/mitarbeitermotivation-arbeitgeber-betriebsklima-arbeitsbedingungen/seite-2; 20.01.2018].

GENIALE TEAMS

ALESSA MAR WIEGAND CÁCERES

Einleitung

Geniale Teams, was sind das für Teams und was machen sie damit sie genial werden? Was ist der Unterschied zu normalen Teams? Geniale Teams arbeiten eine zeitlang zusammen und erschaffen etwas, das die Welt beeinflusst, dann trennen sie sich und die Erinnerungen bleiben. Warren Bennis beschreibt in seinem Buch *Geniale Teams – Das Geheimnis kreativer Zusammenarbeit* anhand von Beispielen für Geniale Teams, was sie auszeichnet und besonders macht. Der Schwerpunkt ist auf die Kreativität gelegt und verdeutlicht die Behandlung der Ko-Kreativität.

Warren Bennis

Warren Bennis wurde am 8. März 1925 in New York geboren und starb am 31. Juli 2014 in Kalifornien. Er war ein US-amerikanischer Wirtschaftswissenschaftler und Professor für Betriebswirtschaftslehre. Seinen Militärdienst absolvierte er von 1943-1947 und erhielt zwei Auszeichnungen, das Purple Heart und den Bronze Star. Diese wurden ihm für seinen Einsatz während des zweiten Weltkrieges in Deutschland verliehen. Er war Berater von vier Präsidenten der Vereinigten Staaten und hatte somit Einfluss auf die Regierungsgeschäfte. Er verfasste in seiner Lebenszeit 27 Bücher über Führung, unter anderem das Buch *Geniale Teams – Das Geheimnis kreativer Zusammenarbeit*, oder war an deren Entstehung maßgeblich beteiligt. Er hielt Vorlesungen ab und beriet große

Unternehmen. Als letztes arbeitete er als Professor an der University of Southern California; hier gründete er das Leadership Institut. Beim Konzept der Führung lag sein Hauptaugenmerk auf dem, was er als Unterschied zum Management behandelt. Er war davon überzeugt, dass man Führung als Manager erlernen kann, solange man bereit ist, die nötige Energie hierfür zu investieren.

Das Buch *Geniale Teams - Das Geheimnis kreativer Zusammenarbeit*

In seinem Buch *Geniale Teams – Das Geheimnis kreativer Zusammenarbeit* werden fünf Beispiele von Teams vorgestellt und deren Zusammenarbeit analysiert. Das Buch beinhaltet 15 Regeln für ein gutes Management eines Teams. Die Besonderheiten und Fähigkeiten dieser Teams werden verdeutlicht und regen zum weiteren Nachdenken an. Alle Teams stammen aus den letzten Jahrzehnten. In diesem Buch wird aufgezeigt, wie man Führungskräfte als Mitarbeiter der Teams findet und ihnen gute Arbeitsbedingungen schaffen kann, so dass Höchstleistungen und Kreativität am besten gefördert werden.

Warren Bennis behandelt in seinem Buch fünf bekannte Teams, die in den letzten Jahrzehnten Weltbewegendes erschaffen haben. Darunter werden auch Konkurrenten vorgestellt und analysiert.

PARC / Xerox

1970 wurde PARC unter Anregung von Jack Goldman, welcher Chefwissenschaftler bei Xerox war, in Palo Alto, Kalifornien, gegründet. Das Xerox Palo Alto Research Center ist ein Teil des Xerox Konzerns und ein Forschungszentrum. PARC ist die Abkürzung für „Palo Alto Research Center". Somit ist Xerox die Muttergesellschaft von PARC. Das Unternehmen ist bekannt für seine Computertechniken wie z.B. Laserdrucker und Softwares.

Anfang der 70er Jahre hatte Xerox den Patentschutz für den Fotokopierer verloren und fürchtete so um größere Konkurrenz von japanischen Herstellern. Daraufhin wurde PARC gegründet, um Technologien zu entwickeln und Xerox wieder zu stärken. Der Schwerpunkt lag auf der Bürotechnik. PARC hatte mehrere Erfolge der Technologien wie das Ethernet und das Konzept der graphischen Benutzeroberfläche (GUI) mit Mausbedienung entwickelt und diese wurden zum Standard in der Informationstechnik. So konnte Xerox aber nur seinen Laserdrucker zum Erfolg führen und andere Unternehmen entwickelten die

Technologien weiter und erzielten großen Erfolg damit.

Das Ziel von PARC war es, den ersten benutzerfreundlichen Computer zu entwickeln und auf den Markt zu bringen. Dafür wurde ein Team zusammengestellt, welches unter der Leitung von Bob Taylor fungierte.

Steve Jobs / Apple

Apple ist ein US-amerikanisches Technologieunternehmen. Sein Hauptsitz ist in Cupertino. Apple entwickelt und vertreibt Computer, Smartphones, Betriebssysteme und Anwendungssoftware sowie Unterhaltungselektronik. Apple zählt zu einem der größten Unternehmen der Welt.

Von Steve Wozniak, Ron Wayne und Steve Jobs wurde Apple 1976 in einer Garage gegründet, Apple zählt zu den ersten Entwicklern der Personal Computer, Apple zählt somit zu den sogenannten Garagenfirmen. Apple nahm 1980 die Rolle des Vorreiters ein, als sie die grafische Benutzeroberfläche und die Maus einführten zu dem Computer Macintosh (1984). Apple arbeitete an dem ersten benutzerfreundlichen Computer. Nach und nach erweiterte Apple sein Geschäft auf andere Produktbereiche aus, der erste iPod kam auf den Markt. Damit legte Apple einen bis heute anhaltenden Trend des Marktes auf den Markt für Smartphones und Computern. Steve Jobs verließ Apple, jedoch kam er nach dem Aufkauf von NeXT als Leiter zurück zu Apple. Apple hatte von 1997 bis 2000 eine Krise, aus der sie versuchten mit internen Entwicklungen wieder raus zu kommen. Nach Scheitern von internen Lösungsansätzen kam Apple aus der Krise, in dem sie das Unternehmen NeXt, von Jobs gegründet, aufkauften. Durch den Aufkauf entstand in dem Unternehmen ein neues und besseres Arbeitsklima. Nach der Entlassung des CEO lief das Unternehmen ohne weiter. Steve Jobs wollte zunächst keine Führungsposition übernehmen, zwei Jahre später übernahm er jedoch die Position des CEO dauerhaft. Diese und weitere wichtige Positionen wurden von NeXT-Mitarbeitern besetzt.

Disney-Truppe

The Walt Disney Company (WDC) wird meist nur Disney genannt, dieses Unternehmen wurde von Walt und Roy Disney 1923 gegründet. Es ist ein US-amerikanisches Medienunternehmen mit dem Sitz im kalifornischen Burbank. Walt Disney ist seit 2017 das weltweit größte und wertvollste Medienunternehmen.

Disney stand in den 80ern vor einem Dilemma, das gesamte

Unternehmen schien vor der Auflösung zu stehen. Roy E. Disney, der Sohn des Mitbegründers Roy O. Disney, hatte die Übernahme von Saul Steinberg abgewandt und führte das Unternehmen ab 1984. Er besetze Schlüsselrollen neu, wie z.B. M.D. Eisner als Vorstandsvorsitzenden und Frank Wells als Präsidenten. Dieses Duo führte drastische Umstrukturierungen des Unternehmens durch, welche später zum kompletten Umbau des Unternehmenskomplex führten. Die Zeichentrickabteilung wurde zum Beispiel geschlossen. Roy E. Disney hatte das Unternehmen praktisch selber wiedererfunden und besann sich auch auf die Version von Walt Disney. R.E. Disney hat somit eine kulturelle Tragödie verhindert. Die Versionen von Walt Disney wurden von R.E. Disney weitergeführt und überlebten seinen Tod. Immer noch spielen die Zeichentrickfilme eine Schlüsselrolle und machen 40 Prozent der Gesamteinnahmen aus.

Clintons Wahlkampf

Es arbeiteten mehr als 100 Leute über ein Jahr lang an der Kampagne um Clinton in das Weiße Haus zu bringen. Der Sieg fand im Jahr 1992 statt. In der Kampagne waren seine Familie, politische Strategen, James Carville, Spendensammler und Kapitalbeschaffung, Rahm Emanuel, Demographen und der begabte und routinierte Redenschreiber Paul Begalas involviert. Aber auch der Chef der Demokratischen Partei, Ron Brown. Gegner waren der Amtsinhaber George Bush und Ross Perot.

Clinton ist ein Mann, der mit seinem Auftreten jeden Raum ausfüllt, er hat eine ungewöhnliche Intelligenz und ist ein ehemaliger Rhodes-Schüler. Er war dennoch kein selbstverständlicher Kandidat für das Amt des Präsidenten. Bei Beginn der Kampagne hatten die Republikaner die amerikanische Politik fast 20 Jahre lang bestimmt und organisiert. Clinton war ebenfalls erstaunlich jung, 45 Jahre, und bekannt als Vertreter für die arme Bevölkerung Amerikas.

Zuerst gewann er das Rennen zur Nominierung innerhalb der Partei und trat gegen Bush, Amtsinhaber, an. Bush hatte nach dem Golfkrieg 91 Prozent der Stimmen, die ihn ins Weiße Haus brachten. Ross Perot, der dritte Kandidat, stellte durch seine Selbstsicherheit in Verbindung mit einem großen Budget eine große Unsicherheit dar. Clintons Bemühungen um die Präsidentschaft begannen in den 80er Jahren, als er Mitbegründer des Demokratischen Führerschaftsrates wurde. Dieser suchte Wege, um die Vormacht der Republikaner zu brechen, welche im Weißen Haus herrschte.

Skunk Works

Skunk Works ist ein US-amerikanisches Unternehmen, welches sich mit der Flugzeugentwicklung befasst. In der Kriegszeit der UdSSR wurde das Unternehmen gegründet, um den deutschen Luftwaffen standzuhalten. Gegründet wurde diese Top-Secret-Abteilung von Clarence „Kelly" Johnson und seinem Nachfolger Ben R. Rich im Jahr 1943, als Johnson darum gebeten wurde, einen US-Düsenjäger zu entwickeln, der es mit der deutschen Luftwaffe aufnehmen konnte. Johnson war bereits ein bekannter Flugzeugdesigner. Seine Vorgesetzten von Lockheed überzeugte er, dass es am erfolgreichsten wäre, eine Top-Secret-Abteilung im Unternehmen zu gründen. Johnson fand eine nicht genutzte Arbeitsfläche neben dem Windkanal auf dem Gelände der Firma und baute dort aus Holz, ausrangierten Motorkisten und einem Zirkuszelt einen Arbeitsraum. In 180 Tagen sollte das Team, bestehend aus 23 Ingenieuren und 30 Hilfskräften, den ersten Flieger entwerfen. Wie besessen arbeitete das Team und produzierte 37 Tage vor der Deadline einen Prototyp des P-80 Shooting Star. Doch bevor dieser in Serie gehen konnte, war der Krieg bereits beendet.

Johnson war in zwei Bereichen ein Visionär, beim Entwerfen von Flugzeugen und im Umgang mit Genialität. Dies brachte ihm in der Führungsposition viel mit. Ebenfalls wusste Johnson, was das Team braucht und wie man jeden einzelnen Mitarbeiter motiviert. Er war allerdings jähzornig und war kein perfekter Vorgesetzter, sein unberechenbares und cholerisches Temperament versetzte die Mitarbeiter oft in Schrecken.

Das Manhattan-Projekt

Bush initiierte die Gründung des National Defense Research Council (NDRC), welche mit dem Militär zusammenarbeiten, aber dem Militär nicht unterstellt sind. NDRC arbeitete eng mit den Engländern zusammen. Im August 1942 bat Bush einen für das Personal zuständigen General ihm einen Militär zu empfehlen, der den notwendigen Aufwand für das Projekt schneller voranbringt. Leslie R. Groves, 46 Jahre alt, ist ein Colonel des Ingenieurkorpus der Armee. Oppenheimer wurde von Groves angeworben und als Leiter des Teams gewonnen. Dieser hatte bis dahin noch keinerlei Erfahrung bei der Führung eines Teams. Oppenheimers Art konnte abweisend und dann wieder gönnerhaft sein. Das Hauptquartier wurde in Los Alamos in extremer Isolation gegründet, ungefähr 35 Meilen von Santa Fe entfernt. Zu Beginn gab es rund 100 Mitarbeiter, die auf über 2000 Wissenschaftler anwuchsen. Zu den Arbeitern kamen Familienangehörige und Hilfskräfte hinzu, somit stieg die Bevölkerung von Los Alamos auf über 10.000 Einwohner. Dort herrschten eine niedrige Lebensqualität und schlechte Wohnverhältnisse.

Das Ziel der Gründung von NDRC war das Beenden des Krieges und die Sicherung vor bevorstehenden Kriegen. Doch mit der Entwicklung der Atombombe schufen sie eine Waffe, die die Menschheit gefährden kann.

Das Arbeiten in Teams

Die Arbeit in den Teams steht meist unter Geheimhaltung oder sogar in der Stufe „Top-Secret". Es durfte keiner erfahren, was genau entwickelt wurde und wo sie arbeiteten. Teilweise verbrachten die Arbeiter sogar Nächte auf der Arbeit. Die Mitglieder der Teams sind meist junge Menschen zwischen 20 und 35 Jahren und selten älter, diese sind auch meistens hochbegabt in einzelnen Themengebieten, was für das Team einen Vorteil bringt. Oft fliehen die Mitglieder vor dem Alltag und Problemen, doch es entstehen auch Probleme, wie zum Beispiel, dass das Privatleben hinten ansteht und Beziehungen und Familien zerbrechen. Die Mitglieder haben den Blick nur auf das Ziel gerichtet, um den Erfolg voran zu bringen. In den Teams können beim Erarbeiten Spannungen auf allen Ebenen entstehen. Durch die Hochbegabung und die Kreativität der Mitglieder können die Probleme, welche auftreten, schnellst möglichst gelöst werden. Die Mitglieder tauschen sich untereinander aus und finden so Lösungen und helfen sich gegenseitig um mögliche Fehler zu beheben, bevor sie entstehen können.

Das Arbeiten und Leben in Teams kann aber nicht nur Vorteile bringen, sondern auch Nachteile mit sich ziehen. So bringt die Arbeit in den Teams ein hohes Glücksgefühl, Gemeinschaft und Zusammenarbeit mit sich. Durch den Erfolg und kleineren Erfolg beim Arbeiten können die Mitglieder Glücksgefühle erreichen, welche Auswirkungen haben könne wie Rauschmittel. Dies wird durch den gemeinschaftlichen Zusammenhalt noch weiter verstärkt und ausgelöst. Doch auch können die Mitglieder aus dem normalen Alltag entfliehen und sich auf eine neue Arbeit stürzen und den normalen Tagesablauf vollkommen außenvorlassen. Dies bringt Freiheiten mit sich, zum Beispiel die Wahl der Kleidung oder der Umgebung, in der sie arbeiten. Bei ausgelassenen Feiern und beim Arbeiten können unterschiedliche Spannungen entstehen. Zum Beispiel können auch sexuelle Spannungen entstehen wie in Los Alamos, als es einen Babyboom gab. Des Weiteren knüpfen die Mitglieder so auch Kontakte, die sie später, nach Beendigung der Arbeit, im Berufsleben weiterbringen. Doch die Nachteile sind leider auch gegeben, wie das Fehlen in der Partnerschaft oder im Familienleben. Meist gehen die Beziehungen und Familien aufgrund der Tatsache kaputt, dass die Mitglieder mehr arbeiten als Zuhause anwesend sind und sich nur auf das Projekt konzentrieren. Die Arbeitsplätze und die Arbeitsumgebung sind auf ein Minimum reduziert und wachsen mit dem Projekt erst weiter und entwickeln sich. Zum Beispiel wurde Apple in einer Garage gegründet und wuchs mit dem Erfolg des Unternehmens weiter. Ebenfalls wurden die Arbeitsplätze bei Top-Secret-Projekten überwacht.

Durch die langen Arbeitszeiten und starke Belastung kommen Arbeitsschichten von über 16 Stunden zustande. Das hat psychische Folgen für die Mitarbeiter. So werden viele krank und leiden unter Depressionen, diese fallen unterschiedlich stark aus. Sie dauern auch nach der Arbeit im Team an, unter anderem können sie noch verstärkt werden. Die Teams zerbrechen meistens nach Beendigung bzw. nach dem Erfolg des Teams.

15 Regeln für das Management genialer Teams

In dem Buch von Warren Bennis werden am Ende 15 Regeln für das Management genialer Teams niedergeschrieben und erläutert. In genialen Teams geht etwas vor, was in anderen Teams fehlt. An freien Tagen zum Beispiel arbeiten die Mitglieder freiwillig weiter, weil es ihnen mehr Spaß macht als Spaß zu haben. Die Mitwirkenden wachsen über sich hinaus, leider hält dies oft nur für die Dauer des Projektes. Ein geniales Team ist mehr als die gut qualifizierten Mitarbeiter. So ist die Konzentration das wichtigste Element für jedes geniale Team. Die Gründer der Teams müssen einen Ort ohne jegliche Ablenkung schaffen, da jedes Mitglied nach einer eigenen Melodie im Kopf tanzt. Es wird dazu ein Klima von schöpferischem Stress gestellt, damit alle in einen Wettstreit miteinander fallen um das Problem lösen zu können. Jetzt wird noch eine Leitungs- oder Führungsposition benötigt, die als Schiedsrichter agiert. Es gibt keine Garantie für den Erfolg, lediglich die Erhöhung von Erfolgschancen.

Die Rekrutierung von Mitarbeitern

Man muss die Besten rekrutieren für das Team, um dieses zu gründen. Die Menschen sind originell und können etwas noch nie Dagewesenes entwickeln, sie sind überdurchschnittlich begabt und intelligent. Sie haben ihre eigene Sichtweise über Sachen. Zusammenhänge erkennen und verbinden sie, sie verfügen über spezielle Fähigkeiten und ein breit gefächertes Interessenspektrum. Sie sind von sich selber und ihrer Leistung überzeugt. In genialen Teams sind sie in erster Linie Problemlöser und dann Physiker oder Computerexperten. Sie besitzen die Hartnäckigkeit, die sie brauchen, um etwas von Wert zu erreichen und hören nie auf zu denken und stellen immer wieder Verbindungen her.

Der Leiter eines genialen Teams

Das Paradoxe an genialen Teams ist, dass sie sich aus außergewöhnlich Begabten zusammensetzen und gleichberechtigt zusammenarbeiten, aber es gibt auch immer eine zentrale Person, die die Genies koordiniert. Diese Person ist der Leiter des Teams und ist ein pragmatischer Träumer mit Versionen, die umsetzbar sind. Meist stellt der Leiter das Team selber zusammen. Der Leiter ist zuständig dafür, dass die Arbeiter auf Kurs bleiben, für die Vermittlung untereinander und er hält jede mögliche Ablenkung vom Team fern. Des Weiteren hält er die Moral hoch und wenn es doch mal bürokratische Aufgaben gibt, was für geniale Teams ungewöhnlich ist, erledigt er diese und hält sie von den Arbeitern fern. Er sorgt dafür, dass sich alle frei von Alltag und Zwang fühlen und ist immer erreichbar, wodurch schnelle Entscheidungen getroffen werden können. Ein gutes Einfühlungsvermögen sollte der Leiter des Teams besitzen und anwenden können. Er muss die Vortrefflichkeit anderer erkennen und würdigen, um das Team richtig leiten zu können. Die Rolle des Respekts ist sehr wichtig, der Leiter muss seine Mitarbeiter für eine angenehme Zusammenarbeit respektieren und diese ihren Leiter. Alle müssen vom Leiter überzeugt sein, dass er es schaffen kann das Team zu koordinieren. Geniale Teams kommen ohne eine starke Führungskraft nicht aus und würden zerbrechen, viele der Leiter finden dadurch zu ihrer persönlichen eigenen Größe. Für jedes Team gibt es den eigenen richtigen Führungsstil, die Leiter können nicht willkürlich handeln, sie müssen handeln und Entscheidungen treffen ohne Gruppenmitglieder einzuschränken. Sie sorgen dafür, die Kultur aufrecht zu halten. Das ist der Beitrag des Leiters zur Entwicklung von etwas Neuem.

Leiter müssen das Talent lieben und wissen wie sie es finden

Die Leiter von Teams sind selbstsicher genug, um Menschen mit mehr Potenzial zu führen und zu koordinieren. Sie profitieren von dem Talent anderer. Aber wie findet man diese Talente? Die meisten Talente haben eine Art Spürsinn und kommen von ganz alleine in die richtige Richtung für das Team, einen Programmierer zum Beispiel führen alle Wege nach Seattle. Oft hängt die Qualität des Teams von den Connections und Netzwerken des Leiters ab, zum Bespiel ist Mundpropaganda, in den richtigen Kreisen, ein Weg um Talente anzulocken. Je größer das Netzwerk des Leiters ist, desto größer ist auch das Potenzial des zusammengestellten Teams.

Die Mitglieder müssen zusammenarbeiten können

Das wichtigste was ein Leiter beachten muss ist, dass er Talente einstellt, die mit anderen Talenten zusammenarbeiten können, denn nicht alle können mit anderen Talenten und Hochbegabten zusammen fungieren, dies könnte potenziale Auseinandersetzungen geben, die das Projekt komplett zunichtemachen. Die persönliche Einstellung muss bei jedem Talent einfach passen, um eine geniale Zusammenarbeit zu entwickeln. In den Teams gibt es keine Verpflichtung für sozialen Kontakt abgesehen vom Austausch von Informationen und dem Vorantreiben des Projektes, das bedeutet für die Talente, dass sie nicht unbedingt eine freundliche Persönlichkeit brauchen, um in dem Team mitwirken zu können. Geniale Teams sind nachsichtiger und jeder einzelne wird von seinen Aufgaben komplett absorbiert.

Teams müssen von einer starken Vision geleitet sein

Geniale Teams handeln immer nach dem Vorsatz, etwas Wichtiges oder sogar Heiliges zu tun und zu erschaffen, sie sind Gläubige und keine Zweifler oder Aufgebenden. Die Mitglieder wissen, dass sie Opfer bringen müssen, es ist als ob sie einen heiligen Krieg führen und alles für den Sieg geben, doch dafür sind sie Teil einer besonderen Unternehmung, was für sie genug Lohn ist. Die Talente gehen ganz und gar in deren Aufgaben auf. Eine große Vision kann alle anderen Sachen in den Schatten stellen, so dass die Talente nur noch die Vision im Kopf haben und dafür alles geben würden, die Vision brennt sich in deren Seelen ein. Die Leiter der Teams wissen, dass sie sich auf die Rhetorik beschränken müssen und trommeln Krieger für Kriegszüge zusammen und nicht für Jobs. Sie geben mit der Vision das Ziel des Krieges vor und die Mitglieder kämpfen, um das Ziel zu erreichen.

Ein Team muss wie eine Insel mit einer Brücke sein

Geniale Teams werden zu ihrer eigenen kleinen Welt und schotten sich von allem ab, auch auf physischer Ebene. Zum Beispiel lag Los Alamos auf einem Hochplateau in der Wüste, eingezäunt von Stacheldraht und starker Überwachung. Die Teams, die die Welt verändern wollen, wenden sich zuerst von dieser Welt ab, aber behalten den Zugang zu den Ressourcen der Welt. Die Teams entwickeln ihre eigene Kultur durch die Isolation, mit eigenen Ritualen, Kleidung und Scherzen, einige entwickeln sogar ihre eigene private Sprache. Das alles hilft, das Team noch fester zusammen zu halten und Außenseiter draußen zu lassen. Doch auch die Teams haben jede Menge Spaß, die immer wechselnde Hochspannung entlädt sich und wandelt sich in Albernheit um. Doch durch diese enge, intensive und lange Zusammenarbeit entstehen auch erotische Atmosphären.

Begeisterung der Teams für die Rolle der Underdogs

Die Teams vergleichen sich gerne mit der Geschichte von David und Goliath. Die ganze Welt ist der gefährliche Goliath während sie selber der kleine, schlaue David sind und den Goliath besiegen mit neuen und interessanten Ideen.

Das Feindbild aufbauen

Jedes Team baut sich sein Feindbild selber auf, bei einigen gibt es diesen Feind tatsächlich, während bei anderen Teams diese Feinde komplett erfunden sind vom Team oder Leiter, sie erschaffen den Feind, um das Team schneller und besser voranzutreiben. Es erhöht den Einsatz der Mitwirkenden und hält das Team weiter und fester zusammen. Wettstreit mit Außenseitern erhöht die Kraft zur Schöpfung von Ideen und steigert die Entwicklung.

Scheuklappen für die Mitglieder

Wenn Mitwirkende „Scheuklappen" tragen, können diese nur das Projekt und die Arbeit sehen, sie haben keine Art von Ablenkung zur Verfügung. Die Mitglieder haben nur eine Leidenschaft, die Arbeit an dem Projekt. Man könnte sagen, sie haben eine Liebesbeziehung zu ihren Aufgaben in dem Projekt, Familien und das Privatleben stehen ganz hinten an. Doch es gibt auch negative Seiten, so zahlen die Familien den Preis für die Mitwirkung des Mannes oder der Frau. Die Mitwirkenden tauschen ihr Leben gegen die aufregende Arbeit. Für einige Mitglieder ist die Arbeit in dem Projekt wie die Einnahme von Drogen, eine Flucht aus dem Alltag und der Familie, ein Betäubungsmittel gegen Leid und Schmerz.

Optimismus schüren

Die Mitglieder der Teams sind alle meist jung und haben noch kaum entmutigende Erfahrungen gemacht, dies ist eines ihrer größten Potenziale. Sie wissen noch nicht, was geht und was nicht, sie arbeiten daran und setzen etwas nicht Machbares um in etwas, das machbar ist. Der Begriff „Realismus" passt keineswegs in ein geniales Team, das Team lebt vom Optimismus. Der Optimismus lässt alle besser und produktiver arbeiten, sie versuchen sich immer wieder gegenseitig zu übertrumpfen. Große Ziele werden von Menschen erreicht, die an ihre eigene Stärke und Überzeugung glauben, an den Erfolg, den sie zusammen erarbeiten, sie glauben an den optimistischen Teil ihrer Arbeit.

Mitarbeiter nur in deren Bereichen arbeiten lassen

Die Aufgabenverteilung ist ein wichtiger und großer Teil in dem Team. Jeder arbeitet besser in einem Bereich, der einem gefällt und mit dem man sich stundenlang auseinandersetzen kann. Wenn jemand in einem Bereich arbeitet, der ihn nicht interessiert, wird dieser auch nicht erfolgreich arbeiten. Setzt man stattdessen jemanden an die Aufgabe, der sich dafür interessiert, so wird die Aufgabe schnell und ordentlich beendet sein. Die Mitarbeiter sind keinesfalls austauschbar, wie es viele Unternehmen halten. Man kann Talente nicht in Rollen und Aufgaben stecken, die nicht zu ihnen passen, dies schadet nur dem ganzen Team. Hier ist ein exzellenter Teamleiter zu erkennen, er weiß, wen er mit welcher Aufgabe konfrontieren kann.

Leiter müssen den Talenten geben was sie brauchen und schützen

Erfolgreiche Teams spiegeln das Verständnis des Leiters wider. Es bedarf angemessenen Herausforderungen, die den ganzen Reichtum der Begabung ausschöpfen können. Hierfür benötigen sie Kollegen, die sie anregen und herausfordern. Gute Leiter räumen den Mitwirkenden alles Unwesentliche aus dem Weg, zum Beispiel die alltäglichen Pflichten und Aufgaben. Ebenfalls wird keine Zeit für Verwaltungsaufgaben verschwendet. Die Teams brauchen keine modernen Umgebungen, Garagen oder selbstgebaute Unterkünfte reichen aus. Was sie aber unbedingt brauchen ist gutes und richtiges Werkzeug. Die Teams betreiben einen immer fließenden Informationsaustausch, diesen müssen die Leiter ermöglichen. Die Teams kennen keine Ordnungen für die Kleidung oder Arbeitszeiten, sie sind frei in ihrer Entfaltung und können für sich passend selber wählen wie und wann sie arbeiten oder was sie tragen, meist entwickelt sich von selbst eine eigene Kleiderordnung. Die Kleidung ist meist locker und spiegelt ihre unkonventionelle Geisteshaltung, sie sind Freigeister und leben und arbeiten auch so.

Rückendeckung ihrer Leiter

Geniale Teams betreten Neuland, in dem sie Sachen vollbringen, an die sich sonst keiner traut. Dadurch sind diese Teams Missverständnissen und Problemen eher ausgesetzt als andere Unternehmen und Gruppen. Hier brauchen die Teams die vollkommene Rückendeckung ihrer Leiter. Diese halten vom Team jegliche bürokratische Einmischung fern, sie schirmen die Bürokratie vom Team ab. Eine wichtige Aufgabe des Leiters ist, den Stress in Grenzen zu halten, zum Beispiel durch freie Tage und gemeinsame Unternehmungen. Jedoch herrscht auch zwischenmenschlicher Stress, der gefährlich für das Team aber auch für die betroffene Person sein kann. Wenn die Mitglieder in das Projekt vertieft sind, kommen die Rivalitäten und Rangspiele, welche sonst üblich sind, erst gar nicht auf. Zivile Umgangsformen bilden ein Klima, in dem man produktiv zusammenarbeiten kann. In der Atmosphäre eines genialen Teams entwickelt sich eine Kameradschaft, alles was die gute Laune negativ beeinflussen kann, wird sofort bekämpft.

Teams brauchen keinen Druck von außen, das Genie treibt sie an

„Ein Traum mit Abgabetermin" ist das erfolgreiche Zusammenarbeiten in genialen Teams, sie leben einen Traum und fühlen sich komplett ausgefüllt. In genialen Teams wird immer angepackt und gearbeitet, nichts bleibt vernachlässigt oder steht hinten an. Das Objekt bzw. das Ziel dieser Zusammenarbeit im Team ist real, diese Aufgabe bringt Menschen zusammen und verbindet sie, damit wird eine Basis geschaffen, auf der alle gleich sind. Das Team kämpft solange, bis sie einen erfolgreichen Abschluss zu Stande bekommen haben. Das Projekt steht dauerhaft im Mittelpunkt, denn reine Neugierde und die Fähigkeit Probleme zu lösen reichen nicht aus. Das Team wird nicht müde und liefert am Ende eine erfolgreiche Arbeit ab.

Geniale Arbeit ist sich selbst Belohnung

Der Prozess des Lösens von Problemen ist mühevoll aber auch stimulierend, der menschliche Drang zu forschen und zu entdecken treibt die Gruppe voran. Die Belohnung ist nicht der Ruhm oder Geld, sondern die Chance in einem genialen Team mitarbeiten zu können, die Gruppen hätten die Arbeit auch ohne Bezahlung geleistet. Das intensive Denken veranlasst das Gehirn körpereigene Drogen auszuschütten, zum Beispiel Dopamin, diese lösen regelrechte Glückszustände aus wie bei der Einnahme von Drogen. Nach Beendigung des Projektes schwärmen die Mitglieder Jahre später noch von der Arbeit in so einem Team. Die Zusammenarbeit besteht aus Entdeckern, daher ist es nicht verwunderlich, wenn sich das Team nach erfolgreicher Fertigstellung auflöst. Aber warum zerfallen solch gute Zusammenschlüsse? Vielleicht liegt es an einem Alter, denn die Mitglieder sind alle jung und unerfahren, die Begeisterungsfähigkeit könnte nachlassen. Aber es kann auch sein, dass sie feststellen, dass sich nicht alles realisieren lässt. Vielleicht ändert sich auch die komplette Orientierung der Mitwirkenden. Einige Teams bleiben über lange Zeit bestehen wie Disney. Sie haben ein Ziel, das Ansprechen des Kindes in jedem Erwachsenen. Auch wenn die Teams immer etwas erreichen wollen, wie das Manhattan-Projekt, was auch eine Gefahr entwickelt hat, kann man sagen, dass kreative Zusammenarbeit mit bösen Absichten vereinbar ist. Man muss dafür nicht unbedingt ein teuflisches Ziel haben. Solange sich Talente und Begabungen für verwerfliche Zwecke und Ziele hergeben, werden auch Erfindungen gemacht und weiter bestehen, die verwerflich und schlecht sind und. Von dem Rausch der Zusammenarbeit kann man das Gefühl für richtig und falsch oder auch Recht und Unrecht schnell verlieren. Auch wurden viele Feiern und Partys geschmissen, es wurde von einer Party zu anderen weitergezogen. Aber auch da dachten sie weiter über das Projekt nach, sie konnten einfach nicht aufhören über dieses Projekt nach zu denken. In genialen Teams ist es nicht möglich so intensiv zu denken, damit man das Denken dabei vergisst, sie konnten denken und Verbindungen herstellen, aber nicht aufhören zu denken.

Ko-Kreativität

Die Ko-Kreativität entsteht zwischen zwei oder mehreren Menschen in einer engen Zusammenarbeit mit viel Austausch. Sie teilen Wissen und Können und verbinden das Denken gegenseitig. Sie können dadurch das komplette Potenzial der Kreativität ausschöpfen, was zur Folge hat, dass es die ganze Gruppe voranbringt. In Unternehmen ist es die Aufgabe des

Unternehmens, die nötige Kultur zu schaffen, um die Ko-Kreativität zu fördern.

In genialen Teams ist die Ko-Kreativität einer der Bausteine für die Zusammenarbeit und den Erfolg der Gruppe. Die auftretenden Probleme können durch die enge Zusammenarbeit schneller und produktiv behoben werden. Des Weiteren herrscht auch eine Konkurrenz innerhalb des Teams, welche die einzelnen Mitglieder zur Höchstleistung antreibt.

Ko-Kreativität – Ich

Jedes Mitglied in den Teams hat Fähigkeiten oder Besonderheiten warum es ausgewählt wurde. Diese Besonderheiten fördern die eigene Ko-Kreativität. Das Zusammenarbeiten fällt diesen Personen leichter als anderen. Während das Projekt lief, wurden bereits einige schon bekannt, doch nach dem Beenden des Projekts wurden viele auf Grund ihrer Leistungen abgeworben und wurden bekannt. Allgemein gesagt ist in genialen Teams die einzelne Ko-Kreativität in der „Ich"-Perspektive eher weniger vorhanden. Es geht um das ganze Team und nicht um einen einzelnen.

Ko-Kreativität – Andere

Die Ko-Kreativität wird in genialen Teams schnell entfaltet und deutlich durch die enge Zusammenarbeit und die Problemlösung. Durch ein gemeinsames Ziel wird die Ko-Kreativität weiter gefördert. Jeder in den Teams hat seine eigene Aufgabe und die muss in das Gesamtkonzept reinpassen. Jeder bekommt seine Aufgaben passend zugeteilt, damit diese schnellstmöglich sehr gut bearbeitet werden. Hier sieht und spürt man die Ko-Kreativität zum Beispiel anhand der Umgebung, in der sie arbeiten und wie sie sich kleiden, alle sind ihren eigenen Freigeistern ausgesetzt und arbeiten so gut wie sie können.

Ko-Kreativität – Universum

Geniale Teams hinterlassen immer bewegende Ergebnisse, die zu Weltveränderungen führen, oder die Grundbausteine für eine Weltveränderung sind, zum Beispiel das Manhattan-Projekt, das den Bau der Atombombe vollendete. Der Erfolg der Teams ist in der Zukunft weiterhin verankert und kann weiter bearbeitet werden, wie zum Beispiel die Computer- und Technikbranche. Die Grundbausteine bleiben vorhanden, aber werden weiterentwickelt. Trotz starker Geheimhaltung wirken die Teams auf andere und werden als Team weithin bekannt. So werden schon in Schulen einige solcher Teams vorgestellt und im Unterricht behandelt.

Zusammenfassend

Zusammenfassend lässt sich sagen, dass einige der heutigen Gegenstände oder Lebensqualitäten, die wir haben, nicht existieren würden, wenn es keine genialen Teams gäbe. Wäre Apple heute genauso erfolgreich, wenn sie nicht die GIU und die Maus und die ersten Versuche von PARC übernommen hätten? Gäbe es heute die Atombombe und würden wir vielleicht jetzt im Krieg leben? Man kann das nicht beantworten, denn dank der genialen Teams haben wir heute einen Luxus an Lebensqualität, die es sonst nicht geben würde.

In einem genialen Team ist die Leitungsposition wichtig, um das ganze Team zu koordinieren und auf Kurs zu halten. Das Team schafft mehr als andere gewöhnliche Teams in Unternehmen, dies liegt an verschiedenen Komponenten wie der Genialität jedes einzelnen. Die Wirkung der Zusammenarbeit der Mitwirkenden kann Rauschzustände wie von Drogen auslösen und die Mitwirkenden würden alles für die Beendigung dieses Projektes leisten.

Das Buch hat das Zusammenarbeiten dieser Teams verständlich zur Veranschaulichung gebracht und man kann die Vorgehensweisen gut nachvollziehen. Vielleicht entsteht durch dieses Buch ein neues geniales Team.

Literatur

- Bennis, W. (1992): Geniale Teams. Das Geheimnis kreativer Zusammenarbeit, Campus Verlag.
- [https://www.karrierefuehrer.de/hochschulen/interview-mit-prof-dr-gerald-huether.html; 08.02.2018].
- [http://kroeger-schulz.de/kokreativitaet-i-remember-2-2-2-2-3; 08.02.2018].

ÜBER DIE HERAUSGEBER

Maik Hosang (Dr.phil.sozök.habil.) ist Leiter des Ba-Studiengangs Kultur und Management der Hochschule Zittau/Görlitz und lehrt dort u.a. Kulturphilosophie, Ästhetik, Kreativität und Transformationsprozesse in Wirtschaft und Gesellschaft.
Natascha Reith studierte 2017-2018 diesen Studiengang und war studentische Mitarbeiterin bei diesem Projekt.

www.ingramcontent.com/pod-product-compliance
Lightning Source LLC
Chambersburg PA
CBHW021813170526
45157CB00007B/2570